本书为国家社科基金项目"二战后多族群视域下加拿大国家认同建构研究"
(16CSS019) 的阶段性成果之一

国际政治论坛

加拿大官方发展援助政策研究

（1950~1993）

A STUDY ON CANADA'S ODA POLICY
(1950-1993)

贺建涛 / 著

社会科学文献出版社
SOCIAL SCIENCES ACADEMIC PRESS (CHINA)

目录
CONTENTS

序 …………………………………………………………………………… 1

绪　论 ……………………………………………………………………… 1
  第一节　官方发展援助演变及概念 ……………………………………… 1
  第二节　选题的原因和意义 ……………………………………………… 6
  第三节　加拿大官方发展援助研究综述 ………………………………… 9

第一章　"科伦坡计划"与加拿大官方发展援助的奠基（1951~1968） 21
  第一节　加拿大参与"科伦坡计划"的动因 …………………………… 22
  第二节　"科伦坡计划"框架下加拿大官方发展援助的扩展 ………… 33
  第三节　现代化理论模式下加拿大援助项目的构成 …………………… 39
  小　结 ……………………………………………………………………… 51

第二章　特鲁多主义与加拿大官方发展援助的建构（1968~1984） 53
  第一节　加拿大官方发展援助的"去冷战化" ………………………… 54
  第二节　"基本需求"理论下加拿大官方发展援助的转向 …………… 69
  第三节　加拿大官方发展援助的三重目标 ……………………………… 91
  小　结 ……………………………………………………………………… 107

第三章　马尔罗尼执政与特鲁多主义的延续（1984~1991） 109
  第一节　20世纪80年代初加拿大官方发展援助的挑战 ……………… 109
  第二节　冷战结束前马尔罗尼政府对特鲁多主义的继承 ……………… 118

  第三节　冷战结束前加拿大对华官方发展援助 …………………… 132
  小　结 …………………………………………………………………… 139

第四章　冷战终结与加拿大官方发展援助的改革（1991~1993） …… 141
  第一节　冷战结束对加拿大官方发展援助的影响 …………………… 141
  第二节　马尔罗尼-坎贝尔政府对官方发展援助的改革 …………… 146
  第三节　后马尔罗尼-坎贝尔时代的加拿大官方发展援助 ………… 154
  小　结 …………………………………………………………………… 165

结　语 …………………………………………………………………………… 167

参考文献 ………………………………………………………………………… 175

附录 1　经合组织发展援助委员会（DAC）成员国官方发展援助规模
　　　　（ODA）（1950~2018） …………………………………………… 188

附录 2　加拿大官方发展援助规模（1950~2004） ……………………… 192

附录 3　《中华人民共和国政府和加拿大政府关于发展合作的
　　　　总协定》（1983） ………………………………………………… 195

后　记 …………………………………………………………………………… 203

序 PREFACE

　　加拿大是发达国家之一，拥有广袤的国土、领先的科技、多元的文化、完善的福利及优美的自然环境，在联合国人类社会发展指数（Human Development Index）排名中一直居世界前列。然而，对于大多数国人而言，加拿大历史上似乎并未发生过跌宕起伏的"大事件"，普通中国人对其的形象认知也莫过于"国土面积世界第二"、"白求恩"、"枫叶之国"以及"福利社会"之类"浅层"的印象，中国人脑海中的"加拿大画像"还远不够生动、丰富。在中国的政治、历史等教科书当中，也罕有文字提及加拿大。在国内学术界，改革开放后，尤其是最近十几年，有关加拿大研究的专著及论文初具规模，且成果中不乏一些佼佼之作，但与美国、日本及欧洲国家研究的成熟度相比，着实逊色不少。受档案材料等诸多客观因素的制约，学术界对加拿大这个"庞然"大国的社会、内政、外交的关注并不充分，加拿大研究目前在外国问题研究中还属于"小众"学科，从事加拿大相关研究的研究者有时甚至难免有"巧妇难为无米之炊"或环顾左右"形单影只"之感慨。

　　在世界舞台上，加拿大并非如一般人所想象的那样，是"置身事外""平淡无奇"的国际参与者。加拿大诞生于英国、法国、西班牙等欧洲国家新大陆殖民之时，经历了英法争雄殖民地时期（1603~1763）、英属殖民地时期（1763~1867）、自治领向独立国家转折时期（1867~1982）及完全独立国家时期（1982年获得独立修宪权至今）四个阶段。加拿大从英国统治下的殖民地，经历风风雨雨，最终跻身独立的发达之邦，其成长的过程与英国、美国及全球近现代国际体系的形成有着不可分割的联系。加拿大身为反法西斯同盟、北美自由贸易区、七国集团、北约组织、20国集团、世贸组织、联合国等国际组织的重要成员，凭借其中等强国的独特优势，在反抗法西斯、维护和平行动、庇护国际难民以及对发展中国家发展援助等方面，做出了突出的贡献，为世界所称道。无疑，在当今日益受到重视的区域与国别研究领域，加拿大的确是个不容小觑的对象。

官方发展援助是南北关系的重要主题。作为中等强国，加拿大官方发展援助因冷战而生，但也在力图推动自身援助的"非冷战化"。中等强国的国际地位让加拿大官方发展援助在目标上中庸化了大小施援国的利益诉求。在服从于西方整体利益的前提下，实现受援国发展利益与加拿大国家利益的共存与双赢，是加拿大官方发展援助所追求的终极目标。与此同时，加拿大官方发展援助侧重点从工业项目为主的器物层，逐步发展到以满足"人的基本需求"为重点的制度层和文化层，形成了鲜明的加拿大特色。

以较为翔实的历史文献资料为基础，本书主要研究1950~1993年加拿大政府官方发展援助政策的孕育、进展与调整，这一时间区间大致涵盖了冷战时期加拿大官方发展援助的始终。之所以选择1950年作为研究时段的上限是因为这一年加拿大开始参与旨在反苏反共的发展援助计划——"科伦坡计划"，此举标志着加拿大官方发展援助的开始。而之所以选择1993年作为研究时间下限，是因为在马丁·布赖恩·马尔罗尼（1984年9月至1993年6月）及接其续任的金·坎贝尔进步保守党政府时期（1993年6月至1993年11月），加拿大政府完成了冷战结束之际的发展援助重塑。[①]本书将这一时间段作为研究对象，旨在揭示在冷战产生、加剧直至终结的大背景下，加拿大官方发展援助的理念、体制、内容、目标以及利益纠葛经历了哪些起伏变化及其深层原因。

作为笔者在加拿大研究领域的一本入门之作，瑕疵与失误在所难免，

---

① 1984年9月，进步保守党党首马丁·布赖恩·马尔罗尼（Martin Brian Mulroney）出任加拿大总理。因在修宪等问题上受挫，马尔罗尼于1993年2月宣布辞职。6月，金·坎贝尔（Kim Campbell）取代马尔罗尼任进步保守党党首，并接续完成了其未尽的总理任期（至1993年11月）。1993年10月，坎贝尔在联邦大选中败给了自由党。

敬请各位方家海涵和赐教。也期望拙作可以成为"引玉之砖",能在吸引更多学人关注加拿大研究方面起到片瓦助力之作用。

是为序。

绪 论

第一节　官方发展援助演变及概念

从广义上讲，国家间的经济援助古已有之，但经济发展性质的官方援助直到两次世界大战之间才开始出现。1929年，英国通过《殖民地发展法案》(Colonial Development Act)，宣布每年拿出100万英镑帮助其下属殖民地发展基础设施，该行为具备了发展援助的某种特征。[①] 20世纪30年代，美国农业部（United States Department of Agriculture）对拉丁美洲一些农业研究中心进行过资助。二战期间，为争取殖民地的支援，1940年英国通过《殖民地发展和福利法案》(Colonial Development and Welfare Act)，决定每年拨款500万英镑用于殖民地的发展。[②] 1941年，美国成立了美洲事务研究院（The Institute of Inter-American Affairs），在1945年之前向拉丁美洲18个国家提供了约4000万美元的相关援助。[③] 在国际组织层面，国际劳工组织（International Labor Office）[④] 在40年代初曾呼吁富国向贫困国家提供资金以提高其民众生活水平。1943年11月，由美英等国主导成立了联合国善后救济总署（United Nations Relief and Rehabilitation Administration），提出救济在第二次世界大战中遭受战争灾害的国家和人民，帮助其恢复生产

[①] Bonaventrue Swai, "Crisis in Colonial Agriculture: Soil Erosion in Tanganyika during the Interwar Period", *Journal of the Faculty of Art and Social Sciences* (University of Dar es salaam) Vol. 5, No. 1, 1980, p. 27.
[②] 王振华：《英联邦的兴衰》，中国社会科学出版社，1991，第134页。
[③] 张学斌：《经济外交》，北京大学出版社，2003，第377页。
[④] 1919年依据《凡尔赛条约》(Treaty of Versailles) 成立，1946年并入联合国。

和生活，成立后将价值39.68亿美元的2410万长吨（long tons，英制单位；1长吨=1016.046公斤）物资无偿馈赠给了中国、波兰、南斯拉夫、乌克兰、白俄罗斯和意大利等国家和地区①。

二战结束后，国际政府间经济发展援助有了新的发展。1945年《联合国宪章》（Charter of the United Nations）第55条明确规定，联合国应促进全球"较高之生活程度，全民就业、经济与社会发展"②。1946年，带有一定发展援助性质的国际重建和开发银行（International Bank for Reconstruction and Development）③、国际货币基金组织（International Monetary Fund）及联合国儿童紧急救援基金会（UN Children's Emergency Fund）等多边金融组织开始运行。随后，1948年4月，为帮助西欧国家进行战后重建，美国正式开始实行"马歇尔计划"，标志着政府间发展援助开始成为二战后国际经济合作的重要形式。在此后四年的时间里（1952年6月止），美国向西欧各国提供了价值131.5亿美元的金融、技术、设备等各种形式的援助，其中90%是赠予，10%为贷款。④ 1949年，联合国技术援助扩大项目（UN Expanded Program for Technical Assistance）等开发项目相继展开。同时，英国和法国等国出台了新法案继续对其前殖民地提供经济援助，美国杜鲁门政府对希腊、土耳其及中东地区提供战略援助。1949年，杜鲁门政府颁布"第四点计划"（The Point Four Program）。1950年，英国发起"科伦坡计划"（Colombo Plan），开始向发展中国家提供经济和技术援助，标志着发达国家对发展中国家官方发展援助正式开始实施。1951年，美国政府向联合国提交报告，建议成立一个由世界银行管理的国际发展机构，专门接受和分配对发展中国家的援助款，呼吁最终可以提供每年30亿美元的援助额，随后又提出成立联合国经济发展特别基金（Special United Nations Fund for Economic Development），但世界银行担心贷款捐款化，而相关工业国也对联合国控制权心存戒备，联合国相关发展援

---

① 王德春：《联合国善后救济总署的诞生及其使命》，《世界历史》2004年第5期，第40页。
② 方立新、夏立安编著《人权法导论》，浙江大学出版社，2007，第210页。
③ 即世界银行，1947年11月成为联合国的专门机构。
④ 上海市哲学社会科学学会联合会编《战后国际关系简史》，上海社会科学院出版社，1986，第32页。

助机构未能形成。①

20世纪50~60年代，由于大批殖民地获得独立，联合国中的发展中国家会员数量大增，它们急迫需求得到如"马歇尔计划"或"科伦坡计划"那样新的发展资金来源，以稳定经济，促进发展。1954年，美国通过《农产品贸易发展暨补助法案》(Agricultural Trade Development and Assistance Act)，授权美国政府把剩余农产品处理给发展中国家，接受其用本国货币偿还。1958年2月，美国联邦参议员麦克·门罗尼（Mike Monroney）建议美国政府用发展中国家偿还的货币和其他资金在世界银行之下成立国际开发协会（International Development Association）。1960年1月，世界银行国际开发协会（简称国际开发协会）要求首期集资10亿美元的协定条款定稿（7.63亿美元来自工业化会员国），随后该协定得到了大多数工业化会员国的支持。协定声明"世界经济健康发展和国际贸易均衡增长……将有助于世界和平的维持和世界的繁荣"，加速欠发达地区的经济发展是符合国际经济社会整体利益的。国际开发协会的作用是通过提供"比通常的贷款条件更加灵活，在国际上收支平衡负担较轻的条件提供资金，以解决它们在重要的发展方面的需要"②。1960年9月，世界银行国际开发协会正式成立，开始向一些不符合通常贷款条件的低收入成员国提供条件优惠的长期贷款，主要用于支持发展中国家发展农业、交通运输、电子、教育等方面，对已支付款额每年收取0.75%的手续费，但不收利息。同年，联合国颁布了第一个《国际发展十年战略》(International Development Strategy for the First United Nations Development Decade)。

在1969年之前，虽然已经有官方发展援助之实，但国际社会对发展援助概念的认识模糊而多元。1950年后，美国发生美元危机。为减轻对外援助负担，以改善其国际收支与稳固美元地位，美国提出国际共同援助发展中国家的主张。1960年3月，美国、英国、法国、联邦德国、加拿大、意大利、荷兰、比利时、葡萄牙、日本10国组成了具有咨询和协商性质的发展援助集团（Development Assistance Group, DAG），以协调向发展中国家提供发展

---

① 国际开发协会：《国际开发协会回顾：国际开发协会的第一个二十年》，国际复兴开发银行、世界银行，1982，第2~3页。
② 国际开发协会：《国际开发协会回顾：国际开发协会的第一个二十年》，国际复兴开发银行、世界银行，1982，第3~4页。

援助事宜。1961年9月，经济合作与发展组织（Organization for Economic Cooperation and Development，OECD）成立后①，发展援助集团改成发展援助委员会（Development Assistance Committee，DAC），成为经济合作与发展组织的下属机构。为把政府发展援助和"其他官方资金流动"（Other Official Flows）区别开来，经济合作与发展组织发展援助委员会（以下简称经合组织发展援助委员会）首次明确和采用了官方发展援助（Official Development Assistance，ODA）的概念，将之定义为"以推动发展中国家经济和社会发展为目标的官方业务（Official Transactions）"②。1968年，联合国贸易与发展会议在新德里召开，时任秘书长劳尔·普雷维什（Raúl Prebisch）提议发达国家将其国民生产总值（Gross National Product）的0.75%用于援助发展中国家经济，但被否决。③ 1969年，加拿大前总理莱斯特·鲍尔斯·皮尔逊（Lester Bowles Pearson）受世界银行国际开发协会（The Commission on International Development）邀请，就发展援助问题进行主持调研，发布了《开发援助中的伙伴关系：国际发展委员会报告书》。该报告首次把"官方发展援助/国民生产总值"（ODA/GNP）列为衡量官方发展援助水平的重要指标，倡议发达国家在1975年，最迟不晚于1980年将其国民收入的0.7%用于援助发展中国家。④ 1970年10月，联合国大会通过决议，"每个经济发达的国家都要逐步增加对发展中国家的官方发展援助，并尽最大努力在十年中期之前最低净额达到其按市场价格计算的国民生产总值的0.7%"⑤。

1972年，经合组织发展援助委员会进一步确定了官方发展援助这一概念，即指"由包括国家和地方政府在内的官方机构，或者其执行机构提供

---

① 创始成员共20个，它们是：美国、英国、法国、德国、意大利、加拿大、爱尔兰、荷兰、比利时、卢森堡、奥地利、瑞士、挪威、冰岛、丹麦、瑞典、西班牙、葡萄牙、希腊、土耳其。
② 日本新潟大学国际交流支持中心网站：http://www.isc.niigata-u.ac.jp/~miyatah/oda/oda_top.htm，最后访问日期：2017年8月1日。
③ Development Assistance Committee, "History of the 0.7% ODA Target", https://www.oecd.org/dac/stats/ODA-history-of-the-0-7-target.pdf, 最后访问日期：2019年9月1日。
④ Lester B. Pearson (Chairman), *Partners in Development—Report of the Commission on International Development*, New York, Washington and London: Praeger Publishers, 1969, p. 18.
⑤ "International Development Strategy for the Second United Nations Development Decade", UN General Assembly Resolution 2626 (XXV), 24 October 1970, paragraph 43.

给发展中国家和多边机构的资金流动，它以促进发展中国家的经济发展和社会福利为主要目标。而且，在性质上是优惠的，其赠予比重应该在25%以上"①。这一概念被普遍接受为官方发展援助的基本内涵。② 此后，随着时代的发展，经合组织发展援助委员会对官方发展援助的内涵有过新的表述。1993年，国际上通用的国民经济核算体系发生变化，发展援助中"国民生产总值"（GNP）被"国民总收入"（Gross National Income，GNI）所取代③，ODA/GNI成为计算官方发展援助规模的新标准。④ 2014年12月，经合组织发展援助委员会在巴黎召开部长级会议，就官方发展援助及发展融资等一系列重大问题发表了《发展援助委员会部长级会议最后公告》。发展援助委员会在公告中表示保留官方发展援助（ODA）的概念，讨论中启用新的概念以替代ODA的提议最终没有被采纳。发展委员会重申，将继续推动成员国官方发展援助额占其国民生产总值比重早日达到1970年联合国制定的0.7%的目标。⑤

中国学者与西方学者对官方发展援助的基本特性基本认同，学术界普遍接受官方发展援助的基本内涵，即为提高发展中国家的经济发展水平和福利水平，发达国家向发展中国家或多边机构提供的赠予比例不低于25%的资金、技术以及物资等经济援助。⑥ 由此，衡量一个国家的援助资金是

---

① Führer, H., *The Story of Official Development Assistance: A History of the Development Assistance Committee and the Development Co-operation Directorate in Dates*, Paris: OECD, 1994, p.24.
② 关于"官方发展援助"的基本内涵，可参见章昌裕主编《国际发展援助》，对外贸易教育出版社，1993，第2~4页；Führer, H., *The Story of Official Development Assistance: A History of the Development Assistance Committee and the Development Co-operation Directorate in Dates*, Paris: OECD, 1994. p.31.
③ Development Assistance Committee, "History of the 0.7% ODA Target", https://www.oecd.org/dac/stats/ODA-history-of-the-0-7-target.pdf, 最后访问日期：2019年9月1日。
④ 国民生产总值（GNP）是指一个国家（地区）所有常驻机构单位在一定时期内（年或季）收入初次分配的最终成果。国民总收入（GNI）等于国民生产总值（GNP）减去固定资本消耗与统计误差。
⑤ 毛小倩：《DAC发展援助改革最新动向及对我国影响》，http://yws.mofcom.gov.cn/article/u/201511/20151101155237.shtml，最后访问日期：2019年8月1日。
⑥ 类似观点可见章昌裕主编《国际发展援助》，对外贸易教育出版社，1993，第1页；周永生《经济外交》，中国青年出版社，2004，第373页；张学斌：《经济外交》，北京大学出版社，2003，第372~372页；孙建党《科伦坡计划与加拿大对南亚和东南亚的发展援助》，《历史教学》（下半月刊）2011年第12期，第64~65页。

否属于官方发展援助，一般有如下三个标准：援助资金是否由援助国政府的官方机构实施给予；援助是否以促进发展中国家的经济进步和民众福祉改善为目的；援助的条件是否宽松，赠予比例是否在25%以上。以援款使用方向划分，官方发展援助可以分为项目援助（Projects）与方案援助（Programs）。前者指援助国政府或多边援助机构将援助资金直接用于受援国某一具体建设项目的援助，如开采矿产，建设工业，发展农业、水利设施、交通设施、电信工程及文教卫生设施等。后者指援助国政府或多边援助机构根据一定计划而不是按照某个具体的工程项目向受援国提供的援助，一个援助方案往往包含数个或更多项目。以援助项目方式的不同为标准，官方发展援助可以分为财政援助（Financial Assistance）和技术援助（Technical Assistance）等。前者侧重于给予资金和物资；后者则侧重于在智力、技能、咨询、材料、工艺和培训方面提供资助，其具体形式包括派遣技术人员到受援国，接受并资助受援国留学人员，提供技术文献、相关设备，帮助受援国建立科研机构、学校、医院及培训中心，等等。技术援助分为有偿援助和无偿援助两种。[①] 以援助渠道的不同为标准，官方发展援助分为双边援助（Bilateral Assistance）和多边援助（Multilateral Assistance）。双边援助主要指一国政府对另一国政府或其机构的有偿或无偿援助。多边援助就是施援国将资金或物资提供给国际或地区组织，再由这些组织对发展中国家进行的援助。双边援助有赠款和贷款两部分，赠款包括技术援助、粮食援助、债务减免和其他赠款等；贷款则包括开发贷款、粮食援助贷款、债务调整及减免等。多边援助是向联合国及其他多边机构提供的用于援助活动的捐款，以及对国际开发协会、各区域开发银行和其他国际金融机构认缴的资本等。[②]

第二节 选题的原因和意义

官方发展援助作为稳定国际经济体系、缓解南北国际关系的外交行

[①] 夏英祝、闵树琴主编《国际经济合作》，安徽大学出版社，2015，第294~297页。
[②] 李伟民：《金融大辞典》，黑龙江人民出版社，2002，第11页。

为，是发达国家在国际舞台上发挥影响力的重要手段。加拿大作为西方七国集团的一员，自二战后至今，已经形成了一整套较为完善的官方发展援助机制。作为综合国力为中等发达的国家，加拿大的发展援助与美国这样的超级大国及欧洲国家、日本在援助动机、参与过程及国际影响上都有很大的不同。选择加拿大官方发展援助为研究对象，具有较为突出的研究价值。

1. 官方发展援助是透视南北国际关系发展演变的重要视角

二战结束以来，随着新一轮科技革命的进行、市场经济的深入和社会福利体系的发展，人类在削减贫困和促进经济发展方面取得了巨大的成就，但这种成就在世界各地的表现是不平衡的。在少数发达国家，生产力高度发达，民众生活水平普遍较高，在国际经济体系中占主导地位。而在广大发展中国家，很多国家由于长期遭受殖民统治，历史上长期积贫积弱等原因，生产力发展水平大多比较落后，在国际经济体系中也多处于被动的依附地位，与发达国家的经济差距非常悬殊。由此，南北经济社会发展的差距成了二战后国际关系中一个无法回避的问题，它的存在极大地影响了全球经济的健康发展，也对地区与世界的和平与稳定构成了挑战。

基于各种目的，在经济上处于绝对优势地位的西方发达国家在二战后开始向发展中国家及相关国际组织提供官方发展援助。作为一种经济外交行为，它体现了施援国的政治、外交、意识形态及对经贸利益的追求，对受援国的经济、社会发展、对外政策以及南北关系产生了复杂的影响。对这一问题的研究有益于认识发达国家外交政策的实质，对把握二战以来南北国际关系的发展演变具有重要价值。

2. 官方发展援助是加拿大作为中等强国参与国际事务的关键领域

在当代加拿大的对外关系中，尤其是其与第三世界的关系中，官方发展援助政策占有非常重要的地位。作为经合组织发展援助委员会的成员，加拿大只有3700余万人口（2018年），从综合国力上看算不上大国，但官方发展援助规模和水平在发达国家中的排名并不逊色。加拿大参与国际发展援助始于1950年的"科伦坡计划"。2018年，加拿大官方援助额达到46.16亿美元。援助规模位居经合组织成员第九，仅次于美国、德国、英国、法国、日本、瑞典、荷兰及意大利。① 经历了 70 年的发展，加拿大政府形成了较为成熟的援助机构、制度和策略。作为中等强国的典型代表，加拿大官方发展援助理念的形成、援助法案的制定、援助项目的实施及援助效果的评价，与美欧大国有着诸多差异。从性质上看，加拿大的官方发展援助包含着维护自身及西方集体安全、促进本国经济贸易发展、提升自身国际地位以及向国外输出文化价值观等诸多的国家利益的考虑。另外，其发展援助与美国带有霸权主义倾向的援助诉求不同，具有浓厚的人道主义和国际主义色彩，对受援助地区的经济发展和社会进步起到了积极的作用。可以说，官方发展援助政策彰显了加拿大国家及其外交政策中独有的特性，反映了加拿大作为中等强国参与世界事务过程中自身国家利益和利他主义的矛盾和纠葛。研究这一问题，可以加强对加拿大参与国际事务理念、范式、动机等方面的深层理解，有助于加深对介于大小国家之间的中等强国外交模式和相关政策的认知。

3. 加拿大官方发展援助研究对中国援外政策有参考意义

中国对外发展援助是发展中国家援助发展中国家的典型代表。20 世纪 50 年代，中华人民共和国成立后不久，中国在自身财力十分紧张、物资相当匮乏的情况下，开始对外提供经济技术援助，并逐步扩大援助范围。20 世纪 60 年代中国提出的平等互利、不附带任何政治条件等八项原则至今是中国海外发展援助的主要指针。② 中国对外发展援助在很多方面与西方具有显著差异。出于意识形态偏见以及受国家利益的左右，西方国家对中国的对外发展援助抱不友好的态度，特别是后冷战时期，中国对外发展援助规模日益扩大，西方某些国家对中国援助多有无端怀疑和指责。比如美欧一些国家，包括加拿大，一方面要求中国承担更多援助义务；另一方面又以固有的

---

① "Canada and the 2018 OECD-DAC Aid Statistics"，http://cidpnsi.ca/canada-and-the-2018-oecd-dac-aid-statistics/，最后访问日期：2019 年 9 月 1 日。
② 周恩来总理于 1963 年 12 月至 1964 年 2 月访问非洲十国时提出：对外援助根据平等互利的原则进行；严格尊重受援国主权；无息或低息贷款援助，在需要的时候延长还款期限，尽量减少受援国负担；帮助受援国家逐步走上自力更生、经济独立发展的道路；援建项目力求投资少、收效快，使受援国能增加收入，积累资金；提供中国所生产的质量最好的设备和物资，根据国际市场的价格议价，如不合格，中国保证退还；使受援国人员充分掌握受援的技术；中国派出的专家同受援国专家享受同样物质待遇，不搞特殊。

有色眼镜来贬低、污蔑中国援助为"帝国主义",指责中国旨在以援助换取国家利益,对中国援助无端抵制和苛责。有感于此,本书以加拿大这一西方中等强国的典型代表为研究对象,旨在系统研究冷战开始到冷战结束初期加拿大官方发展援助的理论、动机、内容、管理及其效果,展现加拿大对外官方发展援助的全景。本书通过加拿大个案的研究,有助于探索中等强国视域下西方国家发展援助的特点和本质,具有一定的现实价值。

第三节 加拿大官方发展援助研究综述

对外发展援助研究是伴随着对外发展援助的兴起和实施而成长起来的。一般认为,西方国家对官方发展援助的研究开始于二战后对"马歇尔计划"的关注。20世纪60年代,西方国家在发展援助方面开始出现成规模的研究成果,发展援助研究相应地成为当时国际关系学和国际经济学的"显学",研究者的研究涉及方位较广,涵盖了援助历史、援助理论、援助制度、援助效果及目标等多个方面。我国学者对西方国家的发展援助在20世纪80年代以前涉及甚少。[①] 改革开放后,特别是自1981年中国政府接受加拿大等西方国家官方发展援助开始,对加拿大发展援助的研究进入了中国学者的视野。

一 中国学术界对加拿大官方发展援助的研究

1. 1979~2009年:加拿大发展援助研究蹒跚起步

我国学者对官方发展援助的研究已经有30年之久,但正如时任商务部国际经济研究院副院长的沈丹阳在2005年所说的那样,"目前我国对于ODA的研究还远未形成规模,各方面对于ODA重要性的认识也还很不一致"[②]。而且,研究观点比较单一,甚至有学者只是把官方发展援助当作发达国家

[①] 在20世纪80年代以前,中国学者对官方发展援助的研究多表现为翻译一些有关经济研究的著作,如罗斯托《经济成长的阶段:非共产党宣言》(国际关系研究所编译室译,商务印书馆,1962)、沃尔特斯《美苏援助:对比分析》(商务印书馆,1974)等。

[②] 沈丹阳:《官方发展援助:作用、意义与目标》,《国际经济合作》2005年第9期,第30~32页。

控制发展中国家的工具,缺乏多面视角。在研究的国别选择上,学术界对官方发展援助的研究也只是集中在美国、日本和德国等大国,而对加拿大等中等国家的相关研究几乎无人问津,相关著述寥若晨星。与此同时,国内也没有一本研究加拿大官方发展援助的专著问世,读者只能在其他主题的著作中隐约看见加拿大官方发展援助的影子。在这方面,吴纪先的《加拿大经济》有一节概述了20世纪70年代加拿大经济援助的地区分布、形式及绑定购买政策。[1] 曾序勇的《加拿大》和刘军的《列国志·加拿大》在涉及加拿大与发展中国家关系时,提到了某几个年份的经济援助数额和重点援助领域;[2] 易梦虹的《当代南北经济关系》中有约三页文字谈到了二战后加拿大发展援助概况。[3] 刘广太的专著《加拿大的象征——特鲁多总理传》有近两页文字谈到了特鲁多对官方发展援助的重视。[4] 由于性质所限,以上专著对于加拿大官方发展援助的文字基本是数笔带过,字数多者千余、少则数十而已,所含信息量不多。

和专著情况类似,这一时期国内关于加拿大官方发展援助的论文同样十分少见。1979年至2009年,《国际经济合作》期刊发表了三篇相关论文,而且发表时间间隔很长。其中最早的一篇是朱敏才的《加拿大的官方发展援助》,该文发表于1986年,简要介绍了加拿大官方发展援助的某些政策、具体形式和相关管理机构。[5] 1995年,蔡玲明发表了第二篇论文《加拿大官方发展援助的政策和特点》,主要探讨了20世纪90年代初双边和多边援助情况及管理程序,指出受援地区广、援助量集中、重视非洲及采购条件高是加拿大官方发展援助的主要特点。[6] 2003年,第三篇论文即毛小菁的《加拿大官方发展援助近况》,简单介绍了90年代加拿大官方发展援助规模递减情况,对2000年前后加拿大官方发展援助的多边援助概况

---

[1] 吴纪先:《加拿大经济》,人民出版社,1980,第182~185页。
[2] 曾序勇:《加拿大》,上海辞书出版社,1987,第282~293页;刘军:《列国志·加拿大》,社会科学文献出版社,2005,第343~344页。
[3] 易梦虹:《当代南北经济关系》,南开大学出版社,1994,第147~149页。
[4] 刘广太:《加拿大的象征——特鲁多总理传》,世界知识出版社,2005,第169~170页。
[5] 朱敏才:《加拿大的官方发展援助》,《国际经济合作》1986年第7期,第31~34页。
[6] 蔡玲明:《加拿大官方发展援助的政策和特点》,《国际经济合作》1995年第8期,第43~45页。

和地区分布情况进行了说明。① 以上三篇论文向读者初步展示了加拿大官方发展援助概况，但这些论文和一般的新闻报道比较类似，不是从历史角度展开的，且没有注明参考文献。此外，河北师范大学臧继红的硕士学位论文《加拿大特鲁多政府外交政策探析》有约两页文字简要提到特鲁多时期对外援助的增加是特鲁多外交的重要特征。② 福建师范大学贺建涛在其硕士学位论文《特鲁多时期加拿大官方发展援助（ODA）研究》中，论述了加拿大对发展中国家援助的历程、内容及目标。③

2. 2010~2019 年：加拿大官方发展援助研究初具规模

这一时期，国内围绕加拿大官方发展援助的专题性论文从多角度进行了研究，其中发表于期刊的论文主要有以下几篇。2011 年，福建师范大学孙建党教授的论文《科伦坡计划与加拿大对南亚和东南亚的发展援助》[《历史教学》（下半月刊）2011 年第 12 期]，对加拿大援助南亚和东南亚的缘起和发展概况做了深入分析，是近 10 年内国内研究加拿大官方发展援助的第一篇有代表性的学术论文。上海外国语大学钱皓教授从国家海外形象建构的角度梳理了加拿大在二战后参与"马歇尔计划"、"科伦坡计划"、"非洲计划"及"加勒比计划"的历史。钱皓认为，加拿大参与发展援助的动因是其"独立、直接贡献、相应的国际地位"的中等国家外交思想的体现，旨在建构"亲善的国际主义"国家海外形象。通过援助，加拿大成功地输出了"和平、消除贫困、亲善、贡献"的国家价值观，实现了其国家海外形象的建构目标。④ 除此之外，《福建师范大学学报》（哲学社会科学版）2011 年第 2 期刊发了笔者的《论加拿大特鲁多政府官方发展援助的特点和目标》，以特鲁多政府发展援助为例论述了加拿大政府的特殊性。中国社会科学院王永洁的论文《新时期对外发展援助：加拿大的实践及对中国的启示》（《开发研究》2018 年第 1 期）分析了加拿大的对外援助理

---

① 毛小菁：《加拿大官方发展援助近况》，《国际经济合作》2003 年第 7 期，第 59~60 页。
② 臧继红：《加拿大特鲁多政府外交政策探析》，硕士学位论文，河北师范大学，2000，第 23~24 页。
③ 贺建涛：《特鲁多时期加拿大官方发展援助（ODA）研究》，硕士学位论文，福建师范大学，2009。
④ 钱皓：《加拿大对外援助与国家海外形象建构》，《国际观察》2014 年第 6 期，第 42~53 页。

念、特点与实践，认为民主化和人权标准是加拿大核心的审核条件。同时，王永洁指出，加拿大发展援助注重建立合作伙伴关系和人才培养，关注社会弱势群体，其对非洲国家的援助以健康领域、脱贫、推动就业和人道主义援助为主，而对拉丁美洲国家的援助以推广市场经济为主。最后，笔者的论文《论加拿大ODA的政策演变及特征（1950—2000）》，对二战后到2000年加拿大官方发展援助的演变和目标做了概要叙述。①

在学位论文方面，有两篇博硕学位论文就加拿大官方发展援助进行了研究。2014年外交学院黎旭坤的博士学位论文《加拿大政府开发援助的国内道德因素研究》以加拿大为研究对象，探讨了民众对援助的态度以及加拿大政府开发援助的动力来源。黎旭坤认为，中产阶层是社会的主导群体，其思想代表了加拿大人的主流价值观。而人道国际主义作为中产阶层思想的组成部分之一，通过政治途径上升到政党和国家的意志，从而指导加拿大的对外行为。加拿大作为中等发达国家，在国际事务中主要关注大国政治色彩相对较淡的低政治领域（Low Political Areas），这也是该国积极参与政府开发援助的原因所在。外交学院李亚男的硕士学位论文《试析21世纪加拿大对外援助的工具化趋势》则认为，21世纪加拿大的对外援助体现了一定的人道主义色彩，例如重新将减贫作为援助重点，重点援助非洲，关注两性平等，关注援助的有效性等。但同时十分关注自我利益的实现，这突出表现为对于国内安全利益和经济利益的关注，对于安全利益的关注表现在对阿富汗等"脆弱国家"的重点援助。②

可以说，2009年以前，国内对加拿大官方发展援助的研究还不够充分，有针对性的系统研究显得相对薄弱。2009年至今，对加拿大官方发展援助的研究初具规模，尤其在博士论文和期刊论文方面出现了若干论述更为深入的研究成果。研究者从关注加拿大援助外显特征转向更系统地探索加拿大发展援助的模式特征、背后动因、影响因素、国际影响等，为之后相关研究的深化提供了重要参考，为本书的写作提供了难得的借鉴。

---

① 贺建涛：《论加拿大ODA的政策演变及特征（1950—2000）》，载陈燕萍主编《加拿大研究》（4），北京理工大学出版社，2010，第46~58页。
② 李亚男：《试析21世纪加拿大对外援助的工具化趋势》，硕士学位论文，外交学院，2018。

二 国外学术界关于加拿大官方发展援助的研究

国外学术界对加拿大官方经济援助的研究早在20世纪50~60年代就已经开始了,而且研究成果比较丰富。仅在加拿大国内,加拿大政府和半官方的加拿大国际发展研究中心(The International Development Research Centre,IDRC)每年都有与官方发展援助相关的援助评估或报告提交,向公众及时公布本国官方发展援助的基本情况。加拿大南北研究所(The North-South Institute,NSI)、各大学以及其他研究组织等非官方单位中从事有关加拿大官方发展援助研究的学者则更多。根据简·波蒙特主编的《加拿大发展援助:1950—1977年目录选集》一书统计,仅在1950~1977年,加拿大学术界和官方关于加拿大发展援助的文章、报告、文件和专著总数就达到了约400篇(本)。[①] 时至今日,国外学者对加拿大官方发展援助的研究形成了一个较为完整的体系,他们的著述以丰富的资料为基础,其中不乏颇具说服力的作品。在有关加拿大官方发展援助的众多研究领域中,以下几个领域尤为突出。

1. 加拿大官方发展援助的演变

在这方面,加拿大著名历史学家格兰纳斯泰因(J. L. Granatstein)是加拿大官方发展援助研究的开创者,其与R. D. Cuff合作的论文《加拿大和马歇尔计划,1947年6月至12月》(Canada and the Marshall Plan, June-December 1947)对加拿大决意参与"马歇尔计划"的过程进行了清晰的呈现。[②] 此外,研究加拿大官方发展援助最具代表性的学者当数基思·斯派斯、戴维·莫里森及皮特·威斯三位。其中,斯派斯的著作《一个撒玛利亚人的国度:加拿大外交中的对外援助》以1950~1966年加拿大对外经济援助为对象,阐述了冷战和国家利益对加拿大经济援助的影响,通过介绍受援地区分

[①] Jane Beaumont, *Canadian Development Assistance: A Selected Bibliography, 1950 – 1977* (Ottawa: International Development Research Centre in Collaboration with the Norman Paterson School of International Affairs Carleton University, 1978).

[②] J. L. Granatstein and R. D. Cuff, "Canada and the Marshall Plan, June-December 1947", *Historical Papers*, Vol. 12, Nov. 1, 1977, The Canadian Historical Association, pp. 196–213.

布及项目概况,讲述了加拿大利他主义与自我利益的同在。[1] 莫里森的研究更具针对性,他的《援助和落潮:加拿大国际发展署和发展援助史》分九个时期探讨了1950~1998年加拿大主要援助机构——加拿大国际发展署(Canadian International Development Assistance,CIDA)的来龙去脉,包括其援助机制、援助项目等内容。该书资料丰富,为文细致,具有较高的参考价值。[2] 威斯则阐述了加拿大20世纪70年代包括官方发展援助在内的对外援助的发展情况。[3]

另外,克兰弗德·普拉特主编并参与撰写的《加拿大国际发展援助政策:评价》一书以论文集的形式收集了加拿大12位学者撰写的13篇文章,这些文章各自独立又彼此联系成为整体,或是展现加拿大发展援助概况,或是分析发展援助中的食品援助、多边援助、受援地区分布及战略目标,大致梳理了加拿大官方发展援助的起伏变化,读后颇受启迪。[4] 格兰纳斯泰因在其《急转身:皮埃尔·特鲁多和加拿大外交政策》一书中在探讨特鲁多外交政策时,顺便提及了其援助政策。[5] Costas Melakopides的《现实的理想主义:加拿大外交政策1945—1995》,叙述了二战后到1995年加拿大国际主义外交政策的演变及特征,其中扼要地对迪芬贝克、莱斯特·皮尔逊、皮埃尔·特鲁多及马丁·布赖恩·马尔罗尼的援助政策给予了介绍。[6]

2. 中等强国比较视域下加拿大官方发展援助

中等强国是官方发展援助施援国的重要成员。由于综合国力、国家利益及外交倾向的差异,包括加拿大在内的中等强国的对外援助的模式与目标与大国存在显著的差异。对此,欧美学者注意到了加拿大等中等强国在发展援助上的独特优势与积极努力。比如 J. 斯蒂芬·霍德利的文章《对外

---

[1] Keith Spicer, *A Samaritan State? External Aid in Canada's Foreign Policy* (Toronto: University of Toronto Press, 1966).
[2] David R. Morrison, *Aid and Ebb Tide: A History of CIDA and Canadian Development Assistance* (Waterloo: Wilfrid Laurier University Press, 1998).
[3] Peter Wyse, *Canadian Foreign Aid in the 1970's: An Organizational Audit* (Montreal: Centre for Developing-Areas Studies, 1983).
[4] Cranford Pratt, *Canadian International Development Assistance Policies: An Appraisal* (Montreal: McGill-Queen's University Press, 1994).
[5] J. L. Granatstein and Robert Bothwell, *Pirouette: Pierre Trudeau and Canadian Foreign Policy* (Toronto: University of Toronto Press, 1990).
[6] Costas Melakopides, *Pragmatic Idealism, Canadian Foreign Policy 1945 – 1995* (Montreal, Kingston, London and Buffalo: McGill-Queen's University Press, 1998).

援助的小国》肯定了 20 世纪 70 年代中期加拿大、澳大利亚、奥地利、比利时和北欧的"小国"在对外援助上的慷慨。① 莫斯·N. 基冈杜著、沈晓雷译的论文《加拿大与中国的对非援助：国际战略联盟提案》概述了加拿大和中国的对非援助项目情况，提出中国和加拿大在非洲的援助项目应结成有利于非洲人的互惠性战略联盟，尽管双方在意识形态、援助机制及国家实力等方面存在着明显的差异。②

不过，受国内外局势、自身国力、国家利益的制约，中等强国在发展援助中的贡献具有难以克服的局限性。在这方面，奥立佛·斯托克（瑞典）主编的《西方中等强国和全球贫困：加拿大、丹麦、荷兰、挪威和瑞典援助政策的决定因素》对影响中等强国对外援助的诸多因素进行解读。作者认为，即使在那些被重点援助的国家，人道国际主义（Humane Internationalism）对南北贸易和投资政策的影响也是较弱的。中等强国试图通过集体努力来推动发达国家整体上对发展中国家的援助，但其效果并不理想。③ 克兰弗德·普拉特和格兰纳斯泰因两位学者的专著比较有代表性。普拉特的专著《紧张的国际主义：加拿大、荷兰、挪威和瑞典的南北政策》阐释了国际主义思想对加拿大、荷兰、挪威和瑞典对外援助的影响。普拉特指出，在主权国家构成国际格局的前提下，国际主义也受到援助国国家利益、意识形态、国际及国内政治文化的牵制，其对加拿大、荷兰、挪威、瑞典的南北政策的积极影响是有限的。④ 此外，克兰弗德·普拉特主编的《中等强国的国际主义》对中等强国改善南北关系的作用进行了考察，对中等强国在全球减贫、南北合作上的努力表示了赞赏。但与此同时，普拉特认为，人道国际主义与援助国普遍的利益目标有冲突之处。国内经贸领域利益团体的游说、选举效应的影响以及媒体、教会等社会群体

---

① J. Stephen Hoadley, "Small States as Aid Donors", *International Organization* 34, 1, Winter 1980, p. 121.
② 转引自李安山《中国非洲研究评论》，社会科学文献出版社，2013，第 207~244 页。
③ Stokke Olav, ed., *Western Middle Powers and Global Poverty: The Determinants of the Aid Policies of Canada, Denmark, the Netherlands, Norway and Sweden* (Uppsala: Scandinavian Institute of African Studies, 1989).
④ Cranford Pratt, *Internationalism Under Strain: The North-South Policies of Canada, the Netherlands, Norway, and Sweden* (Toronto: University of Toronto Press, 1989).

的诉求，都左右着中等强国对外援助的成效。普拉特主张，中等强国需要通过强化国际经济和政治合作来重振对外发展援助。①

3. 加拿大官方发展援助的多重目标

除少数左派学者或理想主义学者外，和克兰弗德·普拉特一样，加拿大学者基本肯定了本国对外援助以受援国的经济发展和社会进步为目标的定位。比如，阿迪莫拉·阿代尔科的博士学位论文《无绳的捆绑："科伦坡计划"和国际援助的地缘政治（1950—1980）》涉及加拿大在"科伦坡计划"中的重要地位及积极贡献。② 菲尔普·R. 帕莱格的《加拿大对加勒比英联邦的援助：是发展还是新殖民主义》驳斥了 20 世纪 60~70 年代加拿大对加勒比援助是新殖民主义的说法。S.G. 柴安第斯则在其论文《加拿大在对外援助中的利益》中极力否认加拿大对外援助是为了追求本国的现实利益。③

也有为数不多的著述对加拿大官方发展援助中谋求国家利益的做法给予了关注。杰米·斯韦夫特主编的《利益的冲突：加拿大和第三世界》也是较突出的代表作。这本书由几位作者的论文结集而成，对加拿大官方发展援助中追求经贸利益等诉求给予了一定程度的呈现，总体上持积极的肯定态度，肯定加拿大在受援国减贫、女性发展、农业开发及环境保护等方面起到了正面作用。④ 此外，艾德伍德·安沙赫·阿库福（Udward Anshah Akuffo）介绍了 21 世纪初加拿大"非洲发展新伙伴项目"（New Partnership for Africa's Development）在非洲的实施，同时认为，该项目的初衷是推动非洲地区的人道安全和经济发展，并提升加拿大在八国集团中的地位。加拿大在推进这一项目的过程中利他主义和人道主义动机并不纯粹，而是带着谋求自身政治、经济和安全利益的诉求。⑤

---

① Cranford Pratt (eds), *Middle Power Internationalism: The North-South Dimension* (Kingston & Montreal · London · Buffalo: McGill-Queen's University Press, 1990).

② Ademola Adeleke, *Ties without Strings: The Colombo Plan and the Geopolitics of International Aid, 1950-1980* (University of Toronto PhD. Degree Thesis), 1996.

③ S. G. Triantis, "Canada's Interest in Foreign Aid", *World Politics*, Vol. 24, No. 1, Oct., 1971, pp. 1-11.

④ Jamie Swift, *Conflicts of Interest: Canada and the Third World* (Toronto: Between The Lines, 1991).

⑤ Udward Anshah Akuffo, *Canadian Foreign Policy in Africa: Regional Approaches to Peace, Security and Development* (Burlington: Ashgate Publishing Company, 2012), pp. 83-107.

4. 加拿大官方发展援助与人权外交

加拿大官方发展援助与人权标准也是学者们关注的重点。在这方面，T. A. 金利赛德（T. A. Keenleyside）在克兰弗德·普拉特主编的论文集《加拿大外交政策中的人权》中有一篇名为《发展援助》（Development Assistance）的论文扼要叙述了加拿大社会对人权外交的正反态度，并简要介绍了加拿大让人权进入发展援助的历史。① 在欧文·布雷赫尔（Irving Brecher）主编的《人权、发展和外交政策：加拿大的视角》第五章中，有三位学者对加拿大发展援助中的人权问题进行了研究。其中，T. A. 金利赛德对 20 世纪 70 年代末到 80 年代末加拿大将人权置于援助的标准之列的过程给予了简要叙述。罗达·E. 霍华德（Rhoda E. Howard）对加拿大以发展援助促进受援国民权、政治权的政策给予了阐述。罗伯特·米勒（Robert Miller）则以加拿大人权与民主发展中心的成立介绍了加拿大发展援助对人权的重视。同时，该书第六章展示了 20 世纪 80 年代晚期加拿大众议员威廉姆·W. 瓦恩加德（William W. Winegard）、加拿大自由党和新民主党对以人权为援助前提条件的支持。这些研究表明，在加拿大政府及社会主力舆论看来，加拿大承担着削减世界贫困和推动世界人权进步的使命。②

5. 加拿大官方发展援助与国内舆论、非政府组织

加拿大等国学者多认为，加拿大热衷对外援助与本国的体制、民众态度及文化有关。在体制方面，简-菲利普·塞利恩和阿林·诺尔在其合著的论文《福利体系和对外援助：加拿大外交政策的国内基础》中指出，加拿大对外援助在很大程度上就是国内福利体系的延伸。③ 在民众态度方面，马克·奥特等认为，尽管民调有时与援助政策并不一致，但总体上公众舆

---

① Cranford Pratt, *Human Rights in Canadian Foreign Policy*（Montreal：McGill-Queen's University Press，1988），pp. 188-209.
② Irving Brecher（Editor），*Human Rights，Development and Foreign Policy：Canadian Perspectives*（Halifax，N. S.，The Institute for Research on Public Policy，1989），pp. 329-403.
③ Jean-Philippe Therien and Alain Noel，"Welfare Institutions and Foreign Aid：Domestic Foundations of Canadian Foreign Policy"，*Canadian Journal of Political Science*，September 1994，pp. 530-558.

论与对外援助增减关系密切。① 在文化因素方面，加拿大不少学者强调了反共思想、人道主义对加拿大官方发展援助的重要作用。其中，克兰弗德·普拉特的论文《伦理道德与外交政策：加拿大发展援助个案》探讨了道德观对加拿大实施发展援助的影响。②

在非政府组织方面，1986 年加拿大国际发展署（CIDA）颁布的《加拿大非政府组织项目合作评价研究：综合报告》对加拿大非政府组织参与加拿大发展援助进行了评估。③ 1988 年，蒂姆·布罗德海德（Tim Brodhead）等合著的《希望之桥：加拿大志愿组织与第三世界》介绍了加拿大志愿组织（非政府组织）发展的历程，加拿大政府对非政府组织的资助概况，并从利他主义、自治、加拿大民众参与、成效及南北合作方面，就其在援助外交中的角色进行了扼要探究。布罗德海德等主张加拿大政府维护和加强非政府组织在援助外交中的积极作用，助力其提升自身援助效能。④ 此外，布莱恩·K. 墨菲（Brian K. Murphy）的论文《加拿大非政府组织与参与政治》（*Canadian NGOs and the Politics of Participation*）对非政府组织参与对外援助的目标、积极作用和局限性等进行了分析，认为非政府组织受资金、规模等条件限制，其影响具有局限性。⑤

6. 加拿大官方发展援助近况的总结与反思

对于加拿大官方发展援助现状予以总结和反思的著述相对并不多见。2013 年，在加拿大运行达 45 年之久的加拿大国际发展署被撤销，其功能被合并到了新命名的加拿大国际事务、贸易与发展部（Department of Foreign Affairs, Trade and Development）。面对这一新的局面，史蒂芬·布劳恩等合编的《加拿大援助再思考》（第二版）对加拿大官方发展援助给

---

① Mark Otter, "Public Support for Foreign Aid: Does It Matter?", *Third World Quarterly*, Vol. 24, No. 1, Feb., 2003, pp. 115–125.
② Cranford Pratt, "Ethics and Foreign Policy: The Case of Canada's Development Assistance", *International Journal*, Spring 1993, p. 43.
③ CIDA, *Cooperate Evolution Study of Projects of CIDA's Non-Governmental Organizations Program: Integrated Report* (Hull, Quebec: CIDA, 1986).
④ Tim Brodhead and Brent Herbert, *Bridges of Hope: Canadian Voluntary Agencies and the Third World* (Ottawa: North-South Institute, 1988).
⑤ Swift Jamie, *Conflicts of Interest: Canada and the Third World* (Toronto: Between the Lines, 1991), pp. 161–211.

予了总结和前瞻性的思考。本书包含了20位研究加拿大对外援助的学者撰写的15篇论文。除了概要地回顾加拿大官方发展援助的过往，分别从加拿大援助的"道德、权力和官僚制度的基础""加拿大援助的背景和动机""加拿大在国际发展援助重要主题上的角色"三个层面突出地审视了加拿大政府发展援助的新规划、面临的新机遇及挑战。[1] 在结论一章，该书编者指出：发展合作"在加拿大和全球进入了一个易变和不确定的时代，然而对外援助还面临着许多有待解决的挑战……解决长期困扰加拿大对外援助的问题或前行的挑战并不容易"。布劳恩等建议通过夯实发展合作伙伴关系基础、加强施援国合作、促进加拿大国内相关利益团体之间以及政府内部门伙伴关系等方面来推动加拿大援助合作的发展。[2]

总之，伴随着加拿大官方发展援助的演进，欧美学者主要是加拿大学者自20世纪50年代中期起至今给予了持续的关注，学术成果丰硕，已经形成了相当的研究规模，从多领域展现了加拿大官方发展援助的演变、图景及影响。并且，国外学术界综合了国际政治、外交学及历史学的研究方法，为中国学者观察加拿大官方发展援助提供了较有力的借鉴。不过，在另一方面，国外学者的研究也存在某些不足之处。其一，在学术观点上，由于文化差异和国际利益等因素的影响，加拿大学术界基本上肯定者多，批评和反思者甚少，一些观点缺乏辩证色彩。其二，在既有研究中，对不同政府执政时期官方发展援助关联和变化的研究多流于泛泛而谈，对其中关系进行深层纵向解读者少。其三，加拿大官方发展援助因冷战而生，但随着冷战局势的变化和加拿大中等强国多元外交的调整，20世纪60年代末到冷战结束，加拿大官方发展援助中"冷战化"因素减弱，呈现"去冷战化"的特征，援助中被冷战裹挟的意识形态因素趋于淡化。而冷战结束后，加拿大官方发展援助进入后冷战时代，对"民主"、"人权"以及"价值观"的重视转而加强。对于冷战背景下和冷战结束之初加拿大官方发展援助的演进及变革，以及其中加拿大援助外交的独特性，学术界的研

---

[1] Stephen Brown, Molly den Heyer and David R. Black, *Rethinking Canadian Aid* (Second Edition) (Ottawa: University of Ottawa, 2016).
[2] Stephen Brown, Molly den Heyer and David R. Black, *Rethinking Canadian Aid* (Second Edition) (Ottawa: University of Ottawa, 2016), p.306.

究很不充分，有着相当的研究空间。

根据学术界的研究进展以及档案文献情况，笔者以"科伦坡计划"到冷战结束之初（1993年11月坎贝尔政府结束之际）这一时期的加拿大官方发展援助政策为研究对象，重点揭示这一时期加拿大官方发展援助的时代缘起、理念转变、体制建构、内容调整、多重影响以及利益冲突等。笔者希望能以自己笨拙之笔，呈现在冷战产生、加剧直至终结的大背景下加拿大官方发展援助如何走向改革与调适，并进而为深入认识加拿大式官方发展援助提供某些参考或借鉴。

第一章 "科伦坡计划"与加拿大官方发展援助的奠基（1951~1968）

加拿大支持发展性质的对外援助可以追溯到二战后向欧洲提供重建资金。1945~1949年加拿大共为此提供了21.2842亿加元的援助，其中约17亿加元贷款和2.7亿加元赠款给欧洲盟友做了战后救援和重建资金，约7000万加元贷款和预付款（Advances）给了国际重建和开发银行、国际开发协会（IDA）和国际金融组织（International Finance Corporation，IFC）等，约1950万加元的援助给了联合国儿童紧急救援基金会（UNICEF）、联合国难民事务部门、联合国粮食计划署、国际复兴开发银行等多个多边组织及朝鲜重建、巴勒斯坦难民。[①] 从1947年1月到1948年4月，加拿大向被战争摧毁的地区援助了1800万加元。[②] 1948年4月"马歇尔计划"启动伊始，加拿大就加入其中，直到1952年该计划结束，加拿大向欧洲援助的食品、机器设备以及原材料的总价值达7.06亿美元。[③] 这些援助是加拿大参与现代意义上官方发展援助的前奏。1950年9月，加拿大参与援助南亚和东南亚国家的"科伦坡计划"[④]，标志着加拿大官方发展援助的开始。

---

① Keith Spicer, *A Samritan State? External Aid in Canada's Foreign Policy* (Toronto: University of Toronto Press, 1966), p.252.
② Department of External Affairs, *Press Release*, No.61, July 22, 1948, Robert A. Spencer, *Canada in World Affairs* (Toronto: Oxford University Press, 1959), p.190.
③ "'Marshall Plan' from Markville Canadian History", http://schools.yrdsb.ca/markville.ss/history/history/4e_5.html, 最后访问日期：2019年8月28日。
④ 全称：南亚和东南亚经济合作发展科伦坡计划，英文名称为 Colombo Plan for Cooperative Economic Development in South and South-East Asia。

第一节 加拿大参与"科伦坡计划"的动因

所谓"科伦坡计划",因 1950 年 1 月在锡兰(今斯里兰卡)首都科伦坡召开的援助南亚和东南亚国家的英联邦外交事务会议而得名,是一项以援助南亚和东南亚地区发展中英联邦国家为主要内容的国际援助计划。该计划旨在通过资金赠予、基建援建、技术援助、教育及培训等形式的国际合作,来增强南亚和东南亚地区的社会经济发展能力。

在英国召集下,1950 年 1 月 1 日至 4 日,英国、澳大利亚、加拿大、新西兰,以及原英国殖民地新独立的印度、巴基斯坦、锡兰等英联邦国家外交部部长在科伦坡召开英联邦外交事务会议。会议对南亚和东南亚新独立国家的经济状况进行了研究,澳大利亚外长珀斯·斯宾德(Percy Spender)提交了一份题为《南亚和东南亚经济政策》的备忘录,建议英国与英联邦原白人自治领向原英帝国范围内新独立国家或即将独立的地区提供经济援助和技术转让。会议认为,"应该采取紧急措施来提高南亚和东南亚地区人民的生活水准,推进他们的社会福祉,这样能够使这一地区以其潜在的丰富资源在促进福利和推动世界繁荣上发挥越发重要的作用"[1]。会议成立了咨询委员会(Consultative Committee),以"调查该地区的需要;评估该地区所能得到的资源情况;集中世界的注意力于该地区的发展问题上,并提供一个组织,通过这个组织增进国际协作力量,以协助该地区提高其生活水平"[2]。同年 5 月,"科伦坡计划"咨询委员会转往悉尼召开第一次会议。1950 年 9 月,咨询委员会在伦敦召开会议,正式提出了"科伦坡计划",决意效仿"马歇尔计划",提出在未来六年(1951 年 7 月至 1957 年 6 月)内由英国、加拿大、澳大利亚等国家向南亚和东南亚国家提供 18.68 亿英镑的发展援助。[3] 为推进"科伦坡计划",参与"科伦坡

---

[1] The Department of External Affairs in Cooperation with the External Aid Office, *Canada and the Colombo Plan 1951-1961* (Ottawa: R. Duhamel, Queen's Printer, 1961), p. 3.
[2] 逸青:《科伦坡计划组织咨询委员会第 11 次年会会议公报》,《南洋资料译丛》1960 年第 1 期,第 140 页。
[3] 林晓光:《日本政府开发援助与中日关系》,世界知识出版社,2003,第 27 页。

计划"的各国部长级代表组成咨询委员会进行协商，每年在各成员国或地区召开一次年会，讨论援助相关事宜。

早在澳大利亚外长提议"科伦坡计划"草案之时，加拿大就是否援助英联邦中发展中国家与之存在分歧，加拿大代表、外交事务国务秘书莱斯特·鲍尔斯·皮尔逊（Lester Bowles Pearson）并未直接表态支持，而是强调加拿大已经在北约框架下履行了类似义务。[①] 科伦坡会议结束后，皮尔逊回到渥太华，和时任联邦总理路易斯·圣劳伦特（Louis St. Laurent）等就是否支持该计划进行讨论，当时总理和财政部以及加拿大银行的负责人对该计划抱有疑虑，认为该计划成功的可能性较小。在皮尔逊的游说下，加拿大政府勉强同意派渔业部部长罗伯特·梅休（Robert Mayhew）参加5月的悉尼会议，但强调要以谨慎的态度对待，以避免给加拿大造成财政负担。[②] 1950年6月12日，加拿大内阁批准向联合国技术援助扩展计划提供85万美元的资金援助，但仅同意提供40万美元作为"科伦坡计划"实施第一年的技术援助。[③] 此后，1950年6月25日朝鲜战争爆发，亚洲地区在东西方冷战格局中的地位陡升，美国对参与"科伦坡计划"表现出了浓厚的兴趣。1949年1月，美国总统杜鲁门提出了针对发展中国家援助的"第四点计划"，承诺要利用先进的科学技术和工业进步来促进不发达地区的生活改善和经济增长。1950年，美国国会还通过了《国际援助法案》。受其促动，1951年初，财力上精疲力竭的英国邀请美国来参加"科伦坡计划"，以拉拢美国的支援来达到其目的。随之，1950年9月的伦敦会议上，加拿大与其他英联邦国家在资金和技术援助问题上达成了一致。1951年2月，加拿大议会通过了参加"科伦坡计划"的决议，并批准在1951~1952财年向"科伦坡计划"拨款2500万美元。[④] 概括而言，加拿大参加"科伦

---

① Ademola Adeleke, *Ties without Strings: The Colombo Plan Geopolitics of International Aid, 1950-1980* (University of Toronto PhD. Degree Thesis), 1996, p. 72.

② David R. Morrison, *Aid and Ebb Tide: A History of CIDA and Canadian Development Assistance* (Waterloo: Wilfrid Laurier University Press, 1998), p. 29.

③ Greg Donaghy (eds), *Documents on Canadian External Relations*, Vol. 17 (Ottawa: Canadian Government Publishing, 1951), p. 548 (Commonwealth Relations, Part 2, Colombo Plan, Section A).

④ David R. Morrison, *Aid and Ebb Tide: A History of CIDA and Canadian Development Assistance* (Waterloo: Wilfrid Laurier University Press, 1998), pp. 29-30.

坡计划"受到以下目标的激励。

1. 抵抗共产主义在南亚和东南亚的扩张

"科伦坡计划"的提出和当时冷战格局及亚洲局势密切相关。二战结束后，社会主义思想广为传播，并对长期处于帝国主义殖民体系中的南亚和东南亚地区起到了示范作用，社会主义对这一地区的影响增加。与此同时，伴随着东西方对峙的加强，苏联与美国竞相在南亚和东南亚地区以援助为手段扩大势力存在，以取得相对于对方的优势。在这种情形下，以苏联为首的发展模式有可能成为引导发展中国家现代化潮流的航标，所谓"自由世界"与"共产主义世界"的斗争场所开始向第三世界转移。西方国家担忧第三世界会跟随苏联援助的脚步加入社会主义阵营。在冷战紧张对峙的局面下，社会主义被加拿大等西方国家污蔑为希特勒之后对世界自由和民主的最大威胁。在这种论调下，加拿大舆论认为，"如果我们为了世界的利益不把现有的力量联合起来，真正地与极权主义日益增长的影响相斗争的话，我们自由的文明会被摧毁"[1]。

在冷战对峙的背景下，美国等西方国家对社会主义抱有极大的敌视和偏见，认为共产主义思想产生的根源在于饥饿和贫困，只有受苏联力量威胁的地区经济发展了，并且是按照西方制度规范发展了，其才会提高抵御共产主义的能力，实现和平。这一点正如当时备受推崇的麻省理工学院经济学家沃尔特·怀特曼·罗斯托（Walt Whiteman Rostow）所言，发展和现代化不足，民众就会产生绝望和不满，共产主义激进思想就会受到支持，而援助受共产主义威胁的地区发展经济则能有效避免"赤化"。他认为社会主义革命的原因就是经济没有起飞。[2] "如果通过援助，富国和穷国越发骇人听闻的不平等被减弱，一旦在经济上战胜邪恶殖民主义和自然所导致的经济障碍，弱势群体就会获得满足，其潜在的侵略性就会被抑制。相信满足的国家不会发动战争。因此，对外援助可以去除世界紧张的主要根

---

[1] Nik Cavell, "Canada and the Colombo Plan", The Empire Club Foundation, *The Empire Club of Canada Speeches 1952-1953* (Toronto: the Empire Club Foundation, 1953), pp. 112-128.

[2] 〔美〕沃尔特·罗斯托:《经济成长的阶段：非共产党宣言》（*The Stages of Economic Growth: A Non-communistic Manifesto*），国际关系研究所编译室译，商务印书馆，1962，第185页。

源，可以将对革命的期望突出地转向和平的经济建设任务。在这样的期望之下，对外援助通常被视为确保世界和平的积极的、现实的工具。"① 在这样的逻辑的推动下，西方国家将援助盟友和不发达国家视为抵御共产主义扩张的主要战略之一。而就当时的南亚和东南亚的经济和政治态势而言，正好具备了西方所认为的"贫穷催生社会主义"的可能性，引发了西方社会的关注。二战后，英国殖民体系瓦解，印度和巴基斯坦等走向分治，数百万难民流离失所。据不完全统计，1947年8月至1948年4月，约1400万印度教徒和锡克教徒在印巴之间迁徙，近800万难民涌入印度，约100万人被杀，400万人受伤，2500万人遭受物质损失。② 印度、巴基斯坦、锡兰及英国原属地马来西亚、新加坡、北婆罗洲、沙捞越，经济尤其落后。1950年，南亚地区人均年收入只有50～70美元。③ 同时，原英国殖民地缅甸、锡兰、印度和巴基斯坦相继独立，对西方原有存在形成严峻挑战。刚获得独立的南亚和东南亚国家社会秩序尚未稳定，部分国家还面临着种族对立与地区分离斗争。

在美国提出"马歇尔计划"和"第四点计划"之后，以英国为首的英联邦也将"科伦坡计划"放在外交战略的重心位置，"将这一地区作为整体，对其贫困和不发达问题发起全面进攻"④。加拿大对此给予了支持，积极声援"科伦坡计划"。1950年1月，约翰·乔治·迪芬贝克（John George Diefenbaker）（1957～1963年任加拿大总理）通过加拿大广播公司（Canadian Broadcasting Corporation，CBC）指出："每年5000万加元……对于加拿大来说是廉价的保险单，因为（科伦坡）亚洲代表们认为，如果这

---

① Keith Spicer, *A Samaritan State? External Aid in Canada's Foreign Aid Policy* (Toronto: University of Toronto Press, 1996), p. 15. 类似观点可参见 M. F. Mikilan and W. W. Rostow, *A Proposal: Key to an Effective Foreign Policy* (New York: Harper & Brothers, 1957), p. 21; Babara Ward, *The Rich Nations and Poor Nations* (Toronto: W. W. Norton & Company, 1962) pp. 20, 92.

② 〔印度〕萨拉夫：《印度社会》，华中师范学院历史系翻译组译，商务印书馆，1977，第251页。

③ A. Basch, *International Bank for Reconstruction and Development, the Colombo Plan* (World Bank, Jan. 23, 1951), p. 1.

④ A. Basch, *International Bank for Reconstruction and Development, the Colombo Plan* (World Bank, Jan. 23, 1951), p. 1.

一计划及时开始,将会对遏制亚洲共产主义起到相当作用。"① 同年2月,加拿大外交事务国务秘书(Secretary of State for External Affair)莱斯特·皮尔逊在众议院呼吁议员支持该计划时说:"我们认为单纯的军事援助无法阻挡极权主义在南亚和东南亚的力量……如果不想让俄国人占领东南亚和南亚,作为自由民主世界的我们……必须证明:我们,而不是俄国人代表着民族的解放和经济社会的进步。"② 5月,"科伦坡计划"外长会议(Meeting of the Commonwealth Foreign Minsters)上,皮尔逊表示:"一笔划算的交易不仅仅可以解决英镑结存(Sterling Balance)(危机)问题③,也能够在这一地区支持我们抵制苏联的扩张。"④ 在返回渥太华的路上,皮尔逊对随行的部长们说:"这个项目的目的是加强这一地区国家的经济和反击共产主义的扩张。"⑤ 在对第二次参加悉尼会议的加拿大代表团的讲话中,皮尔逊再次强调:"代表团应表达出加拿大政府对南亚和东南亚局势的关注。要想避免共产主义的扩张,政府要意识到,着力提高印度、巴基斯坦、锡兰、缅甸、马来亚、印度支那、印度尼西亚和泰国这些国家的生活水平是迫在眉睫的。"⑥

1950年6月25日朝鲜战争爆发,进一步强化了加拿大等西方国家援助南亚和东南亚抵制共产主义的决心。1950年9月,英国国防大臣在"科伦坡计划"咨询委员会会议上表示,东南亚的贫困是共产主义的"温床",

---

① Nik Cavell, "Canada and the Colombo Plan", the Empire Club Foundation, *the Empire Club of Canada Speeches 1952-1953* (Toronto: the Empire Club Foundation, 1953), pp. 112-128.
② Keith Spicer, *A Samaritan State? External Aid in Canada's Foreign Aid Policy* (Toronto: University of Toronto Press, 1966), p23.
③ 二战中,英国的殖民地向英国提供大量出口,积累了巨大的英镑储备。1947年7月15日,英国宣布英镑实行自由兑换,前殖民地国家纷纷转而接受布雷顿森林体系,投靠美元,结果触发了严重的英镑危机,英镑金融信用扫地。
④ "Canada, Communism, and the Colombo Plan", pp. 50-51, http://aidhistory.ca/wp-content/uploads/2015/07/04_McGeeManson_Artefacts_10_proof.pdf,最后访问日期:2019年8月1日。
⑤ "Canada, Communism, and the Colombo Plan", p. 51, http://aidhistory.ca/wp-content/uploads/2015/07/04_McGeeManson_Artefacts_10_proof.pdf,最后访问日期:2019年8月1日。
⑥ "Canada, Communism, and the Colombo Plan", p. 51, http://aidhistory.ca/wp-content/uploads/2015/07/04_McGeeManson_Artefacts_10_proof.pdf,最后访问日期:2019年8月1日。

第一章 "科伦坡计划"与加拿大官方发展援助的奠基（1951~1968）

这种共产主义只能以各国间的"集体行动"来对抗。① 英国这种态度得到了加拿大政府的响应。1950 年 10 月 18 日，加拿大代表团向渥太华报告了于伦敦召开的援助会议情况，"西方必须采取任何可资利用的措施来避免欧亚大陆更大区域沦落到共产党的统治之下"②。援助南亚和东南亚国家经济发展被置于更重要的地位。1951 年 2 月 21 日，加拿大外交事务国务秘书皮尔逊宣布加拿大将参加"科伦坡计划"，宣布第一年援助 2500 万加元，其中 1500 万加元给印度，1000 万加元给巴基斯坦。③ 1952 年 12 月，加拿大参与"科伦坡计划"的一位官员说得更为直接："如果我们不援助他们，苏联人就会援助他们……西方的任务是让她以前的被监护者（wards）足够安全和强大，以至于这些新野蛮人不会被莫斯科所鼓动。加拿大在其中扮演着值得骄傲的角色。"④ 1951 年，"科伦坡计划"正式实施，加拿大立即提供了 2500 万加元的援助。⑤ 1955 年，皮尔逊在一次讨论加拿大向不发达国家提供经济援助的会议和众议院辩论中先后如此表达了加拿大参与发展援助的根本原因。他说："我们应该不时地问自己，如果苏联和中国共产主义的政治和军事威胁不存在，我们是否会做我们自己的事情？在我看来，我们西方国家似乎至少欠了国际共产主义者一个感谢——在过去的几年里，我们几乎没有什么要感谢他们的了——感谢他们帮助我们在这些问题上保持良好的记录。对战后时期有着这样令人遗憾的评论，那就是如果没有他们和他们所代表的威胁，我们可能不会那么迅速地做我们本来应该做的事情。"⑥ "我们同意，仅仅靠军事力量无法在南亚和东南亚地区阻止集权主义力量的扩张……要想东南亚和南亚不被共产主

---

① 史一涛：《论"科伦坡计划"》，《世界知识》1955 年第 22 期，第 14 页。
② "Canada, Communism, and the Colombo Plan", p. 51, http://aidhistory.ca/wp-content/uploads/2015/07/04_McGeeManson_Artefacts_10_proof.pdf, 最后访问日期：2019 年 8 月 1 日。
③ Douglas Lepan, *Bright Glass of Memory* (Toronto: McGraw-Hill Ryerson, 1979), pp. 218-222.
④ Nik Cavell, "Canada and the Colombo Plan", in the Empire Club Foundation, *The Empire Club of Canada Speeches* 1952-1953 (Toronto: the Empire Club Foundation, 1953), pp. 112-128.
⑤ 加拿大百科全书（网络版）：http://www.thecanadianencyclopedia.com/index.cfm? PgNm =TCE&Params=A1ARTA0001771, 最后访问日期：2018 年 12 月 12 日。
⑥ Keith Spicer, *A Samaritan State? External Aid in Canada's Foreign Aid Policy* (Toronto: University of Toronto Press, 1965), p. 22.

义占领，自由民主世界的我们……必须展示，是我们而非苏联人代表着民族解放、经济和社会进步。"① 1957 年，皮尔逊在一次演讲中再度对援助发展中国家对抗苏联的影响力给予了强调。他认为："按照我们的智慧，我们不应该敦促我们技术欠发达地区的朋友们拒绝苏联集团提供的援助，他们自己必须评估和避免其可能涉及的政治或经济风险。我们必须依靠这些人民的领导人的良好意识，对西方世界提供的援助和苏联集团提供的援助作出必要的区分。我们必须通过我们自己的政策，确保这一区分不仅泾渭分明而且对我们有利。……我们永远不可能希望靠承诺击败共产党人。"② 20 世纪 60 年代上半期，更多的亚非拉国家实现了独立。为争取新独立国家站在西方一边，以发展援助确保"共产主义世界不敢攻击我们"的思潮在西方国家更为流行。1961 年，加拿大众议院议长麦克唐纳在谈及经济援助时，强调加拿大 ODA 巨大的政治利益就在于使"那些不发达国家在自由体制而非共产主义之下生活"③。

显然，在加拿大政府看来，以对外发展援助推动东南亚经济发展是避免共产主义力量在东南亚成长壮大的根本手段，可以对共产主义起到不战而屈人之兵的作用。1950 年，约翰·乔治·迪芬贝克（1953~1963 年任加拿大总理）在加拿大广播公司（CBC）谈到"科伦坡计划"时表示"每年 5000 万加元……对加拿大而言是很廉价的保险单，因为（科伦坡）亚洲代表们的观点是，如果这一计划及时开始，将会对遏制亚洲共产主义起到相当作用。"④。约十年后，1961 年 11 月，时任加拿大议会反对党、自由党党首的莱斯特·皮尔逊也表达了类似的观点。他说："我想我们应该做得更多，因为如果此时明智地在恰当的地方提供 4000 万加元、5000 万加元或者 1 亿加元援助，可能比花费 1 亿加元或者 1.5 亿加元在国防武器上，更

---

① Canada, House of Commons Debates, Feb. 22, 1950, pp. 131, 23.
② James Eayrs, *Canada in World Affairs* (Toronto: Oxford University Press, 1965), p. 213.
③ David R. Morrison, *Aid and Ebb Tide: A History of CIDA and Canadian Development Assistance* (Waterloo: Wilfrid Laurier University Press, 1998), p. 13.
④ Canada, Department of External Affairs, Information Division, *Reference Paper*, No. 60, Canada and Technical Assistance, 1950, p. 9, in Keith Spicer, *A Samaritan State? External Aid in Canada's Foreign Aid Policy* (Toronto: University of Toronto Press, 1966), p. 23.

能提升世界的稳定与安全。"① 更进一步说，加拿大对外发展援助还蕴含着同苏联竞争谁能赢得发展中国家人心和谁的制度更优越的期望。1963年8月，加拿大对外援助办公室（External Aid Office，EAO）副主任 P. M. 托（Towe）也表示："加拿大的 ODA 本意并不在于救济贫困本身，其本质只是抵御共产主义的一个工具，发达国家用以显示我们个人自由的生活方式比独裁方式要好。"②

2. 维护英联邦的团结

这一时期，加拿大之所以如此关注南亚和东南亚地区的经济发展，还与其对英联邦的情结有较浓厚的关系。从历史上说，加拿大有着难以抛却的"对英联邦的诚挚情结"。③ 在英国的世界殖民体系中，加拿大的地位相对较高，早在1867年就赢得了自治领地位，1926年通过《贝尔福宣言》（Balfour Declaration）获得了与英国的"平等地位"，1931年成为英联邦成员国，议会同英议会比肩而立，除了修宪仍需英国批准外，享有同样的立法权，此外，加拿大没有受过像印度和巴基斯坦所受到的宗主国的压迫和剥削。由此，当二战后英国殖民地独立后企图完全脱离英联邦之时，加拿大明确地站在了维护英联邦的立场上。总理威廉姆·麦肯齐·金（William Mackenzie King，1935-1948年在任）及其继任者路易斯·圣劳伦特（Louis St. Laurent，1948-1957年在任）在1948年英联邦国际会议上极力劝说印度等亚洲新独立国家不要脱离英联邦。在现实中，英联邦是加拿大冷战中重要的依托力量。"英联邦实际上是政治家风度（statesmanship）、善良和理智的胜利。这种感情或者观点（sentiment），我认为，是真切的和广泛的，并未耗尽。……毕竟，在我们整个时期，加拿大一直在这一地区以捍卫集体抵抗侵略的原则进行战争。在亚洲英联邦国家居住着5.7亿人。……不是靠战争，而是靠政治和道德行动，除了西欧、美洲和大洋

---

① Canada, *House of Commons Debates*, Sept. 11, 1961, in Ibid. p. 16.
② Keith Spicer, *A Samaritan State? External Aid in Canada's Foreign Aid Policy* (Toronto: University of Toronto Press, 1966) p. 25.
③ B. S. L. Keirstead, *Canada in World Affairs* (Toronto: Oxford University Press, 1956), pp. 205-206.

洲，共产主义会占领整个世界。这些边缘地带还可以坚持多久是不确定的。"① 在"科伦坡计划"实施后不久的 1952 年 12 月，加拿大"科伦坡计划"的负责官员内克·卡维尔（Nik Cavell），在一次演讲中把南亚和东南亚英联邦国家称为"我们在亚洲的兄弟"，"我们应该找到一种途径，使得我们英联邦的伙伴，尤其是东南亚的伙伴有一种真正属于我们自由世界的感觉……"② 1954 年和 1956 年加拿大总理圣劳伦特、健康和福利部（Minister of National Health and Welfare）部长保罗·约瑟夫·马丁（Paul Joseph Martin）先后出访英联邦亚洲国家，其中圣劳伦特在访问印度过程中，大力鼓吹印度为"亚洲经得起考验的抵御共产主义的民主阵地"③。1958 年加拿大财政部部长唐纳德·佛莱明（Donald Fleming）访问锡兰时也向锡兰人宣告说："我们在加拿大是怀有英联邦之心的……加拿大一直以来将'科伦坡计划'中的绝大部分给了英联邦国家。"④ 同年 9 月，在蒙特利尔英联邦贸易和经济会议上加拿大总理迪芬贝克宣告："我认为，在对外援助项目中我们首先要考虑的是提高英联邦的生活标准，因为我认为，正如世界所看到的，英联邦是自由最伟大的工具。"⑤ 两年后的 9 月，迪芬贝克在联合国大会上用满含感情的语句再次表达了他对英联邦的关注，他说："很自然，加拿大对于英联邦内新独立的国家有一种家人一般的关切。"⑥ "与加拿大一样，多个国家越发认识到，他们不能对居住在南亚和东南亚、占世界人口四分之一的 7 亿多同胞（fellowmen）之福祉视若无睹。"⑦

---

① James Eayrs, *Canada in World Affairs* (Toronto: Oxford University Press, 1965), pp. 206-207.
② Nik Callvell, "Canada and the Colombo Plan, in Joint Meeting with the Toronto Branch United Nations Association in Canada, December 4th, 1952", in John W. Griffin, *The Empire Club of Canada Speeches 1952-1953* (Toronto: the Empire Club Foundation, 1953), pp. 112-128.
③ Dale C. Thomson and Roger F. Swanson, *Canadian Foreign Policy: Options and Perspectives* (Toronto: McGraw-Hill Ryerson Limited, 1974), p. 80.
④ Keith Spicer, *A Samaritan State? External Aid in Canada's Foreign Aid Policy* (Toronto: University of Toronto Press, 1966), p. 54.
⑤ David R. Morrison, *Aid and Ebb Tide: A History of CIDA and Canadian Development Assistance.* (Montreal: Wilfrid Laurier University Press, 1998), p. 34.
⑥ Keith Spicer, *A Samaritan State? External Aid in Canada's Foreign Aid Policy* (Toronto: University of Toronto Press, 1966), pp. 54-55.
⑦ Department of External Affairs in Cooperation with the External Aid Office, *Canada and the Colombo Plan 1951-1961* (Ottawa: R. Duhamel, Queen's Printer, 1961), p. 2.

正如基思·斯派斯（Keith Spicer）教授所言，"这样一种满含感情的、半神秘的联邦血缘关系……让许多英裔加拿大人……感觉到对英联邦的援助是独特的兄弟般的义务"①。加拿大对英联邦的情结由此可见一斑。

3. 提升加拿大对外商贸利益

加拿大对援助南亚和东南亚国家的态度从谨慎到积极支持还与其对出口商业利益的诉求有关。二战后，加拿大自身独立意识更加强烈。从政府层面看，二战后的加拿大政府迫切希望在国际社会传统大国林立的格局下走出一条新路。对外援助的质量规模决定加拿大在联合国各个机构——经济合作发展组织及国际金融机构——的地位。在经济层面，试图通过对外援助满足出口市场需求。早在1947年1月，时任外交事务国务秘书的路易斯·圣劳伦特（Louis St. Laurent）谈到加拿大外交的基本原则时说，加拿大对外经济援助一个重要的目标就是为国际贸易创造一个有利的、稳定的环境，并因此为加拿大人自己创造一个有利的、稳定的环境。"全世界的繁荣和福祉可以很好地服务于我们人民的持续繁荣和福祉。"②

对外经济援助扮演了为加拿大拓展商品市场的角色。加拿大当初欢迎"马歇尔计划"，也是因为重建欧洲的稳定符合加拿大的经济和安全利益。正如1947年6月28日莱斯特·皮尔逊告诉麦肯齐·金总理的那样，"马歇尔计划""不仅仅具有重大的国际价值，而且顺带着，也能够极大解决我们的美元问题，因为美元会流向欧洲国家，而这些美元会有一部分用来购买加拿大的商品"③。为此，1946年和1947年，加拿大给予西欧20亿美元的贷款，以图帮助欧洲复兴的同时扩大加拿大的市场。④1967年4月28日，时任加拿大外交事务国务秘书保罗·约瑟夫·马丁（Paul Joseph Martin）在不列颠哥伦比亚大学的一次演讲中表示："加拿

---

① Keith Spicer, *A Samaritan State? External Aid in Canada's Foreign Aid Policy* (Toronto: University of Toronto Press, 1966), pp. 54-55.
② John Ibbitson, "The Big Break: The Conservative Transformation of Canada's Foreign Policy", CIGI Papers 2, 2014, p. 5, https://www.cigionline.org/sites/default/files/cigi_paper_29.pdf, 最后访问日期：2019年8月20日。
③ J. L. Granatstein and R. D. Cuff, "Canada and the Marshall Plan", *Historical Papers*, Vol. 12, Nov. 1, 1977, The Canadian Historical Association, p. 199.
④ J. L. Granatstein and R. D. Cuff, "Canada and the Marshall Plan", *Historical Papers*, Vol. 12, Nov. 1, 1977, The Canadian Historical Association, p. 199.

大坚持以援助基金与加拿大货物和服务相绑定的形式给予援助，换言之，在加拿大购买。我们这样做有经济必然性，而不是凭信念这样做，因为我们（的看法）与发展援助委员会1965年7月通过的建议条款是一致的：在援助中实行绑定购买会限制受援国在国际市场上自由选择最适合的货源。在双边援助方面，各成员国应共同和单独努力，除非受到严重的国际收支问题的限制，逐步缩小附加援助的范围，以期最终尽可能地取消采购限制。……（但）现实起见，考虑到援助方案和捐助国经济特性的不同，我无法想象能够早日就这个问题达成国际协议。"① 在加拿大政府看来，尽管绑定购买（Tied Aid；Procurement Tying of Aid）具有增加受援国购买成本的一面，但剔除施援国的绑定购买却是不现实的，难以操作。为达到帮助加拿大扩大经贸利益的目的，加拿大双边援助的90%~95%被要求在加拿大购买。加拿大援助给发展中国家的并非直接的"桶桶现金"，而是"加拿大的商品和服务"（加拿大外交事务国务秘书1963年11月在众议院的发言）。② 比如，1963年和1964年，加拿大为支持印度拉贾斯坦邦（Rajasthan）原子能电站和两个新的水电站的建设，分别向印度提供了价值3500万加元和2500万加元的设备，这两者都是通过在加拿大国内购买而实现的。③

除绑定购买之外，官方发展援助还起到了为加拿大这个后起的经济富国对外经贸开拓更多机会的作用。加拿大作为二战后兴起的经济强国，在历史上它的经济主要依赖英美两国，与发展中国家的经贸联系较为孱弱。而经济援助无疑为加拿大打开了通向发展中国家的经贸之门。就加拿大援助的规模而言，相比美英这些大国并不突出。有数据表明，1965~1966年，加拿大发展援助的规模约为2亿加元，在西方工业国总计近70亿加元的援助中只是一小部分，其援助地位相对"边缘"，但重要的是，加拿大

---

① Arihur E. Blanchette (Editor), *Canadian Foreign Policy 1966-1976, Select Speeches and Documents* (Ottawa: Gage Publishing Limited and The Institute of Canadian Studies), p. 231.
② Canada, House of Commons Debates, Sept. 11, 1961, p. 197, in Keith Spicer. *A Samaritan State? External Aid in Canada's Foreign Aid Policy* (Toronto: University of Toronto Press, 1966), p. 43.
③ Keith Spicer, *A Samaritan State? External Aid in Canada's Foreign Aid Policy* (Toronto: University of Toronto Press, 1966), p. 46.

援助相对集中在"科伦坡计划"受援国。这种集中的援助在实际的运作中具有以点带面的发达效应和示范意义,为加拿大在援助之后进入受援国市场,增加商贸机会和投资潜力提供了良好的渠道。

第二节 "科伦坡计划"框架下加拿大官方发展援助的扩展

"科伦坡计划"开始后,相关援助呈现迅速发展的趋势。1950 年,澳大利亚、加拿大、新西兰、英国作为主援助国建立组织,锡兰、加里曼群岛、新加坡加入,1951 年美国、柬埔寨、老挝、越南加入,1952 年缅甸、尼泊尔加入,1953 年印度尼西亚加入,1954 年日本、菲律宾、泰国加入。其中,印度、巴基斯坦等南亚和东南亚原英国殖民地是该计划援助的主要地区。作为参与者,加拿大跟随着英国、美国亦步亦趋参与其中,这一时期其官方发展援助体现了浓厚的"科伦坡计划"特色。

1. 加拿大援助区域的"科伦坡化"

"科伦坡计划"是以南亚和东南亚英联邦国家为援助重心。1951 年"科伦坡计划"五年规划颁布,在估算总计 52.28 亿美元的援助中,印度被分配了 73.6% 的份额,巴基斯坦占 15% 的份额,锡兰占 5.45% 的份额,英国属地(马来西亚、新加坡、北婆罗洲及沙捞越)占 6% 的份额[1]。加拿大作为参与者,遵循了以"科伦坡计划"为援助之本的原则。从 1950 年到 1960 年,加拿大约 98% 的援助给了南亚和东南亚地区。其中,53.8% 给了印度(1.484 亿加元),36.5% 给了巴基斯坦(1.006 亿加元),7.6% 给了锡兰、马来西亚和新加坡(约 2096 万加元),只有 2% 给了印度尼西亚、柬埔寨、泰国等非英联邦国家。[2] 到 1967 年,加拿大累计给予巴基斯坦的援助达到 2.27 亿加元,占"科伦坡计划"的四分之一。此外,1962 年到 1967 年,加拿大还给予巴基斯坦 4200 万加元的长期出口信贷,援助规模

---

[1] A. Basch, *International Bank for Reconstruction and Development, the Colombo Plan* (World Bank, Jan. 23, 1951), p. 3.

[2] Canada. External Aid Office, Information Division, *Annual Review 1966 - 1967* (Ottawa: Queen's Printer, 1967), p. 23.

仅次于美国、世界银行与联邦德国。①

20世纪50年代晚期，加勒比地区原英国殖民地独立并于1958年联合成立西印度联邦（West Indies Federation），加拿大官方发展援助随即超越"科伦坡计划"扩大至这一地区。1958年西印度联邦成立之际，加拿大总理迪芬贝克在蒙特利尔英联邦贸易和经济会议上宣布五年内向这些国家提供1000万加元的援助。② 1962年西印度联邦解体后，加拿大改为对各国单独进行援助。1966年加拿大和加勒比国家会议在渥太华举行，加拿大在会上保证在未来五年内向各国提供合计7500万加元的援助。在实施时，这一数字增加为1亿加元。③ 60年代后，英属非洲进入独立革命的高潮期，加拿大发展援助英联邦的范围也自然扩大到非洲。④ 1960年，以"英联邦援助非洲特别项目"（Special Commonwealth Africa Aid Programme，SCAAP）为主要援助形式，加纳和尼日利亚成为接受加拿大官方发展援助的首批非洲国家。1960年加拿大前20个受援国中，非洲英联邦国家占4个，双边援助金额从十余万加元到数百万加元不等。到1965年，在按援助额多少排列的前20位受援国中，非洲英联邦国家占5个，所接受的双边援助额最多者为尼日利亚（379万加元、第4位），最少的为马拉维（29万加元、第19位）⑤。从地区分布看，南亚和东南亚是接受加拿大官方发展援助最多的地区。1950~1969年，加拿大80%的援助通过"科伦坡计划"给了这一地区的英联邦国家，其中一多半给了印度（6.86亿加元），四分之一给了巴基斯坦（2.99亿加元）和斯里兰卡（516万加元）（见表1-1）。⑥ 其中，

---

① Irving Brecher, S. A. Abbas, *Foreign Aid and Industrial Development in Pakistan* (*Perspectives on Development*) (Cambridge: Cambridge University Press, 2005), p. 72.
② Ralph R. Paragg, "Canadian Aid in the Commonwealth Caribbean: Neo-Colonialism or Development?" *Canadian Public Policy* V. 14, 1980, p. 630.
③ Ralph R. Paragg, "Canadian Aid in the Commonwealth Caribbean: Neo-Colonialism or Development?" *Canadian Public Policy* V. 14, 1980, p. 630.
④ 1959年加纳独立后，加拿大向之提供了50万加元的援助款。见 David R. Morrison. *Aid and Ebb Tide-A history of CIDA and Canadian Development Assistance* (Montreal: Wilfrid Laurier University Press, 1998), p. 34.
⑤ David R. Morrison. *Aid and Ebb Tide-A history of CIDA and Canadian Development Assistance* (Montreal: Wilfrid Laurier University Press, 1998), p. 456.
⑥ Dale C. Thomson and Roger F. Swanson, *Canadian Foreign Policy: Options and Perspectives* (Toronto: McGraw-Hill Ryerson Limited, 1974), p. 94.

1964~1965年，按照加拿大援外办公室的统计，加拿大给予南亚和东南亚之外英联邦国家的双边资金援助额为3250万加元，给予"英联邦非洲援助特别项目"资金650万加元、英联邦奖学金和学者项目（Commonwealth Scholarship and Fellowship Plan）120万加元、英联邦技术项目（Commonwealth Technical Assistance Program）30万加元。[1]

表1-1　1950~1969年加拿大政府间官方发展援助地区分配统计

单位：百万加元，%

财政年度	亚洲 比重	亚洲 数额	非洲 比重	非洲 数额	美洲 比重	美洲 数额	未分类 比重	未分类 数额	总计 比重	总计 数额
1950~1959	99.9	288.66	—	0.11	0.10	0.29	—	—	100	289.06
1960~1964	88.4	192.27	6.40	14	5.20	11.30	—	—	100	217.57
1965~1969	76.1	556.95	16.90	123.87	6.60	48.60	0.40	2.70	100	732.12

资料来源：Cranford Pratt, *Canadian International Development Assistance Policies: An Appraisal* (Montreal & Kingston: McGill-Queen's University Press, 1994), p.134; David R. Morrison, *Aid and Ebb Tide: A History of CIDA and Canadian Development Assistance* (Waterloo: Wilfrid Laurier University Press, 1998), p.455; CIDA, Statistical Report on ODA, Fiscal Year 1994/1995, pp.14-24.

同时，加拿大援助外交也是其国内多族群结构的一个反映。20世纪50年代，加拿大魁北克省奉行农业本位政策，导致了魁北克省的落后。1960年，自由党执政后，魁省政府积极转变政府角色，扩大政府职能，进行现代化经济、教育、文化和社会公共事务改革，拉开了魁北克地区政治现代化的序幕，推动了魁北克地区社会世俗化、现代化和民主化。与此同时，魁省法裔民族主义也受到了鼓动，主张魁省在联邦内的独特地位乃至独立的政党在魁省出现。为照顾法裔情绪，加拿大ODA在魁北克省的推动下于60年代初开始涉及法语国家，并在加拿大援助部门之下专门设立了法语援助项目主任（Director of French Language Programmes）一职。1960年，加拿大驻法国大使皮埃尔·迪普伊（Pierre Dupuy）前往非洲刚独立的几个法语国家访问，建议设立一个专门针对突尼斯、塞内加尔等非洲法语国家的

---

[1] Keith Spicer, *A Samaritan State? External Aid in Canada's Foreign Aid Policy* (Toronto: University of Toronto Press, 1966), p.64.

援助项目。① 1961 年，加拿大设立了法语非洲项目（Francophone African Program），并向非洲法语国家提供了 30 万加元的双边援助。② 1964 年这一数字增加到 400 万加元，相关受援国家达到 21 个。③ 以 1965 年为例，居加拿大双边 ODA 受援国前 20 位的非洲法语国家有卢旺达（93 万加元、第 8 位）、扎伊尔（63 万加元、第 13 位）、喀麦隆（42 万加元、第 15 位）、几内亚（29 万加元、第 20 位）。④ 然而，这些国家接受 ODA 的绝对数很小，从 1950 年到 1969 年加拿大对非洲法语国家的 ODA 累计仅为 6000 万加元，年均只有约 30 万加元，和南亚和东南亚受援区相比相形见绌。⑤

2. "科伦坡计划"中加拿大的地位突出

1950 年 9~10 月伦敦会议"报告"最初设定"科伦坡计划"为期 6 年，向英联邦南亚和东南亚成员国总共投入发展资金约 50 亿美元。⑥ 在此后的实施中，"科伦坡计划"一再延长，援助规模也不断扩大。截至 1961 年，"科伦坡计划"累计援助额达到 100 亿美元⑦。到 1964 年，援助国通过"科伦坡计划"向受援国提供了价值 148.64 亿美元的发展援助⑧。而到 1972 年，援助总额达到 320 亿美元左右⑨，成为援助南亚与东南亚国家的主要来源。

参加"科伦坡计划"后，加拿大积极承担援助任务。1950~1955 年

---

① David R. Morrison, *Aid and Ebb Tide: A History of CIDA and Canadian Development Assistance* (Montreal: Wilfrid Laurier University Press, 1998), p. 49.
② Dale C. Thomson and Roger F. Swanson, *Canadian Foreign Policy: Options and Perspectives* (Toronto: McGraw-Hill Ryerson Limited, 1974), p. 84.
③ Keith Spicer, *A Samaritan State? External Aid in Canada's Foreign Aid Policy* (Toronto: University of Toronto Press, 1965), p. 57.
④ David R. Morrison, *Aid and Ebb Tide: A History of CIDA and Canadian Development Assistance*. (Montreal: Wilfrid Laurier University Press, 1998), p. 456.
⑤ Dale C. Thomson and Roger F. Swanson, *Canadian Foreign Policy: Options and Perspectives* (Toronto: McGraw-Hill Ryerson Limited, 1974), p. 94.
⑥ 鲁枫：《三次延长的科伦坡计划》，《世界知识》1964 年第 24 期，第 28 页。
⑦ The Department of External Affairs in Cooperation with the External Aid Office, *Canada and the Colombo Plan 1951-1961* (Ottawa: R. Duhamel, Queen's Printer, 1961), p. 30.
⑧ 鲁枫：《三次延长的科伦坡计划》，《世界知识》1964 年第 24 期，第 28 页。
⑨ 孙建党：《科伦坡计划及其对战后东南亚的经济发展援助》，《东南亚研究》2006 年第 6 期，第 22~23 页。

底，在"科伦坡计划"的第一个 6 年发展计划中，加拿大向南亚和东南亚提供的资本和技术援助价值 1.28 亿美元。① 到 1958~1959 年，加拿大的援助累计增加到 2.882 亿美元左右，其中包括 3500 万美元的粮食援助和价值 5650 万加元的小麦贷款和赠款。② 与其他施援国相比，加拿大的援助规模具有突出的地位。按照"科伦坡计划"的援助规模排序，1950~1970 年，美国援助了 278.54 亿美元（贷款、技术援助、粮食、维和部队及进出口银行贷款），英国援助额为 17.67 亿美元（含英镑结存释放款、赠款、贷款、出口信贷和技术援助），分别列第一和第二位。加拿大位列第三，援助额为 9.2 亿美元（含资金、技术与粮食援助），之后的澳大利亚援助额为 2.83 亿美元（含资金、技术与粮食援助），新西兰援助额为 3700 万新西兰元（资金与技术援助）。③ 这样的规模使加拿大成为"科伦坡计划"中重要的施援国之一。

而在经合组织范围内，加拿大的表现相对而言也可圈可点。根据经合组织的统计，1950~1955 年加拿大对外发展援助合计为 2300 万美元，1956~1960 年为 2.94 亿美元，1961~1967 年增加到 7.28 亿美元，分别居西方经济合作组织 12 个施援国的第 6 位、第 7 位和第 6 位。④ 不过，就援助的绝对额而言，加拿大此时的官方发展援助与西方排在其前面的几个国家相比差距较为明显（见表 1-2）。此外，投入发展援助中的资金占其国民生产总值的比重相对不高。加拿大政府有关统计资料显示，这一时期加拿大 ODA/GNP 的比重最高时只有 0.34%（1966 年），最低时只有 0.05%（1953 年）。⑤ 按 1950~1967 年统计，加拿大 ODA/GNP 年均比值也仅为 0.20%，列西方 12 个施援国的第 10 位（见表 1-3、表 1-4）。

---

① James Eayrs, *Canada in World Affairs* (Toronto: Oxford University Press, 1965), p. 200.
② L. P. 古纳蒂勒克、丁雄:《科伦坡计划组织和执行情况》,《东南亚研究》1960 年第 1 期，第 49 页。
③ Ademola Adeleke, "Ties without Strings? The Colombo Plan and the Geopolitics of International Aid, 1950-1980" (Ph. D. diss., University of Toronto, 1996), p. 296.
④ 数据来自经合组织网站：http://www.oecd.org/dac/stats，最后访问日期：2018 年 7 月 1 日。
⑤ CIDA, *Statistical Report on Official Development Assistance*, *Fiscal Year 2004-2005* (Ottawa: CIDA) 2006, p. 1.

表 1-2 1950~1967 年主要援助国 ODA 纯支付额统计

单位：百万美元

国家 年度	美国	法国	英国	联邦德国	日本	加拿大	意大利	比利时	荷兰	其他国家
1950~1955	1118	500	190	38	10	23	42	10	17	5
1956~1960	11537	4006	1499	659	728	294	333	243	195	155
1961~1967	24664	5819	3232	3003	1361	728	551	579	485	607
合计	37319	10325	4921	3700	2099	1045	925	832	697	767

资料来源：根据 http://www.oecd.org 2008 年 4 月统计数据计算；其他国家指奥地利、丹麦、芬兰、新西兰、挪威、瑞典和瑞士七国。

表 1-3 1950~1967 年主要援助国年均 ODA/GNP 数据统计

单位：%

国家	葡萄牙	法国	比利时	美国	澳大利亚	英国	联邦德国	荷兰	日本	加拿大
ODA/GNP	1.07	1.00	0.59	0.52	0.49	0.45	0.40	0.35	0.23	0.20

资料来源：根据中国社会科学院经济所《国外经济统计资料 1949—1976》（中国财政经济出版社，1979）中数据计算。

表 1-4 1950~1969 年加拿大部分年份 ODA/GNP 比值统计

单位：%

年度	1950	1952	1955	1957	1959	1961	1963	1965	1967	1969
ODA/GNP	0.07	0.03	0.10	0.18	0.19	0.15	0.14	0.22	0.29	0.34

资料来源：*Statistical Report on Official Development Assistance*，*Fiscal Year 2005-2006*，Table A-1.

3. "科伦坡计划"中加拿大援助机构的产生

在 20 世纪 50 年代，尽管加拿大是"科伦坡计划"的积极参与者，但"科伦坡计划"作为一个协商组织，和美国的"第四点计划"一样，很大程度上只是权宜之计，缺乏连续性。在涉及参与"科伦坡计划"时，一般由"科伦坡计划"咨询委员会和英联邦外长会议讨论决定，再交由加拿大政府及议会表决决定。在具体执行上，加拿大贸易与商业部（Department of Trade and Commerce）之下设立的国际经济和技术合作处（International Economic and Technical Cooperation Division）负责相关事宜。20 世纪 60 年代后，随着经合组织援助委员会（DAC，1961）、联合国开发计划署（The United Nations Development Programme，UNDP，1965）的成立，加拿大与西方官方发展援助开始走上系统化和制度化的轨道。

1960年，加拿大在外交部外交事务国务秘书（Secretary of State for External Affairs）之下成立了对外援助办公室（External Aid Office）和对外援助委员会（External Aid Board）。前者为副部级，负责在外交部之下管理、更新、评估援助项目，协调与其他政府部门或国际组织的合作等，对外交事务国务秘书负责，由主任（Director General）负责，下设财政管理、技术援助、计划协调、教育与资本援助（Capital Assistance）五个处（Divisions）。在职能上，援助办公室更多的是配合"科伦坡计划"等对外援助实施的执行机构。而后者由贸易与商业部及外交部相关机构与援外办公室主任组成，负责就援助提出建议。

除了政府渠道，自"科伦坡计划"实施以来，加拿大发展援助也有通过非政府渠道进行的，但为数寥寥。20世纪50年代，除了少数几个支持战后重建的组织，如乐施会（OXFAM，原名Oxford Committee for Famine Relief）、美国对欧洲汇款合作社（Cooperative for American Remittances to Europe）、加拿大拯救儿童基金（CANSAVE）、父母培养计划（Foster Parents Plan）以外，非政府组织几乎没有参与对外经济援助。60年代后，随着非殖民化运动的高潮来临，加拿大一些非官方的志愿组织［如加拿大海外大学服务组织（Canadian University Services Overseas，CUSO，1961）和加拿大海外专家服务组织（Canadian Executive Service Overseas，CESO，1967）］先后成立，其目的在于向新独立国家派遣志愿人员。据统计，在1963年，加拿大有20个非政府组织参与了对外援助。[1] 但这时非政府组织基本上是自筹资金，没有被纳入官方支持的轨道。只有CUSO等极个别组织得到了少许资金支持（比如，1965年CUSO得到加拿大政府50万加元赞助[2]）。

第三节　现代化理论模式下加拿大援助项目的构成

20世纪50年代至60年代中后期，西方对外援助发展经济学的主导思想是现代化思想。该理论认为，"发展"是"现代化"或"工业化"的同

---

[1] CIDA, *Annual Report 1972-1973* (Ottawa: Information Canada, 1973), p.51.
[2] Pratt Cranford, *Canadian International Development Assistance Policies: An Appraisal* (Montreal: McGill-Queen's University Press, 1994), p.16.

名词，经济发展就是 GDP 的增长，认为只要对发展中国家援助一定的资金用以改善工业基础设施和相关项目，发展中国家经济就会像滚雪球一样自动地越滚越大，就会实现现代化。① 现代化发展经济学的代表人物沃尔特·罗斯托甚至"精确"预计："外部援助增加 40 亿美元，就能够使亚洲、中东、非洲和拉丁美洲实现正常的经济增长，即每年的人均收入可以增加 1.5%。"② 而"没有外资的话，现有的投资率将会下降，现有的发展事业也会被中断"③。由此，这一时期西方国家的发展援助重在提供资金，片面强调援助建设受援国工业项目和基础设施，来促进受援国经济的全面发展。在这一思想的指导下，加拿大等国跟随其他西方国家，除了粮食援助外，把主要的援助资金放在了工业及其基础设施上，健康福利、教育等带有社会人文色彩的项目相对较少。根据加拿大对外援助办公室的统计，1950 年至 1965 年 3 月加拿大在电力和灌溉、交通运输、工业项目和物资上的援助项目占加拿大援助总额的绝大部分（见表 1-5）。据加拿大学者基思·斯派斯的研究，除工业原料外，加拿大较大的援助项目为 21 个电力水利项目、33 个通信交通项目、51 个资源和能源开发项目，基本上是围绕"工业化"和现代化这一主题展开的。④

表 1-5　1950 年至 1965 年 3 月加拿大 ODA 项目内容及占总额比重

单位：加元，%

	电力和灌溉	交通运输	自然资源	健康福利教育	工业工程	工业原料	粮食
数额	1.37 亿	5900 万	2633 万	2375 万	985 万	1.55 亿	1.46 亿
比重	24.5	10.6	4.7	4.3	1.8	27.7	26.4

资料来源：Keith Spicer, *A Samaritan State? External Aid in Canada's Foreign Policy* (Toronto: University of Toronto Press, 1966), p. 125.

---

① Tim Brodhead and Brent Herbert, *Bridges of Hope? Canadian Voluntary Agencies and the Third World* (Ottawa: North-South Institute, 1988), p. 22.
② William Easterly, "The Catel of good Intentions", *Foreign Policy*, July-Aug., 2002, p. 6, www.nyu.edu/fas/institute/dri/Easterly/File/carteljan2003.pdf, 最后访问日期：2018 年 9 月 1 日。
③ A. Basch, *International Bank for Reconstruction and Development, the Colombo Plan* (World Bank, Jan. 23, 1951), p. I.
④ Keith Spicer, *A Samaritan State? External Aid in Canada's Foreign Aid Policy* (Toronto: University of Toronto Press, 1966), pp. 126, 143, 162.

1. 农业与渔业援助项目

二战后，南亚和东南亚等国家面临着温饱不足的严峻挑战。由此，农业、渔业是加拿大"科伦坡计划"以及其他援助项目的当务之急。在1951~1956年六年计划中，加拿大提出向印度、巴基斯坦、锡兰分别提供价值1.276亿美元、2.45亿美元和1.06亿美元的农业援助。① 1951~1961年，加拿大向受援国提供了价值7000万加元的小麦、面粉和3500万加元的资金援助，以及化肥、石棉瓦等物资。② 1950~1970年，加拿大援助了印度价值4200万加元的化肥和价值980万加元的油菜籽。③ 另据统计，从1950年到1965年3月，加拿大向缅甸、柬埔寨、锡兰、印度尼西亚、尼泊尔、巴基斯坦以及南越援助了共计2.85亿加元的粮食物资（Commodities），包括小麦、面粉、化肥、黄油等。④ 除直接的粮食援助外，加拿大还试图援助一些农渔业设备，以增强受援国的农渔业现代化。为此，加拿大向印度和巴基斯坦援助了农药喷洒飞机及其他杀虫设备，向缅甸和巴基斯坦援助了农业设备制造车间（Workshop Equipment），向锡兰援助了移动水泵（Portable irrigation pumps）。为示范先进农业技术，加拿大和澳大利亚、新西兰一道在巴基斯坦信德省（Sindh Sāgar Doāb）中部的塔尔（Thal）地区建设了实验农场，并配备最好的种子、研究站和有关设备。⑤ 1951年，加拿大援助10.1万加元，在南印度班加罗尔和巴基斯坦拉瓦尔品第（Rawalpindi）设立了生物控制研究所（Biological Control Research Station Institute），以研究生物控制种植技术。⑥

---

① A. Basch, *International Bank for Reconstruction and Development, the Colombo Plan* (World Bank, Jan. 23, 1951), pp. 5, 8, 10.

② Department of External Affairs in Cooperation with the External Aid Office, *Canada and the Colombo Plan 1951-1961* (Ottawa: R. Duhamel, Queen's Printer, 1961), p. 23.

③ Soma De Silva (eds), "Projects Done by the Colombo Plan Donor Countries to its Developing Countries (1951-1971)", in *The Colombo Plans Contributions for the Member Countries*, 2012, p. 18, http://68.183.176.70/wp-content/uploads/The_ColomboPlans_Contributions_for_themembercountries.pdf, 最后访问日期：2019年8月1日。

④ Keith Spicer, *A Samaritan State? External Aid in Canada's Foreign Aid Policy* (Toronto: University of Toronto Press, 1966), p. 175.

⑤ A. Basch, *International Bank for Reconstruction and Development, the Colombo Plan* (World Bank, Jan. 23, 1951), pp. 5, 8, 10.

⑥ Department of External Affairs in cooperation with the External Aid Office, *Canada and the Colombo Plan 1951-1961* (Ottawa: R. Duhamel, Queen's Printer, 196), pp. 19-20.

在渔业方面，为缓解受援国食品短缺，加拿大1950～1970年给予了巴基斯坦价值400万美元的援助，帮助巴基斯坦发展渔业（见表1-6）。[①] 1960年，加拿大和马来亚政府达成协议，帮助其东海岸的渔业开发，尤其是渔业产品的冷冻储藏和鱼品加工出售，援助其两艘渔业运输船（two fish carrier boats）的冷冻仓和冷藏保温车（insulated trucks）、预制板等。[②] 加拿大对受援国的农业援助起到了积极的作用。以对印度粮食援助为例，"在1940年代末到1950年代，加拿大（的援助）是印度经济增长的重要因素。在粮食供应短缺的时代，毫无疑问加拿大运载的小麦对印度的经济是重要的"[③]。

表1-6 加拿大援建农林渔业项目及援助额（1950年至1965年3月）

	援助项目
锡兰	渔业设备（trawlers, refrigeration plant; Mutwal processing）（217万加元；1952～1965）
印度	用以控制蝗灾的车辆及设备、杀虫及喷药设备、生物控制站（104.2万加元；1955～1962）
巴基斯坦	杀虫设备（219万加元；1952～1964） 渔业设备（395万加元；1963～1965） 实验农场、孵化器、生物控制站、拖拉机培训、农场设备、农业数据分析、吉大港山区（Chittagong Hill Tracts）开发（104.5万加元；1951～1965）
非洲	森林资源清查及设备（肯尼亚+尼日利亚+坦桑尼亚；205万加元；1962～1964）

资料来源：Keith Spicer, *A Samaritan State? External Aid in Canada's Foreign Aid Policy* (Toronto: University of Toronto Press, 1996), pp.154-155.

2. 交通与通信援助项目

加拿大交通运输援助主要集中在印度及锡兰。南亚大陆火车运输开始

[①] Department of External Affairs in cooperation with the External Aid Office, *Canada and the Colombo Plan 1951-1961* (Ottawa: R. Duhamel, Queen's Printer, 1961), p.23. Soma De Silva (eds), "Projects Done by the Colombo Plan Donor Countries to its Developing Countries (1951-1971)", in *The Colombo Plans Contributions for the Member Countries*, 2012, p.18, http://68.183.176.70/wp-content/uploads/The_ColomboPlans_Contributions_for_themembercountries.pdf, 最后访问日期：2019年8月1日。

[②] Department of External Affairs in Cooperation with the External Aid Office, *Canada and the Colombo Plan 1951-1961* (Ottawa: R. Duhamel, Queen's Printer, 196), pp.20-21.

[③] J.S. Grewal and Hugh Johnston, *The India-Canada Relationship, Exploring the Political, Economic and Cultural Dimensions* (New Delhi: Sage Publications, 1994), pp.26-27.

第一章 "科伦坡计划"与加拿大官方发展援助的奠基（1951~1968） | 43

于英国殖民时期。1853年4月16日，印度第一列火车从孟买开往萨尼（Thane），全长约34公里。① 为加强掠夺印度资源，方便倾销商品，英国在印度加强了铁路建设，到1929年，印度英国殖民政府拥有了66000公里的铁路线，年载客量超过6.2亿人次，载货量约9000万吨。之后，由于经济危机的发生，印度铁路遭受到了资金匮乏的严重打击。② 同时，很多铁路干线被英国把持，几乎所有的机车都从英国购买，印度本土没有独立制造机车的能力。第二次世界大战中，大批的卡车、30%的火车机车被运到了中东或缅甸用于抵抗法西斯，印度的铁路运输能力遭严重削弱。③ 二战后印度的铁路建设需要大量的投资。④ 印巴分治后，印度和巴基斯坦的铁路线又因冲突遭到了较大规模的破坏。⑤ 同时，印度没有延伸的公路系统，也没有连贯的航道，交通亟待恢复。

加拿大在"科伦坡计划"中将印度、锡兰等国的交通设施放在了重要地位。1952年，加拿大援助印度改善了孟买邦（Bombay State）的交通。当时，孟买港口的交通十分拥堵，装卸货能力严重不足。为了帮助孟买物流畅通，加拿大援助了卡车、公共汽车底盘、拖拉机（tractors）、巴士柴油发动机（diesel bus engines）和皮卡车（pick-up trucks）及相应的维护设备。⑥ 1953年3月26日，加拿大批准220万加元，交给蒙特利尔机车公司（Montreal Locomotive Works），让其负责制造40台机车锅炉交给印度。⑦ 1953年9月9日，内阁

---

① "India's first train run took place today, 164 years ago: 7 fastest trains in the world", *India Today*, April 16, 2016, https://www.indiatoday.in/education-today/gk-current-affairs/story/first-train-run-in-india-318261-2016-04-16, 最后访问日期：2018年11月3日。
② "Indian Railway History", https://www.thisismyindia.com/indian-railway/railway-history.html, 最后访问日期：2019年8月3日。
③ Jogendra Nath Sahni, *Indian Railways: one Hundred Years* (New Delhi: Ministry of Railways, 1953), p. 150.
④ "Canada, Communism, and the Colombo Plan", p. 56, http://aidhistory.ca/wp-content/uploads/2015/07/04_McGeeManson_Artefacts_10_proof.pdf, 最后访问日期：2019年8月3日。
⑤ "Timeline: 165 Years of History on Indian Railways", https://www.railway-technology.com/features/timeline-165-years-history-indian-railways/, 最后访问日期：2019年8月4日。
⑥ Department of External Affairs in Cooperation with the External Aid Office, *Canada and the Colombo Plan 1951-1961* (Ottawa: R. Duhamel, Queen's Printer, 1961), pp. 17-18.
⑦ "Canada, Communism, and the Colombo Plan", p. 56, http://aidhistory.ca/wp-content/uploads/2015/07/04_McGeeManson_Artefacts_10_proof.pdf, 最后访问日期：2019年8月3日。

批准付给加拿大机车公司（Canadian Locomotive Company，CLC）一份1100万加元的订单，用以制造60~65台蒸汽机车给印度。1955~1956年，加拿大机车公司（金斯顿市）接到政府制造120列4-6-2型[①]宽轨客车车厢（wide gauge passenger）的订单。[②] 此后到1961年，加拿大向印度提供了价值2300万加元的蒸汽机车、蒸汽锅炉和价值550万加元的铁路枕木等物资来援助印度铁路。同时，向锡兰提供了价值700万加元的铁路设备，包括枕木、内燃机、柴油电动起重机（diesel electric cranes），来改善锡兰的港口交通。加拿大还出资36.7万加元协助锡兰民航部改进拉特马拉纳机场的通信设施。[③]

此外，1959~1964年，加拿大通过收集河流信息、航速提升，对老挝、泰国和南越湄公河区域进行了交通测绘，并且与美国一起完成了对缅甸境内湄公河至海洋的河道调整与地面控制，改善了当地的水路交通（见表1-7）。[④]

表1-7 "科伦坡计划"百万加元以上加拿大援建交通与通信项目及援助额（1950~1970）

	援助项目
缅甸	缅甸仰光达克塔（Thaketa）大桥建设项目（379万加元） 另有统计，该桥1958~1964年耗资144万加元*
锡兰	班达拉奈克（Bandaranaike）国际机场航站楼和跑道（650万加元） 农村公路建设（120万加元） 科伦坡港设备（420万加元） 米内日雅-坎塔莱尤达·埃拉工程（Minneriya-Kantalai Yoda Ela Project）（670万加元） 10辆内燃机车（176万加元；1953~1957）* 卡图纳亚克（Katunayake）机场和跑道（336万加元；1963~1965）*

[①] 由印度政府铁路部门设计，火车车厢由四个导向轮（pilot wheels）、六个驱动轮（driving wheels）和两个拖轮（trailing wheels）组成。
[②] "Canada, Communism, and the Colombo Plan", p.46, http://aidhistory.ca/wp-content/uploads/2015/07/04_McGeeManson_Artefacts_10_proof.pdf, 最后访问日期：2019年8月3日。
[③] Department of External Affairs in cooperation with the External Aid Office, *Canada and the Colombo Plan 1951-1961* (Ottawa: R. Duhamel, Queen's Printer, 1961), pp.17-18.
[④] UN, ECAFE Annual Report (20 March 1962-18 March 1963), ECOSOC Official Records: Thirty-six Session, Supplement No.2, E/3735, January 10, 1963, pp.34-36, http://documents-dds-ny.in.org/doc/UNDOC/GEN/B09/129/5X/PDF/B091295.PDF?OpenElemen, 最后访问日期：2019年5月20日。

续表

	援助项目
印度	孟买邦交通（卡车和公共汽车）（435 万加元；1951~1952）* 内燃机锅炉（Boilers）（182 万加元；1952~1953）* 蒸汽机车（2.147 亿加元；1953~1955）* 铁路枕木（549 万加元；1957~1959）* 柴油调车用机车（Shunter Locomotives）（154 万加元；1959~1960）* 建筑设备（350 万加元；1964~1965）* 优惠贷款项目： 加尔各答塔港柴油扳道机车（Shunter locomotives）项目（220 万加元） 西部铁路内燃电动机车（Diesel elect locomotives）（700 万加元） 北方邦瓦拉纳西市火车机车部件（230 万加元） 北方邦火车机车及其配件（880 万加元） 马哈拉施特拉邦浦那（Poona）卫星通信地面站（400 万加元） 印度航空波音747数字飞行模拟器（300 万加元） 印度邮电部电信设备（4000 万加元） 出口信贷项目： 南方铁路干线机车（770 万加元） 班加罗尔、迈索尔（Mysore）国家航空实验室风洞实验（420 万加元）
巴基斯坦	铁路枕木（277 万加元；1951~1952）*
西印度联邦	两艘客运船（587 万加元；1960~1962）*
圣文森-特立尼达	码头和仓库（101 万加元；1960~1964）*

注：①带 * 号部分数据来源于：Soma De Silva（eds），"Projects Done by the Colombo Plan Donor Countries to its Developing Countries（1951-1971）", in *The Colombo Plans Contributions for the Member Countries*, 2012, p.18, http：//68.183.176.70/wp-content/uploads/The_ColomboPlans_Contributions_for_themembercountries.pdf, 最后访问日期：2019 年 8 月 1 日。

②其余数据来自加拿大援外办公室，转引自 Keith Spicer. *A Samaritan State? External Aid in Canada's Foreign Aid Policy*（Toronto：University of Toronto Press，1996）p.143。

3. 电力水利项目

电力水利是工业发展的基础，为国民经济提供了至关重要的动力，供水、运输、通信、机器运转、灌溉及生产照明都离不开电力。在"科伦坡计划"之前，南亚和东南亚地区电力设施较为落后。以印度为例，其在独立之前仅有少数装机容量很小的水电站，如马哈拉施特拉邦的塔塔水电站、泰米尔纳杜邦的默土尔水电站。为发展水力发电项目，兼顾改善水利灌溉，1951 年印度通过"综合粮食生产计划"（Integrated Crop Production Plan），提出开垦荒地，新建 708.8 万千瓦规模的发电机组，将现有发电能力增加50%，满足灌溉450万英亩耕地的水利系统。①

为帮助"科伦坡计划"受援国增强自身电力水平，缓解落后地区电力奇缺的窘况，20世纪50年代加拿大向"科伦坡计划"提供的援助总额中有约三分之二的资本援助用于印度马德拉斯邦（Madras State）的昆达水电站（Kundah Hydro）、印度喀拉拉邦伊都基（Idukki）县水电项目及巴基斯坦的瓦尔萨克水电站（Warsak Hydro/dam）等多个大型水电项目。② 其中，昆达水电站位于印度尼尔吉利斯地区的巴瓦尼河（Bhavani River of Nilgiris district）。该项目于1955年由加拿大和印度政府签约援建。根据双方协议，印度政府负责为发电厂和输电线路提供场地，建设水坝和发电厂以及提供特定的辅助设备和服务。加拿大出资2000万加元，用于购买建筑设备、液压电气和机械设备、输电线路的材料和设备及安装开支等。③ 1961年1月，该项目建成交付印度政府，加拿大的资助分两个阶段，实际开支2350万加元（在第三个阶段还援助了价值220万加元的设备），建成了两个发电机组，发电量为18.5万千瓦。④ 与昆达水电站相比，伊都基水电项目装机容量更大，由三座大坝及相关系统组成，总装机容量为780兆瓦。⑤

在巴基斯坦，水电站建设占加拿大对巴基斯坦发展援助资金的过半比重。其中最具代表性的是加拿大援助3776万加元建成的瓦尔萨克水电大坝（Warsak dam）项目。⑥ 该大坝建在距开伯尔-普赫图赫瓦省（Khyber-Pakhtunkhwa）白沙瓦市20公里的喀布尔河（Kabul River）上，于1960年

---

① A. Basch, *International Bank for Reconstruction and Development, the Colombo Plan* (World Bank, Jan. 23, 1951), p.6.

② David R. Morrison, *Aid and Ebb Tide: A History of CIDA and Canadian Development Assistance* (Waterloo: Wilfrid Laurier University Press, 1998), p.31.

③ "Agreement on the Canada-India Colombo Plan Kundah Hydro-electric Power Project", http://www.commonlii.org/in/other/treaties/INTSer/1956/21.html，最后访问日期：2019年8月1日。

④ The Department of External Affairs in cooperation with the External Aid Office, *Canada and the Colombo Plan 1951-1961* (Ottawa: R. Duhamel, Queen's Printer, 1961), p.15.

⑤ "Idukki Hydroelectric Project", http://expert-eyes.org/deepak/idukki.htmll，最后访问日期：2019年8月1日。

⑥ Irving Brecher, S. A. Abbas, *Foreign Aid and Industrial Development in Pakistan* (*Perspectives on Development*) (Cambridge: Cambridge University Press, 2005), p.73.

建成第一期，拥有四个单个发电容量为 40 兆瓦的发电机组。① 瓦尔萨克水电大坝长 140.2 米，高 76.2 米，可以灌溉方圆 10 万英亩干旱的白沙瓦平原（Peshawar）②。为庆祝该电站的建成，巴基斯坦政府 1961 年 7 月发行了纪念邮票和首日封，成为加拿大和巴基斯坦友谊的象征。

除了水力发电，核电与火力发电也是加拿大援助的重要内容。其中，核电站以印度拉贾斯坦邦（Rajasthan）的核电站（Atomic Power Station）和位于孟买的加拿大-印度原子能反应堆（Canada-India Atomic Reactor）为代表。在火电厂方面，加拿大分别在东巴基斯坦（今孟加拉国）都城达卡（Dacca）、库尔纳（Khulna）及格拉尔帕拉（Goalpara）捐建了两个火电厂，改善了当地的用电匮乏状况。③

表 1-8　百万加元以上加拿大援建电力水利项目及援助额（1950~1970）

国家	援助项目
印度	印度马哈拉施特拉邦孟买加拿大-印度原子能反应堆（900 万加元）④ 拉贾斯坦邦拉瓦巴塔（Rawatbhata）原子能电力工程 1、2 期（8400 万加元） 喀拉拉邦伊都基（Idukki）水电与灌溉工程（1950 万加元），其中水电工程（820 万加元；1963~1965）* 拉贾斯坦邦拉纳-普拉塔普-萨加尔（Rana-Pratap-Sagar）水电项目（800 万加元） 拉贾斯坦邦加瓦哈尔-普拉塔普-萨加尔（Jawahar pratap Sagar）水电项目（560 万加元） 西孟加拉邦玛雅克什（Mayurakshi）水电与灌溉项目（130 万加元；1951~1953）* 阿萨姆邦（Assam）乌姆楚（Umtru）水电站开发项目（181 万加元；1953~1963）* 柴油发电机组设备（301 万加元；1954~1955）* 昆达水电站开发（4400 万加元；1955~1965）* 发电设备（280 万加元；1963）*

---

① "Rehabilitation Project", http://wapda.gov.pk/index.php/projects/hydro-power/under-construction/warsak-power-rehabilitation，最后访问日期：2019 年 7 月 1 日。
② "Department of External Affairs in cooperation with the External Aid Office", *Canada and the Colombo Plan 1951-1961* (Ottawa: R. Duhamel, Queen's Printer, 1961), p. 14.
③ "Department of External Affairs in cooperation with the External Aid Office", *Canada and the Colombo Plan 1951-1961* (Ottawa: R. Duhamel, Queen's Printer, 1961), p. 16.
④ "Department of External Affairs in cooperation with the External Aid Office", *Canada and the Colombo Plan 1951-1961* (Ottawa: R. Duhamel, Queen's Printer, 1961), pp. 15-16.

续表

国家	援助项目
巴基斯坦	东巴基斯坦（今孟加拉国）电力中继线（interconnector）（1000 万美元） 巴基斯坦库米拉-希莱特（Comilla-sylhet）电力传输（580 万美元） 伯拉马拉-阿拉帕拉（Bheramara-goalpara）电力传输（550 万美元） 瓦尔萨克（Warsak）水电大坝及灌溉工程（3776 万加元；1952~1959）* 沙迪瓦尔（Shadiwal）水电站开发（313 万加元；1953~1958）* 恒河-科巴达克（Ganges-Kobadak Project）热电与灌溉工程（Thermal Plant for Irrigation Pumps）（259 万加元；1954~1955）* 达卡-吉大港-卡纳富利（Dacca-Chittagong-Karnafuli）输电线路（577 万加元；1954~1959）* 格拉尔帕拉（Goalpara）火电厂（206 万加元；1955~1956）* 贝拉马拉-伊舒尔迪-格拉尔帕拉（Bheramara-Ishurdi-Goalpara）输电线路（440 万加元；1957~1963）* 苏库尔火电厂（Sukkur thermal steam plant）（1141.5 万加元；1958~1964）* 科米拉-西尔赫特（Comilla-Sylhet）输电线路（510 万加元；1961~1963）*
老挝	南俄河（Nam Ngum）大坝（212.6 万美元）
缅甸	普莱克·泰诺（Prek Thnot）水电工程（210 万加元）
锡兰	纳马尔·奥耶（Namal Oya）反应堆（120 万加元） 加尔奥耶（Gal Oya）输电线路（135 万加元；1952~1962）* 英吉尼亚加拉-巴杜拉（Inginiyagala-Badulla）输电线路（226 万加元；1958~1960）*

注：①带 * 号部分数据来源于：Soma De Silva（eds），"Projects Done by the Colombo Plan Donor Countries to its Developing Countries（1951-1971）"，in *The Colombo Plans Contributions for the Member Countries*，2012，p. 18，http：//68.183.176.70/wp-content/uploads/The_ColomboPlans_Contributions_for_thememembercountries.pdf，最后访问日期：2019 年 8 月 1 日。

②其余数据来自加拿大援外办公室，转引自 Keith Spicer. *A Samaritan State? External Aid in Canada's Foreign Aid Policy*（Toronto：University of Toronto Press，1996）p. 126。

4. 地理测绘、工矿业制造

根据发展经济学的主张，工业是发展中国家摆脱贫困必须拥有的基本的工业制造能力。在工业品部分，1959~1966 年，加拿大向巴基斯坦出口了价值 1100 万加元的铜，800 万加元的木质纸浆，1400 万加元的铝和 1100 万加元的化肥。① 1950~1970 年，加拿大主要援助印度多个石油开采、

---

① Irving Brecher, S. A. Abbas, *Foreign Aid and Industrial Development in Pakistan*（*Perspectives on Development*）（Cambridge：Cambridge University Press，2005），p. 73.

第一章 "科伦坡计划"与加拿大官方发展援助的奠基（1951~1968） | 49

铝业制造、钢铁制造项目（见表 1-9）。在巴基斯坦，加拿大援建了伊斯兰堡枫叶水泥厂（Maple Leaf Cement Factory Limited）和纤维板厂等项目。伊斯兰堡枫叶水泥厂是加拿大于 1958 年援建而成，建成后年产灰色水泥 450000 吨，白色水泥 30000 吨。该厂在巴基斯坦各地设有办事处，产品分布于巴基斯坦各地，成为巴基斯坦的民族品牌。①

表 1-9 "科伦坡计划"中加拿大援建资源开采与工业
加工项目及援助额（1950~1970）

国家	援助项目
锡兰	加拿大-锡兰自然资源测绘（240 万加元）
印度	印度地理测绘与勘探设备（200 万加元） 印度石油与天然气委员会与以及印度石油油井管道（200 万加元） 出口信贷： 喀拉拉邦和比哈尔邦印度铝业公司矿石开采与冶炼（170 万加元） 喀拉拉邦科明科比纳尼锌冶炼公司（cominco binani zinc Ltd.）和硫酸厂（160 万加元） 西孟加拉邦（West Bengal）杜尔加布尔工业炉、合金钢厂（180 万加元） 迈索尔（Mysore）印度铝业公司西海岸铝冶炼厂和氧化铝厂（550 万加元）
巴基斯坦	伊斯兰堡枫叶水泥厂（Maple-leaf cement factory）（670 万美元） 库尔纳（Khulna）的硬质纤维板厂（Hardboard）（190 万美元）
马来西亚	自然资源勘测（100 万加元）* 湄公河流域跨国测绘 130 万加元（1958~1959）*
尼日利亚	航空测绘 344 万加元（1961~1965）*
坦桑尼亚	航空测绘 100 万加元（1963）*

注：①带 * 号部分数据来源：Soma De Silva (eds), "Projects Done by the Colombo Plan Donor Countries to its Developing Countries (1951-1971)", in *The Colombo Plans Contributions for the Member Countries*, 2012, p. 18, http：//68.183.176.70/wp-content/uploads/The_ColomboPlans_Contributions_for_themembercountries.pdf，最后访问日期：2019 年 8 月 1 日。
②其余数据来自加拿大援外办公室，转引自 Keith Spicer. *A Samaritan State? External Aid in Canada's Foreign Aid Policy* (Toronto：University of Toronto Press, 1996), pp. 154-155。

---

① "Iskanderabad, the Industrial Estate of Mianwali", http：//786mianwali.com/mianwali/mari-indus/iskanderabad/，最后访问日期：2018 年 7 月 1 日。

5. 技术援助、教育培训及卫生项目

为了妥善完成既有的援助项目，"科伦坡计划"的援助国还向南亚和东南亚国家提供技术设备、专家，提供技术培训。1951~1961年，共计19000人在"科伦坡计划"技术合作项目（Technical Cooperation Scheme）中受训，3155名专家到"科伦坡计划"受援国进行技术援助（其中，澳大利亚441名、日本347名、新西兰156名、英国446名）。[①] 根据加拿大官方统计，1951~1961年，加拿大有207名技术专家到南亚和东南亚地区进行技术援助和培训，所涉及领域包括了农业、渔业、电厂工程等。另外，加拿大还资助了1800名受援国技术人员来加拿大进修，涵盖了加拿大主要的援助项目，包括航空测绘、核能开发、农林渔业、工业技术、公共管理等。比如，印度原子能部（Department of Atomic Energy）就曾派遣40名科技人员前往加拿大安大略省乔克河原子能实验室（Chalk River Nuclear Laboratories）学习。[②] 为帮助受援国改进农业技术，加拿大将1961年定为改良种子年（Seed Improvement Year），在联合国粮食及农业组织的资助下进行，协助缅甸、印度尼西亚、尼泊尔、菲律宾和巴基斯坦、泰国的访问团来加拿大观摩，学习加拿大育种技术和种植技术。[③]

除了以上直接送技术上门和接受受援国人员来加拿大学习，加拿大还附带在受援国资助学校建设培养相关技术人才。1950年到1965年3月，加拿大共向亚洲、非洲、拉丁美洲24个国家和地区提供了约50项学校教学和技术培训项目，合计价值约2000万加元。如为马来西亚53个职业技术学校援建了价值300万加元的职业设备，提供给锡兰应用技术学院（Institute of Piratical Technology, Katubedde, 1953-1958）30.9万加元的设备援助，向特立尼达岛援助了价值69.6万加元的大学宿舍援建款，为新加坡理工学校（Polytechnic School, 1956-1957）提供了价值5万美元的设

---

① Department of External Affairs in cooperation with the External Aid Office, *Canada and the Colombo Plan 1951-1961* (Ottawa: R. Duhamel, Queen's Printer, 1961), p. 30.
② Department of External Affairs in cooperation with the External Aid Office, *Canada and the Colombo Plan 1951-1961* (Ottawa: R. Duhamel, Queen's Printer, 1961), p. 24.
③ Department of External Affairs in cooperation with the External Aid Office, *Canada and the Colombo Plan 1951-1961* (Ottawa: R. Duhamel, Queen's Printer, 1961), p. 27.

备，将价值22万加元的医科课本援助给了泰国（1958~1963）。① 通过以上援助，加拿大为受援国局部地区的职业技术学校、中小学等事业的发展做出了贡献。此外，加拿大还提供了部分医疗设备，比较有代表性的是：1957~1965年向印度、缅甸和巴基斯坦提供了价值110.9万加元、10.9万加元和7.5万加元的钴束治疗机（Cobalt Beam Therapy Units）及相关材料，为缅甸提供了价值1.5万加元的镭针（Radium Needles）设备，向锡兰提供了价值1.5万加元的X射线设备。②

小　结

二战后到60年代末，"科伦坡计划"是加拿大ODA外交的核心。虽然"科伦坡计划"不像"马歇尔计划"短短数年就使欧洲复兴与稳定那样为南亚和东南亚带来持久繁荣，不过，在参与"科伦坡计划"的过程中，加拿大向南亚和东南亚国家及个别非洲、拉丁美洲国家提供的财政援助是客观的，在一定程度上促进了受援地区某些范围的经济合作与发展，密切了加拿大与该地区受援国之间的关系，其援助项目也得到了一些受援国较为普遍的赞誉。由此，加拿大也在二战后南北关系的互动中取得了一定的话语权，取得了良好的国际声誉，截至20世纪60年代中后期，加拿大发展成为国际社会中积极的援助国之一，建构了加拿大亲善的国际主义形象。

不过，"科伦坡计划"作为后殖民主义秩序重塑与冷战时代对抗共产主义的产物，也具有自身不可避免的局限性。其一，在"科伦坡计划"中，加拿大并非主导者，而是跟随英美亦步亦趋，是英国援助前殖民地的协助者。在新马克思主义者看来，发达国家援助前殖民地不是为了补偿，而是为了在后殖民时代继续保持前宗主国的影响和利益。援助国主要与受援国的上层打交道，援助项目也是注重在器物层面，非以人为本，并不能

---

① Keith Spicer, *A Samaritan State? External Aid in Canada's Foreign Aid Policy* (Toronto: University of Toronto Press, 1966), pp. 163-164.
② Keith Spicer, *A Samaritan State? External Aid in Canada's Foreign Aid Policy* (Toronto: University of Toronto Press, 1966), pp. 164-165.

减轻发展中国家与发达国家的贫富差距，只能加重贫穷国家对富国的依附程度。[1] 其二，加拿大官方发展援助产生于冷战对峙之际，加拿大参与"科伦坡计划"等官方发展援助项目从一开始就是服务于维护西方冷战利益的，其目的是将官方发展援助作为抵御共产主义"扩张"的篱笆，尽管加拿大官方一再强调加拿大发展援助的利他性和无私性。正如1965年2月9日，加拿大外交部部长保罗·约瑟夫·马丁在麦克唐纳学院演讲时所宣扬的，加拿大官方发展援助"最通用的原则就是帮助那些无助者"；"人道主义考量是多数加拿大人的想法"[2]。援助项目受到加拿大人"从海岸到海岸的支持"。[3] 然而，在现实严酷的东西方对峙中，加拿大无法改变发展援助以冷战划线、服务于冷战的异化悲剧。在东西方冷战的重压和国家利益的促动下，加拿大官方发展援助政策在本质上成为施加西方政治影响、意识形态给受援国，并试图谋求自身国际政治地位和贸易权益的一种手段。

---

[1] Steven W. Hook, *National Interest and Foreign Aid* (Colorado: Lynne Rienner Publishers, 1995), p. 38.

[2] Department of External affairs, Information Division, Principles and Purpose of Foreign Aid, in Statements and Speeches, No. 65/2, Ottawa-Canada, 转引自钱皓《加拿大对外援助与国家海外形象建构》，《国际观察》2014年第6期，第50页。

[3] 1961年9月，加拿大外交事务国务秘书霍华德·格林（Howard Green）语。见 Canada, House of Commons Debates, Sept. 11, 1961, p. 8196, in Keith Spicer, *A Samaritan State? External Aid in Canada's Foreign Aid Policy* (Toronto: University of Toronto Press, 1966), p. 9.

第二章　特鲁多主义与加拿大官方发展援助的建构（1968~1984）

二战结束后，原殖民地和半殖民地国家及地区纷纷实现政治独立。但由于帝国主义垄断下的不合理的国际经济秩序，地处南半球的大多数新独立国家经济并未实现应有的发展，相反在独立后与北半球发达国家的经济差距不断拉大，贫困问题十分严重。据统计，1960~1980年，低收入国家（按联合国统计数字，1979年人均GNP在370美元以下的国家）平均增长率只有1.7%，远远低于发达国家3.3%的水平。1950年发达国家人均GNP是低收入发展中国家的24.3倍。到1980年不但没有下降，反而增加到42.6倍。同时，占世界人口76%的发展中国家GNP总量仅为世界总量的20%，其中低收入发展中国家GNP总量仅为世界总量的4%。[1] 南部国家不满畸形的南北关系，要求发达国家援助其经济发展。而70~80年代南北经贸关系也变得息息相关，[2] 南北问题成为影响南北政治、经济关系的重要因素，如何促进新独立国家尽快地发展经济、提升国民生活水平成为国际社会面对的重大挑战之一。面对这一时代主题，加拿大发展援助外交政策在特鲁多到特纳政府时期（1968年4月至1984年9月）发生了重大变化。

---

[1] 方连庆：《国际关系史（战后卷）》，北京大学出版社，2006，第656页。
[2] 1960~1980年，南北贸易额以年均15%的速度迅速增加。1960年南北贸易额为417亿美元，1965年为531亿美元，1970年为820亿美元，到1973年为1533亿美元，20世纪70年代末和1980年则升到约5000亿美元和6783亿美元，南北彼此的出口额基本持平。1970年，约有30%的美国商品、45%的欧洲商品、18%的日本商品、3%的加拿大商品输送到发展中国家。见李琮《八十年代世界经济前景展望》，中国展望出版社，1983，第320页。

第一节　加拿大官方发展援助的"去冷战化"

特鲁多，全名为皮埃尔·埃里奥特·特鲁多（Pierre Elliott Trudeau），天主教徒，加拿大历史上公认的三大著名总理之一。特鲁多于1919年10月生于加拿大蒙特利尔市，属于法裔加拿大人。1940年，特鲁多在蒙特利尔大学获得法学学士学位，1949年在哈佛大学获得政治经济学硕士学位。1965年，特鲁多进入政界，于1967年担任国会议员和司法部部长。1968年4月，特鲁多成为自由党领袖，并于当年6月赢得大选组成多数党政府，执掌总理府。除了1979年6月到1980年3月查尔斯·约瑟夫·克拉克（Charles Joseph Clark）总理短暂执政外，从1968年6月到1984年2月约15年的其他时间里特鲁多一直担任加拿大总理。特鲁多之后，与其同为自由党的约翰·内皮尔·特纳（John Napier Turner）延续执政到1984年9月。总体而言，这一时期加拿大政府的官方发展援助遵循了特鲁多总理确立的原则和道路，形成了独具特色的特鲁多主义（Trudeauism/Truarsauvian），而该主义的突出特征就是逐渐打破了"科伦坡计划"的冷战思维限制，加拿大官方发展援助所赋予的冷战诉求被削弱。

1. 反对将社会主义国家视为世界动乱之源

在第二次世界大战结束后的20年，加拿大、欧洲和美国关于国际安全的宣传基本是一致的，那就是以苏联为首的社会主义阵营与纳粹德国一样对西方社会的安全构成了威胁，加拿大国内也因为间谍案、柏林危机、古巴危机等事件一度笼罩在对共产主义的恐惧之中。为保证国家安全，像西欧国家一样，加拿大把安全寄托在和美国的同盟关系上，积极参与北约组织，参加朝鲜战争，接受美国的《北美防空协定》，同意美国在战略问题上的主导权。在对外援助问题上，也采取了明确的以意识形态划线的做法，扶植合乎西方标准的地区，把是否亲西方作为决定援助与否的依据。即使在加拿大看来属于严重侵犯人权的国家，只要它亲西方，仍然会得到加拿大的援助。这其中典型的代表是菲律宾的马科斯政权，而更广大的第三世界国家因为意识形态的原因被排除在加拿大官方发展援助之外。

第二章　特鲁多主义与加拿大官方发展援助的建构（1968～1984）

皮埃尔·特鲁多执政前后，东西方关系发生重大变化。首先，60年代后，东西方关系在对峙中相对缓和，呈现一种僵持性的缓和状态。在特鲁多第一任任期内，1969年11月，美、苏就限制战略核武器问题举行谈判，并于1972年签订了《反导条约》（1972～1974年美苏签订的双边文件达到30多个）；1969年联邦德国承认民主德国为一个独立国家，1970年两德领导人首次会晤，1972年12月两国签订了基础条约，实现了关系正常化；1972年尼克松访华，1972年中日建交，1979年中美建交。面对这些缓和迹象，正如1969年加拿大外交部长米歇尔·夏普（Mitchell Sharp）在议会报告中所指出的："东西方之间的分歧不会一夜之间获得解决，但我们有理由相信，一个谈判的时代正在来临。"加拿大对东西方关系变得乐观。[1]其次，特鲁多时期，加拿大共产主义运动也走向低落，对加拿大社会构不成"威胁"。加拿大劳工联合会（Canadian Labor Congress）反对各种形式的"独裁"，追求和平、面包和自由，但没有提出改变社会制度的要求。加拿大工人党（Workers' Communist Party of Canada，1979）虽然有对社会主义的目标追求，但实力微弱，1982年29名选举人仅获得5300多张选票。[2]加拿大共产党（Communist Party of Canada，1922）在二战后由暴力夺权改为议会道路争取社会主义，影响极其微弱。在这种背景下，加拿大对东西方之间意识形态的对抗兴趣降低。正如1983年特鲁多所说的那样，"在我们看来，国家有权奉行他们选择的任何意识形态……如果他们能对人民尽他们的社会和人道责任，他们也会得到加拿大的帮助"[3]。

与西方其他国家领导人不同，特鲁多认为世界的动乱之源不是苏联集团的扩张，而是第三世界的贫困和南北差距的扩大。[4] 1968年5月13

---

[1] Bruce Thordarson, *Trudeau and Foreign Policy: A Study in Decision Making* (Toronto: Oxford University Press, 1972), p.11; Real Lavergne, "Terminations of Canadian Aid Policy", in Olav Stokke, *The Western Middle Power and Global Poverty: Determinants of the Aid Policies of Canada, Denmark, the Netherlands, Norway and Sweden* (Motala: Motala Grafiska, 1989), p.61.

[2] 陈林华等：《加拿大学词典》，吉林教育出版社，1994，第292~293页。

[3] Costas Melakopides, *Pragmatic Idealism: Canadian Foreign Policy 1945-1995* (Montreal & Kingston: McGill-Queen's University Press, 1998) p.117.

[4] Costas Melakopides, *Pragmatic Idealism: Canadian Foreign Policy 1945-1995* (Montreal & Kingston: McGill-Queen's University Press, 1998) p.117.

日特鲁多在阿尔伯塔省（Albert）省会埃德蒙顿（Edmonton）的一次讲话中意味深长地指出，"我们必须认识到这样一个事实，从长远看，加拿大面临的最大威胁不是来自外国投资、外国意识形态，甚至（好运的话）不是来自核武器，而是来自在改善生活水平方面日益落后的占世界人口三分之二的发展中国家，贫困寄寓着对革命的期望"①。他借用教皇保罗六世的话说"和平的名字就是发展"②。1969 年 4 月 12 日在对阿尔伯塔自由协会演讲时特鲁多甚至把援助发展中国家描述为是加拿大的"国家利益"，他说："缓解世界紧张局势是我们的国家利益，这些紧张来自占世界人口三分之二的发展中国家，他们每晚上床时都饥肠辘辘……"同时，他对加拿大每年 18 亿加元的巨大国防开支表示质疑，"为什么加拿大人在国防上花钱？我们不想和任何人打仗"③。对于在其任期内东西方发生的冲突，特鲁多的心态非常平和，认为不足为虑。比如，1968 年苏联入侵捷克斯洛伐克，西方世界为之哗然，特鲁多却认为问题并不很严重，甚至为苏联的行为进行辩解："难道我们能据此断定苏联要进行战争吗？我们并不想进行战争，我们的驻军却在黎巴嫩、多米尼加，难道这与苏联不是很相似吗？" 1983 年 9 月苏联击毁一架韩国客机，10 名加拿大人因此而丧命，特鲁多也只是将其看作偶然事件，仅取消苏民航蒙特利尔的着陆权 60 天和要求赔偿了事。④ 同时，特鲁多主张加拿大与苏联的经贸联系。1980 年，加拿大对苏联出口额达 15.35 亿加元，进口额为 5900 万加元。到 1981 年，分别增至 18.65 亿加元和 7700 万加元。⑤

与此同时，加拿大政府对以军备竞赛追求安全的做法十分反感。为

---

① Arthur E Blachette, *Canadian Foreign Policy 1966 - 1976: Select Speeches and Documents*, (Ottawa: the Institute of Canadian Studies, Carleton University, 1980), pp. 234-235.
② J. L. Granatstein and Robert Bothwell, *Pierre Trudeau and Canadian Foreign Policy* (Toronto: University of Toronto Press, 1990), p. 265.
③ Costas Melakopides, *Prag matic Idealism: Canadian Foreign Policy 1945 - 1995* (Montreal & Kingston: McGill-Queen's Unversity Press, 1998), p. 92.
④ 臧继红：《加拿大特鲁多政府外交政策探析》，硕士学位论文，河北师范大学，2000，第 9 页；陈林华等：《加拿大学词典》，吉林教育出版社，1994，第 326 页。
⑤ Costas Melakopides, *Pragmatic Idealism: Canadian Foreign Policy 1945 - 1995* (Montreal & Kingston: McGill-Queen's Unversity Press, 1998), p. 95.

第二章　特鲁多主义与加拿大官方发展援助的建构（1968~1984）

缓解军备竞赛的紧张局面，加拿大在1969年将自己在欧洲的驻军减半，并且在联合国就削减军备、防止核扩散等问题呼吁将军备竞赛消灭在"实验室里"，号召切断军备竞赛的"氧气供应"①。1970年12月6日，加拿大贸易与商业部部长让-卢克·裴品（Jean-Luc Pépin）在温莎大学发表演说，再次呼吁对发展中国家加强援助。他说："发展中国家的经济得不到加强，世界和平就不可能在相对牢固的基础上建立起来。"② 1971年9月8日，加拿大国际发展署（Canadian International Development Agency，1968-2013）署长保罗·日兰-拉茹瓦（Paul Gérin-Lajoie）在萨斯喀彻温省首府演讲时也指出援助对于加拿大安全的意义："把钱花在诸如国防等方面，会使（一些国家）疏远我们，而发展援助则可以使它们成为加拿大的朋友。"③ 1983年，特鲁多在西半球英联邦会议上，再次申明了危险不是来自苏联的观点，他说："我们一贯认为西半球的紧张是经济和社会原因造成的，而不是来自野心和寻求军事解决的能力……"④

对于社会主义国家，特鲁多一改之前加拿大政府的排斥态度，主张积极和社会主义国家进行接触和合作。以中国为例，在担任总理之前，特鲁多曾两次前往中国。1949年特鲁多前往中国上海、广州及台湾，见证了国民党败退时的混乱。在其担任总理数月之前，特鲁多还出版了自己和朋友乔克斯·赫伯特（Jacques Hebert）于1960年前往中国的游记《红色中国的两个天真汉》（*Two Innocents in Red China*）。该书描写了一个与当时西方舆论不同的中国，认为中华民族是一个世界必须重视的民族，世界大家庭需要中国，敌视和歪曲应该加以放弃，沟通和理解才是处理与中华人民共

---

① Costas Melakopides, *Pragmatic Idealism: Canadian Foreign Policy 1945-1995* (Montreal & Kingston: McGill-Queen's Unversity Press, 1998), p. 103.
② Arthur E. Blachette, *Canadian Foreign Policy 1966-1976: Select Speeches and Documents* (Ottawa: the Institute of Canadian Studies, Carleton University, 1980), p. 235.
③ CIDA, "Notes for a Speech", 8 September, 1971, in Peter C. Dobell (eds), *Canada in World Affairs, 1971-1973* (Toronto: Canadian Institute of International Affairs, 1985), p. 330.
④ Jonathan Lemco, "Canadian Foreign Policy Interests in Central America: Some Current Issues", *Journal of Interamerican Studies and World Affairs*, Vol. 28, No. 2 (Summer, 1986), p. 122.

和国关系的最佳途径。在特鲁多看来,国际社会把中国抵制在外是不合理的。在联合国中把占世界人口四分之一的中国排斥在外,不利于战争、核武器等许多世界问题的解决。① 在这一理念下,特鲁多主张与中国等社会主义国家建立正常关系。1968 年 5 月 29 日,特鲁多在阐述外交政策时说:"我们应该把对中国关系的政策放在太平洋新利益的大局势下来考虑……加拿大长期以来倡导对中国大陆采取积极政策,将它纳入国际社会之中。我们的目标是尽可能快地承认中华人民共和国,使中华人民共和国政府在联合国中占有席位。"② 数天后,特鲁多在不列颠哥伦比亚省卡斯尔加市(Castlegar)发表演讲,再度表达了希望中国政府回应自身与中国建交的愿望。③ 1969 年,加拿大前总理莱斯特·皮尔逊受世界银行国际开发协会之托,主持提交的《开发援助中的伙伴关系:国际开发委员会报告书》(Partners in Development: Report of the Commission on International Development),提出超越冷战,将中国等社会主义国家列入发展援助的范围,"委员会意识到其无意与共产党国家进行接触,也无意从共产党国家获取信息。这一缺省,加上那些国家发布的详细信息的缺失,意味着它们的发展合作与援助项目——几乎所有都是双边的——在本报告中没被涉及。当然如果共产主义国家与非共产主义国家能够在这一领域更加紧密的合作,对于国际发展事业将会大有裨益","因此,委员会大胆期望……中国大陆的政治与经济未来将会对所有有顾虑的国家产生重要影响"。④ 在特鲁多的力促下,为促使和社会主义国家关系的正常化,加拿大 1970 年 10 月与中国建交,此后 1973 年与越南、蒙古国建交。1983 年底到 1984 年初,特鲁多不顾美国反对,访问了华约组织很多国家。他希望双方能达成

---

① J. L. Granatstein, *Pirouette: Pierre Trudeau and Canadian Foreign Policy* (Toronto: University of Toronto Press, 1990), p. 179.
② Office of the Primer Minister, Press Release, May 29, 1968, in J. L. Granatstein, *Pirouette: Pierre Trudeau and Canadian Foreign Policy* (Toronto: University of Toronto Press, 1990), p. 180.
③ H. B. Robinson Papers, "Primer Minister/s Comments on Foreign Policy and on Matters Related to it", Prepared by GSM Oct. 1969, in J. L. Granatstein, *Pirouette: Pierre Trudeau and Canadian Foreign Policy* (Toronto: University of Toronto Press, 1990), p. 180.
④ Lester Pearson, *Partners in Development: Report of the Commission on International Development* (New York: Praeger Publishers, 1969), p. ix, annex, p. 330.

一项削减核武器的协议，和平共处。他的努力为他赢得了一枚阿尔伯塔·爱因斯坦和平奖章。

2."中等强国"外交定位下对国际"公正社会"的追求

中等强国，即综合国力居世界中等地位的发达国家。加拿大以此身份参与世界事务这一理念，最早是在一战时期随着加拿大军队在西线获胜而萌生的。① 此后，加拿大在二战中也扮演了重要的角色，派出约100万人的军队参与反法西斯战争。二战后期，加拿大产生了在大小国家之间寻找自身中等强国道路的理念。1944年，加拿大外交官莱昂内尔·盖尔伯（Lionel Gelber）在其文章《列国中伟大的加拿大》中指出，参战给加拿大带来了国际地位的提升和美誉："只从人口规模较小和殖民财产不足来评价，加拿大无法成为像英国、美国、俄罗斯这样重要的世界性国家。但是，如果从自然资源之丰富、宜居空间之广袤来衡量，加拿大又绝不像墨西哥、瑞典这样的小国。加拿大在英联邦国家中处于中等水平。从此，加拿大将扮演中等强国的角色。"② 二战结束后，加拿大和美国一样迎来了战后经济的景气。加拿大成为欧洲第二个马歇尔计划援助国，仅在1946年就向英国提供了112.5亿加元的贷款。③ 黄金及外汇储备占资本主义世界的18.45%，仅次于美、英。④ 在政治上，加拿大为构建联合国做出了重要贡献。1945年，加拿大的国防支出在国内生产总值（GDP）中所占比例达到35%以上，占联邦政府总支出的80%。20世纪40年代后期，加拿大军队迅速复员，但到50年代仍设法将国内生产总值的5%或更多用于国防，加拿大海军拥有100艘军舰。⑤ 在这种背景下，加拿大积极以中等

---

① C. P. Stacey, "Nationality: The Experience of Canada", *Historical Paper*, 1967, p.1. 或 Desmond Morton and J. L. Granatstein, *Marching to Armageddon: Canadians and the Great War, 1914-1919* (Toronto: Lester &Orpen Dennys, 1989), p. 260.

② Lionel Gelber, "A Great Canada among the Nations", *Behind the Headlines*, 1944, in Peter C. Dobell, *Canada's Search for New Roles-Foreign Policy in the Trudeau Era* (London: Oxford University Press, 1972), p. 2.

③ Peter C. Dobell, *Canada's Search for New Roles-Foreign Policy in the Trudeau Era* (London: Oxford University Press, 1972), p. 1.

④ 中国社会科学院世界经济与政治研究所：《中国世界经济统计简编》，生活·读书·新知三联书店，1982，第236~237、422页。

⑤ "Searching for a Middle-Power Role in a New World Order", https://www.cgai.ca/searching_for_a_middle_power_role_in_a_new_world_order，最后访问日期：2018年1月2日。

强国的身份参与国际事务。① 加拿大积极充当国际冲突调停者和和平维护者，改善国际政治秩序并提升自己的政治影响力。1949年加拿大参与调停克什米尔危机并参与北约，1953年参与调停朝鲜谈判，1956年参与调停苏伊士危机并协助联合国创建第一支维和部队。1956年接受3.8万名匈牙利事件难民，②60年代参与调停越战。一时间，加拿大几乎成为国际政治中一颗耀眼的新星，尽管加拿大在总体上仍然没有摆脱为美国跑龙套的地位。

皮埃尔·特鲁多上任之际，加拿大"中等强国"地位有所弱化。之所以如此，是因为此时欧洲和日本迅速崛起，加拿大的国际地位相对降低。正如特鲁多所言，"加拿大在世界上的位置已经和战后非常不同了……那时，我们的货币是最坚挺的，我们是第四或第五大贸易国家，我们的经济比欧洲国家的经济强大得多，我们的海空军非常强大。但现在欧洲力量已经恢复，第三世界也已经崛起"③。"加拿大是小国的排头，而不是大国的排尾"④。在这种情况下，加拿大在大国间国际政治领域发挥作用的余地变得非常有限。为重建自身国际形象，特鲁多时期开始实施多元外交的"第三种选择"（Third Option）战略，在该战略中第三世界的国家是加拿大提升自身国际地位的重要依靠之一，但加拿大无法像西方其他强国依靠历史上的殖民联系或地缘政治加强和第三世界的国家的关系。由此，发展援助为这一战略提供了契机，"南北的竞技场为加拿大等中等强国提供了一个更广阔的向国际社会显示自己独特和恰当的贡献的视野"⑤。于是，加拿大放弃了在政治上"竭力对所有的国际事件

---

① 关于加拿大中等强国地位的论述，可参见加拿大国家图书与档案馆（Library and Archives Canada）网站，http://www.collectionscanada.gc.ca/primeministers/h4-2231-e.html，最后访问日期：2017年1月2日；潘迎春：《第二次世界大战与加拿大独立外交的形成》，《世界历史》2009年第5期。
② 钱皓：《中等强国参与国际事务的路径研究》，《世界经济与政治》2007年第7期，第47~49页。
③ Peter C. Dobell, *Canada's Search for New Roles-Foreign Policy in the Trudeau Era* (London: Oxford University Press, 1972), p. 3.
④ 刘广太：《加拿大对外关系的转折点》，《河北师院学报》（哲学社会科学版）1997年第2期，第66~67页。
⑤ Cranford Pratt, *Middle Power Internationalism: The North-South Dimension* (Kingston & Montreal: McGill-Queen's University Press, 1990), p. 14.

第二章 特鲁多主义与加拿大官方发展援助的建构（1968~1984） 61

作出反应的观点"①，把外交注意力更多地放在了国际经济秩序方面，希望借援助第三世界国家提高其国际地位。正如1969年加拿大北约组织观念的缔造者埃斯科特·瑞德（Escott Reid）所言，"如果加拿大把目前的军费开支18亿加元增加一倍，只能提高北约总开支的1.5%，但如果加拿大把每年提高的18亿加元给予贫穷国家，将会使富裕的白人国家给贫穷国家的援助开支提高33%……在和世界贫穷相斗争的事业中，加拿大会成为两个主导国家之一"。ODA给加拿大国际地位的提高提供了更为有利的渠道。②总之，作为一个中等强国，加拿大的发展援助为其在国际社会增加了话语权。

此时加拿大对援助第三世界国家倍加重视还有另外一个因素，那就是受特鲁多政府"公正社会"（Just Society）改革思想的影响。该项改革在政治上主张贫富权利平等、机会平等，在经济上主要是追求"国家财富实行公正的分配"，富裕省区向贫困省区给予援助以便使贫困地区和富裕地区享有同样的经济权利。③为贯彻这一政策，特鲁多政府成立了地区经济发展部，呼吁减少普遍的贫困，实现社会公正。④在一定程度上，特鲁多时期，加拿大对国际贫困的关注正是其国内"公正社会"历年的延伸。正如特鲁多所指出的，"一个社会如果能够关注国外的贫困和发展，那么将更容易关注其国内的贫困和发展"。加拿大"公正社会"思想和加拿大外交产生了相互的影响。⑤特鲁多认为，第三世界国家的人民享有同工业化国家人民一样的权利追求。1969年，加拿大前总理皮尔逊应世界银行行长罗伯特·麦克纳马拉（Robert S. McNamara）之邀主持组建世界银行国际开发协会（Commission on International Development of World Bank）对过去二

---

① Peter C. Dobell, *Canada's Search for New Roles-Foreign Policy in the Trudeau Era* (London: Oxford University Press, 1972), p. 5.
② Peter C. Dobell, *Canada's Search for New Roles-Foreign Policy in the Trudeau Era* (London: Oxford University Press, 1972), p. 137.
③ Couture Claude, *Padding with the Current: Pierre Elliott Trudeau, E'tienne Parent, Liberalism and Nationalism in Canada* (Edmonton, Canada: University of Albert Press, 1998), p. 90.
④ 张友伦：《加拿大通史简编》，南开大学出版社，1994，第306页。
⑤ David R. Morrison, "Looking Back at Canada's Development Assistance: Trends and Explanations", http://www.brocku.ca/epi/casid/morrison, 最后访问日期：2017年8月7日。

十年国际援助进行评估。在他的主持下,世界银行国际开发协会于同年提交了《开发援助中的伙伴关系:国际开发委员会报告书》。该报告强调,发展援助正是为了缓和国际南北经济状况的不平等,"为了削减差距和不平等,为了帮助贫困国家以他们自己的方式向工业和技术时代迈进,为了使世界不至于被鲜明地分为穷国和富国……"①皮尔逊提出,发达国家出于人道公正应该将援助国的ODA/GNP比值提高到0.7%,并提议援助国在1975年,最晚在1980年前实现这一目标。②

1970年,加拿大政府公布的《加拿大人外交政策白皮书》(Foreign Policy for Canadians)正式把"推进加拿大和世界的社会公正"放在了重要位置,指出加拿大关于社会公正的措施和加拿大人的公正感和责任是一致的,对外援助主要是加拿大公正感和责任向贫困国家的延伸。③ 1971年冬季,加拿大众议院外交和国防事务委员会下属的一个委员会在考察加拿大对外援助的动机时指出,"加拿大帮助发展中国家最基本、最持久和最重要的理由是对'国际社会公正'的关怀"④。1974年6月16日,特鲁多在加拿大犹太人协会(Canadian Jewish Congress)演讲时再三强调这一关怀的地位,他说,"如果没有这种关怀,加拿大外交政策将是毫无意义的,因为它反映了加拿大人的特性"⑤。1975年3月13日,特鲁多在一次公开演讲时宣称,对外援助可以"维持我们所有行动的平衡",可以使"世界范围内资源和机会公平分配"⑥。同年,外交部部长阿伦·麦凯琴(Allan

---

① Lester Pearson, *Partners in Development: Report of Commission on International Development* (New York: Praeger Publishers, 1969), pp. 7-8.
② David R. Morrison, *Aid and Ebb Tide: A history of CIDA and Canadian Development Assistance* (Montreal: Wilfrid Laurier University Press, 1998), p. 85.
③ Whitney Lackenbauer, *An Inside Look at External Affairs during The Trudeau Years* (Calgary: University of Calgary Press, 2002), p. 14; David R. Morrison., *Aid and Ebb tide: A History of CIDA and Canadian Development Assistance* (Waterloo: Wilfrid Laurier University Press, 1998), p. 92.
④ Peter C. Dobell, *Canada in World Affairs*, Vol XVII, 1971-1973 (Toronto: Canadian Institute of International Affairs, 1985), p. 330.
⑤ Costas Melakopides, *Pragmatic Idealism: Canadian Foreign Policy 1945-1995* (Motreal & Kington, London, Buffalo: McGill-Queen's University Press, 1998), p. 118.
⑥ Costas Melakopides, *Pragmatic Idealism: Canadian Foreign Policy 1945-1995* (Motreal & Kington, London, Buffalo: McGill-Queen's University Press, 1998), p. 118.

Maceachen）在加拿大非洲研究会（the Canadian Association of African Studies）的一次会议上谈到和非洲关系时指出了对南非的种族隔离最为关心的两点：其一，关心非洲那些被剥夺者和贫困人群的社会公正（"Social Justice" for "the impoverished and the the deprived"）；其二，"关心人权和人的尊严"（our concern for human rights and dignity）。[①] 加拿大这些言论也许有宣传的成分，但整体上也反映了加拿大外交谋求合理的国际经济秩序的一面。在一定程度上，特鲁多时期加拿大发展援助项目正是受到本国"社会公正"思想的影响才得以不断发展的。

3. 加拿大社会支持援助舆论中人道主义的高涨

伴随着南北问题逐渐成为国际关系的主题，对发展中国家与不发达国家进行经济援助在20世纪60年代到80年代成为突出的国际特征。为解决援助问题，1961年，包括加拿大在内的西方发达国家在经合组织名义下成立了援助委员会用以协调各国援助。1965年，联合国成立了专门致力于援助发展中国家的联合国开发计划署。1967年联合国成立了援助发展中国家工业的联合国工业发展组织（UN Industrial Development Organization）。1974年4月，联合国第六届特别会议呼吁维护发展中国家经济权益，增加官方发展援助规模。1977年5月，巴黎国际经济会议第二次会议决定筹集援助最不发达国家的特别基金。随后，总额为10亿美元的国际农业发展基金正式设立。1978年西方七国首脑会议决定三年内将ODA规模增加一倍。1980年，联邦德国前总理威利·勃兰特（Willy Brandt）任国际发展事务独立委员会主席（Independent Commission on International Development Issues），出台了《南北关系：生存项目》，呼吁增加对发展中国家的援助，指出"如果不这样做，世界将会沦于毁灭"，催促工业国家到1985年实现0.7%的目标，到2000年实现1%的目标。[②] 在特鲁多执政之前，尽管加拿大已经较多地参与到对外经济援助中来，但客观地说，这一时期的官方发展援助在很大程度上还属于政府和议会的纯官方行为，不但私

[①] Norman Hillmer and Garth Stevenson, *A Foremost Nation*: *Canadian Foreign Policy and a Changing World* (Tonroto: McClelland and Stewart, 1977), p. 184.

[②] Independent Commission on International Development Issues, *North-South*: *A Programme for Survival* (Cambridge: MIT Press, 1980), p. 33.

人团体很少参与到其中,而且民众对发展援助的了解也非常有限,加拿大发展援助政策基本上只是跟随美国和英国的后尘,亦步亦趋,民众意见难以发挥影响。随着援助规模的扩大,第三世界的贫穷落后逐渐被加拿大人越来越多地了解,尤其是"科伦坡计划"地不断深入使得加拿大人对第三世界形成相当的同情心,民间对第三世界的援助欲望逐渐得到提升。

在特鲁多上任之初,根据盖洛普(Gallup)的调查,约 2/3 的人反对增加税收援助发展中国家。[1] 特鲁多执政后,这一情形逐渐发生变化。1973 年 3 月,加拿大五大教派——安立甘教会、天主教、路德宗、基督教长老会和基督教联合会——发起了一个名为"为发展贡献十日"(Ten Days for Development)的运动,号召为第三世界国家捐资援助。同时,他们向众议院外交事务委员会递交了一份报告,要求援助第三世界国家教育,并增加发展中国家在国际货币基金组织(IMF)和关贸总协定(GATT)中的话语权,要求政府征求私人团体和受援国对援助的看法,以切实满足受援国需要。[2] 另外,一些志愿者组织[如加拿大大学海外服务组织(Canadian University Service Overseas)和牛津饥荒救济委员会(Oxford Committee for Famine Relief)]也呼吁解决对第三世界援助不足的问题。加拿大国际合作委员会(Canadian Council for international Co-operation)作为援助方面全国性的非政府组织联合机构也发行了一系列小册子,呼吁人们对第三世界的发展加以重视。

1975 年,加拿大正值经济危机,但盖洛普调查显示 72% 的加拿大受访者表示北方国家有责任援助南方国家,53% 的被调查者把经济援助视为践行这一责任的可行方式,多数高官和议员认为加拿大对发展中国家的援助应该增加一倍。[3] 1980 年,加拿大智库阿德科姆研究公司(Adcom Research Ltd.)的一项问卷调研表明,78% 的被访问者赞同保持或增加官

---

[1] Dale C. Thomson and Roger F. Swanson, *Canadian Foreign Policy: Options and Perspectives* (Toronto: McGraw-Hill Ryerson Limited, 1971), p. 94.

[2] Peter C. Dobell, *Canada in World Affairs*, Vol XVII, 1971-1973 (Toronto: Canadian Institute of International Affairs, 1985), p. 336.

[3] Philip Taylor and Gregory, *Third World Policies of Industrialized Nations* (London: Greenwood Press, 1982), p. 145.

方发展援助规模，88%的被访问者认为加拿大参与官方发展援助的原因在于加拿大的富有和具人道主义精神，这一数据比 60 年代约 55% 的支持率要高。[1] 同时，教会、商业集团和一些非政府组织大声疾呼增加官方发展援助额，比如据 1972 年统计，在所有服务发展中国家的志愿者中，来自教会的人员占了约 50%。[2] 另据调查，1975 年到 1984 年直接参与非政府组织的加拿大人（不含捐款者）增加了一倍，总共达到了 3.5 万~4 万人之多。[3] 尽管他们动机不一，但都成为官方发展援助的重要推动者。这些民意通过报纸、广播等途径对加拿大当时的社会舆论产生了广泛影响，并在特鲁多下台之后延续不断。据有关统计，1985 年至 1988 年近 80% 的民众对官方发展援助的数量持"不够"或"正好"的态度，继续支持本国政府的援外政策。[4]

4. "唯美国马首是瞻"外交向多边外交的转变

二战后，加拿大真正作为一个北美国家出现在国际舞台上，在经贸投资领域高度依赖美国，在外交上对美国的主要政策亦步亦趋，这种过分亲美的倾向受到了加拿大各界的批评。在特鲁多上台前夕，不同的几个调查均显示有 60% 左右的被调查者认为加拿大没有表现出足够的独立，过多依赖美国。[5] 特鲁多执政后，重新审视了对美外交，指出"加拿大不想成为镜中的美国"，提出了第三种选择战略（the Third Option）。该战略在国内主要是指加拿大经济民族主义，1972 年和 1979 年加拿大分别设立外国投资审查局（Foreign Investment Review Agency）和实施国家能源计划（National Energy Program），旨在限制美国资本对加拿大的控制。在国际

---

[1] Real Lavergne, "Determinants of Canadian Aid Policy", in Olav Stokke, *The Western Middle Power and Global Poverty：Determinants of the Aid Policies of Canada, Denmark, the Netherlands, Norway and Sweden*（Motala：Motala Grafiska, 1989）, p. 37.

[2] Peter C. Dobell, *Canada's Search for New Roles-Foreign Policy in the Trudeau Era*（London：Oxford University Press, 1972）, p. 141.

[3] Tim Brodhead and Brent Herbert-Copley, *Bridges of Hope？：Canadian Voluntary Agencies and the Third World*（Ottawa：North-South Institute, 1988）, p. 39.

[4] David R. Morrison, *Aid and Ebb Tide：A History of CIDA and Canadian Development Assistance*（Waterloo, Ontario：Wilfrid Laurier University Press, 1998）, p. 269.

[5] 闫颖、于淼：《特鲁多与 1970 年加拿大外交白皮书》，《高校社科信息》2005 年第 1 期，第 47 页。

上，该战略主要是指积极发展和日本、西欧及广大第三世界国家的政治和经济关系。1968年到1981年，加拿大和第三世界国家签订了160个相关条约，远超过和美国签订的条约（117个），和欧共体以及日本签订的93个和9个条约，这凸显了第三世界在加拿大外交中的重要性。① 在拓展和第三世界的贸易关系上，加拿大在特鲁多时期资助贸易代表团赴第三世界国家，通过出口市场开发项目（Export Market Development Program，EMDP）为每个受资助企业或商会每年提供数万加元，出国考察和参加交易会以促进对第三世界国家出口。其中，对发展与第三世界贸易的财政支持力度超过了或接近对与美欧的经贸关系支持的力度。②

在以上前提下，官方发展援助作为提升加拿大和第三世界国家关系的重要途径受到前所未有的重视。1969年到1971年，特鲁多就出访了马来西亚、新加坡、巴基斯坦、印度、印度尼西亚和锡兰（今斯里兰卡）等国，宣布增加官方发展援助。之所以如此，从摆脱对美国依赖的角度来说原因有两点。一是，官方发展援助可以拉近加拿大和第三世界国家的距离，为与第三世界国家历史关系薄弱的加拿大提供了有力的纽带，许多第三世界国家通过官方发展援助更多地了解了加拿大，加拿大的国际地位得以相对提高；二是"……（双边援助）为加拿大产品和服务出口到欠发达国家提供了经济基础，也给加拿大人提供了于世界扩张其商业利益的知识和经验，欠发达国家的经济成功也有助于加拿大经济的扩张，为加拿大创造一个成长的市场"③。"（发展援助）对于加拿大具有短期和长期经济利益，因为加拿大作为一个贸易国家，它的繁荣至少部分依赖于和那些与加

---

① Gordon Mace and Gerard Hervouet, "Canada's Third Option: A Complete Failure?", *Canadian Public Policy*, 1989, Vol. 15, Issue 4, p. 392.
② 据统计，以1981年价格计算，加拿大1972~1980年对到不同地区的贸易访问团的财政支持分布为：亚非拉中东（345万加元）、欧共体（105万加元）、日本（57万加元）；1971~1980年，EMDP资金分配状况为：亚非拉中东（8148万加元）、日本（1548万加元）、欧共体（1442万加元）；1968~1974年加拿大出口融资地区为：美国（1.6亿加元）、亚非拉中东（9082万加元）、欧共体（5777万加元）、新兴工业国（3825万加元）、欧洲其他国家（2435万加元）、日本（92万加元）。参见Gordon Mace and Gerard Hervouet, "Canada's Third Option: A Complete Failure?", *Canadian Public Policy*, 1989, Vol. 15, Issue 4, pp. 394-398.
③ Gordon Mace and Gerard Hervouet, "Canada's Third Option: A Complete Failure?", *Canadian Public Policy*, 1989, Vol. 15, Issue 4, p. 393.

第二章　特鲁多主义与加拿大官方发展援助的建构（1968~1984）　67

拿大有援助关系的主权国家的贸易力量。"① 也就是说，ODA 为加拿大政治和经贸在一定程度上免于过度依靠美国提供了一种可能的途径。

　　与其他工业国家比较，二战后初期到 60 年代中期，除了"科伦坡计划"下的南亚和东南亚国家，加拿大与第三世界其他国家很少有密切的经贸关系。但随着加拿大对外关系的展开，加拿大和第三世界的经贸关系得到了加强。② 在贸易方面，1960 年到 1986 年，平均约 10% 的出口是和第三世界进行的。③ 这一比重看似不大，但实际上其绝对数是在不断增长的，和加拿大对西欧出口的份额比重差距逐渐减小。对西欧出口额在这一时期（1965~1980 年）占加拿大总出口额的比重也只有 15.86%，1972 年到 1980 年基本上在 10%~15%。其中 1972 年之后均在 15% 以下，最低年份仅为 10.64%（1978 年）。④ 在进口方面，1960 年到 1986 年，平均约 9% 的进口来自第三世界。⑤ 以和加拿大贸易关系最为薄弱的非洲为例，加拿大从非洲进口的铝土矿和铜矿石在 1968 年和 1971 年时还很少。到 1974 年时，加拿大 38.3% 的铝土矿石来自几内亚和塞拉利昂，12.1% 的铜矿石来自毛里塔尼亚，49.0% 的锰矿石来自加蓬、扎伊尔［今刚果（金）］和南非。1968 年到 1974 年，加拿大从非洲进口额年均增长率为 26.5%，超过了加拿大整体年均进口增长率（16.9%）。⑥ 在投资方面，发展中国家日渐成为加拿大的重要直接投资场所。从 1970 年到 1979 年，加拿大对其的投资总额多于对欧共体的投资额，发展中国家成为加拿大对外投资的第二大目的地（见表 2-1）。在以上背景下，第三世界国家成为加拿大潜力巨大的经贸对象，加拿大和第三世界国家的关系显得日益重要。

---

① 1971 年 9 月，加拿大援助机构-加拿大国际发展署署长保罗·日兰-拉茹瓦（Paul Gérin-Lajoie）语，Peter C. Dobell, *Canada in World Affairs*, Volume XVII, 1971–1973（Toronto: Canadian Institute of International Affairs, 1985）, p. 330.
② "House of Commons Debates", Sept. 11, 1961, in Keith Spicer, *A Samaritan State? External Aid in Canada's Foreign Aid Policy*（University of Toronto Press, 1966）, p. 43.
③ 韩经纶：《枫叶国度的强国之路》，贵州人民出版社，2000，第 160 页。
④ Gordon Mace and Gerard Hervouet, "Canada's Third Option: A Complete Failure?", *Canadian Public Policy*, 1989, Vol. 15, Issue 4, p. 392.
⑤ 韩经纶：《枫叶国度的强国之路》，贵州人民出版社，2000，第 160 页。
⑥ Norman Hillmer and Garth Stevenson, *A Foremost Nation: Canadian Foreign Policy and a Changing World*（Tonroto: McClelland and Stewart, 1977）, p. 181.

表 2-1　加拿大对外直接投资地区分布

单位：亿加元

国家 时间	美国	欧共体	非洲、拉丁 美洲、中东	亚洲	大洋洲	欧洲其他 国家
1970~1974 年	409	115	185	19	38	24
1975~1979 年	562	162	194	37	39	25
合计	971	277	379	56	77	49

资料来源：Gordon Mace and Gerard Hervouet, "Canada's Third Option: A Complete Failure?" *Canadian Public Policy*, 1989, Vol. 15, Issue 4, p. 400. 该表格不包括澳大利亚和东欧。

面对第三世界国家的贫困落后，特鲁多政府有着清醒的认识。早在1968 年 5 月 13 日，特鲁多就在阿尔伯塔大学发表演讲，宣称发达国家和发展中国家"富有与贫困、舒适与饥饿之间的悬殊是在历史上是空前的，从未如此极端。大众传媒此前从未如此生动地展现受苦者不幸的程度……我们面临着压倒性的挑战。面对挑战，世界就是我们的选区"。特鲁多援引 1964 年联合国贸易与发展会议宣布的原则呼吁，"经济的发展和社会的进步应该得到整个国际社会共同的关注，应该通过增加经济财富和福祉，来促进和平关系和国家间的经济合作"。而经济援助和合作则能"创造一个有助于培育人类尊严的政治、经济和人道氛围"[1]。特鲁多认为，随着世界经济一体化的发展，南北国家间的相互依赖正在加强。第三世界依赖发达国家的资金、技术和贸易，发达国家在能源、市场及投资等方面同样离不开发展中国家，发展中国家的安定直接影响着加拿大等发达国家，由此，必须采用援助和经贸秩序改革改善南北世界关系。比如，1975 年石油危机发生后，特鲁多把这一危机出现的根本原因归结为南北世界的差距过大和南北世界的不平等。他说，必须把世界财富达到一个可以接受的分配作为目标，源于地区财富的不平等现象不可忽视。[2] 他指出，发达国家不能听任发展中国家和发达国家贫富分化。[3] 加拿大作为发达国家，有责任

---

[1] Arthur E. Blachette, *Canadian Foreign Policy 1966 – 1976: Select Speeches and Documents*, (Ottawa: the Institute of Canadian Studies, Carleton University, 1980), pp. 231–232.

[2] J. L. Granatstein and Robert Bothwell, *Pirouette: Pierre Trudeau and Canadian Foreign Policy* (Toronto: University of Toronto Press, 1990), p. 266.

[3] C. David Crenna, *Pierre, Elliot Trudeau: Lifting the Shadow of War* (Edmonton: Hurting Publishers Ltd., 1987), p. 10.

参与帮助发展中国家实现经济和社会进步的项目。① 无疑，特鲁多的这些思想不仅仅是其早年游历诸多不发达国家，对其落后原因思考的结果，也反映了20世纪60年代尤其是70年代以后南北世界紧密相连的事实。这种理念在某种程度上使加拿大认识到帮助不发达国家其实也是在帮助自己，为保证获得舆论支持，保证援助项目的顺利进行创造了必要的条件。

第二节 "基本需求"理论下加拿大官方发展援助的转向

如前文所述，加拿大在20世纪50年代初到20世纪60年代末，其官方发展援助是在"现代化"模式之下进行的，其核心是大型的农业、工业基础设施及与之相关的项目技术输出。这些援助项目具有规模大、外显性强，容易引人瞩目的特点。客观地说，这些"反共"经济堡垒式的基础设施建设是具有积极作用的，但对一般民众而言，这种大型的援助缺乏以人为本的特点，亲和力并不突出。到20世纪六七十年代，以追求经济增长为导向的国际经济援助战略并未在受援国带来以点带面的经济繁荣。相反，广大受援国中下层民众的失业和贫困依然非常严重。面对援助困境，国际经济学界在凯恩斯主义的影响下，援助的侧重点转向人的基本需求及对其需求能力的关注。② 由此，发达国家对发展中国家的发展援助项目开始转向参与式援助，即重视中下层民众在援助中参与其中（温饱、卫生保健、教育培训等方面）并从中获益，尤其是从中获得谋生的能力。同时，以"遏制"社会主义国家为目标的发展援助，在这一时期受到了理想主义者的批评，以反共为目标的援助开始在加拿大受到质疑，以特鲁多为代表的加拿大政治家开始重新思考对待社会主义国家的原则。与这一趋势相一致，特鲁多时期加拿大官方发展援助进入了快速发展的黄金时代，体现出了超越冷战和项目创新的双

---

① Costas Melakopides, *Pragmatic Idealism: Canadian Foreign Policy 1945–1995* (Montreal& Kingston: McGill-Queen's Unversity Press, 1998), p. 88.
② Hollis Chenery, et al., *Redistribution with Growth: Policies to Improve Income Distribution in Developing Countries in the Context of Economic Growth* (New York: Oxford University Press, 1974).

重进展。

1. 援助机构设置从配合"科伦坡计划"转向独立自主

特鲁多政府时期，加拿大官方发展援助机构扩大和升级正式完成。首先，在具体机构建设方面，特鲁多于1968年5月29日在演讲中建议把对外援助办公室升级为副部级（under-secretary）的加拿大国际发展署，"为了强化我们援助项目的真正目标，我们应该将对外援助办公室改名为加拿大国际发展署"。特鲁多这样一个提议，意味着加拿大需要将援助机构与美国、英国、瑞典相一致，提升援助机构的层级。[①] 该组织不再直接听命于外交部而是改为通过国际合作部长（Minister for International Cooperation）即原外交事务国务秘书（Secretary of State for External Affairs）向加拿大国会负责。该署在功能上远超原援外办公室，管理和分配加拿大75%以上的官方发展援助预算，下设13个局69个处，除政府拨款外，也通过国际组织、国际金融机构、国内企业及非政府组织筹款。相应地，援外办公室相对应的援助委员会也升格为发展署委员会（Canadian International Development Board）。此后，1974年10月，联邦政府12个部门的有关司局还组成了一个高级委员会处理发展援助等一系列与发展中国家经济的相关事宜。[②] 正如加拿大国际发展署首任署长莫里斯·斯特朗（Maurice Strong）所言："不希望加拿大国际发展署成为一家公营公司（Public Corporation），也不希望在当时的外交事务部（Department of External Affairs）内设立一个单独的部门或分支机构。"[③] 作为副部级单位，加拿大国际发展署的行政决定，外交部无权推翻。同样，一旦得到部长级外交事务国务秘书国际合作部长的批准，加拿大国际发展署署长的决定也不太可能被内阁推翻。加拿大国际发展署较强的独立地位决定了其主管大部分发展援助的权威性，以及加拿大政府对官方发展援助的重视。此举无疑提高了发展援助在加拿大外交战略中的地位，为援助外交的执行提供了有利的制度保证和组织保证。

[①] David R. Morrison, *Aid and Ebb Tide: A History of CIDA and Canadian Development Assistance* (Waterloo, Ontario: Wilfrid Laurier University Press, 1998), p. 62.

[②] 易梦虹：《当代南北经济关系》，南开大学出版社，1994，第146页。

[③] Cranford Pratt, "DFAIT's Takeover Bid of CIDA: The Institutional Future of the Canadian International Development Agency", *Canadian Foreign Policy*, Vol. 5, No. 2 (Winter 1998), p. 1.

其次，为保证援助的科学性和有效性，这一时期加拿大成立了一些援助研究机构，其中官方性质的研究机构以成立于1970年的国际发展研究中心（International Development Research Centre，IDRC）最具代表性。该机构"被称为第一个致力于支持（发展中国家）研究活动的组织"①，旨在帮助发展中国家和地区建立起为解决它们的问题所需要的研究力量和创新能力。首任主席是在菲律宾和印度的福特基金会（Ford foundation）和洛克菲勒基金会（Rockefeller Foundation）工作过的戴维·哈珀（David Hopper）博士，加拿大每年拨专款支持其就援助发展中国家的人口、科技、农业、卫生以及教育等项目进行研究，并有权审批部分项目，制定政策和签订项目协议，发展中国家也可以通过此中心提出健康、教育、能源和农业等援助需求。②该机构除主席和副主席外的21名理事中有10名来自发展中国家。③"自成立以来，加拿大国际发展研究中心在世界范围内建立了卓越一流的声誉，有时被称为'加拿大发展王冠上的宝石'（the Jewel in the Crown of Canada's Development），从农业、人力资源到卫生保健和信息科学，它在各类发展事务上资助了许多有价值的工作"④。该中心援助的对象主要集中在亚洲、非洲、拉丁美洲等80多个发展中国家和地区。自1970年成立起，至1980年3月，该中心已批准849个援助项目，价值达1.54亿加元。⑤比如，IDRC 1976年10~11月与联合国开发计划署共同在巴基斯坦进行科学技术调研报告，对巴基斯坦的科技水平和未来需求进行分析，为向巴基斯坦提供发展援助提供了依据。⑥非官方的研究机构主要包括一些民间研究团体，其中最著名的是1976年成立的南北研究所

---

① "IDRC"，http：//www.idrc.ca/en/ev-91525-201-1-DO_TOPIC.html，最后访问日期：2017年1月1日。
② 最初五年的拨款为3000万加元，参见 Peter C. Dobell，*Canada's Reach for New Roles：Foreign Policy in the Trudeau Era*（Oxford University Press，1972），p.140.
③ Statistics Canada，*Canada Handbook*（Toronto：Minister of Supply and Services Canada，1979），p.330.
④ Canadian International Assistance Agency，*Sharing Our Future：Canadian International Development Assistance*（Ottawa：Canadian International Assistance Agency，1987），p.71.
⑤ 黎国焜：《加拿大与发展中国家和地区的经济贸易关系》，《世界经济研究》1985年第5期，第27页。
⑥ IDRC，Scientific and Technical Information in Pakistan，*The Report of A Joint IDRC/UNDP Mission*，Oct-Nov.1976，IDRC，pp.14-15.

（North-South Institute，NSI），其目的在于研究和分析加拿大外交和迫切的世界发展问题，其主要目标有三个：减轻发展中国家的贫困、促进全世界的公平和改善治理。① 这些机构或组织的存在一定程度上保证了加拿大官方发展援助的自主性、有效性和科学性。

2. 援助项目规划从配合"科伦坡计划"转向独立自主

皮埃尔·特鲁多上任之前，加拿大虽然积极参与"科伦坡计划"，但总体上并没有主导该计划的推进和实践，没有更为系统的长期规划。在该计划开始之初，加拿大政府只是将其看作在南亚和东南亚反共的权宜之计。甚至，有参与该计划的加拿大官员表示，"我们都认为，对亚洲的援助最多不过两三年"。② 特鲁多上任后，官方发展援助在加拿大被给予更大程度的重视，对国际及自身发展援助有了更多的自我规划。正如前文所提到的，1969年加拿大前总理莱斯特·皮尔逊主持完成的《开发援助中的伙伴关系：国际开发委员会报告书》对20世纪50~60年代的国际发展援助进行了全面分析。报告中提出，"富裕国家"应在1975年，最迟1980年前将其官方发展援助增加至国民生产总值的0.7%，要求加强多边援助在发展援助中的比重，到1975年这一比重应该达到20%（1968年为10%）。③ 这一报告的提出，在一定程度上是加拿大人对既往国际发展援助的独立思考和总结的结果，显示了加拿大在国际发展援助领域重要的话语权地位。根据该报告，1970年10月，联合国大会第二委员会通过了第2626号决议（Resolution 2626），该决议指出："每个经济发达的国家将逐步增加其（官方发展援助）……尽最大努力在十年中期达到其（国民生产总值）的0.7%的最低净额。"④ 特鲁多就任总理后，加拿大积极支持"皮尔逊报告"的精神。在上任伊始的5月份，特鲁多就加拿大的一些重要政策

---

① 参见南北研究所网站，http://www.nsi-ins.ca/english/default.asp；联合国中文网，http://www.un.org/chinese/events/ffd/docs/aac257_10a4.pdf，最后访问日期：2018年12月2日。
② Keith Spicer, *A Samaritan State? External Aid in Canada's Foreign Aid Policy* (Toronto: University of Toronto Press, 1966), p.95.
③ 〔加〕莱斯特·B.皮尔逊等著《开发援助中的伙伴关系：国际开发委员会报告书》，厦门大学南洋研究所译，商务印书馆，1975，前言。
④ Edgardo Sepulveda, "A tale book-ended by two Trudeaus: Canada's Foreign Aid since 1970", May 3, 2017, http://www.progressive-economics.ca/2017/05/03/a-tale-book-ended-by-2-trudeaus-canadas-foreign-aid-since-1970/，最后访问日期：2017年5月1日。

发表了"加拿大与世界"的讲话,表示加拿大要进一步加强与第三世界国家的关系,增加对外援助。1970年6月,加拿大发表《加拿大人外交政策白皮书》(Foreign Policy for Canadians),在该白皮书的"国际发展"一章中,承诺官方发展援助与国民生产总值的比值达到0.7%。1970年10月,在联合国大会上,加拿大积极倡议西方国家将国民生产总值的0.7%用于对发展中国家的援助。1972年,在联合国4月和5月召开的贸易和发展会议上,加拿大和智利提议把通过多边援助组织如联合国开发计划署、地区发展银行发放的援助资金从每年的15亿美元增加到20亿美元,与会的加拿大代表团团长保罗·马丁(Paul Martin)在会议上表示"加拿大愿意分担适当的份额"①。在特鲁多的推动下,加拿大的ODA/GNP在1975年达到0.54%。② 在此基础上,加拿大援助规划的自主性不断加强,而不是像之前那样配合"科伦坡计划",围绕着该计划亦步亦趋。1975年加拿大国际发展署制定了其官方发展援助的第一个五年战略规划《国际开发合作发展战略1975~1980》(Strategy for International Development Cooperation,1975-1980),确定了加拿大官方发展援助的指导方针。根据该战略,加拿大将继续致力于援助规模的增大,尽早实现ODA/GNP达到0.7%的水平,表示以后将双边援助更多地集中拨付给最贫穷国家,更多地关注发展中国家的农业和农村发展,加大与中等收入发展中国家的合作以增强其自力更生能力。③ 根据《国际开发合作发展战略1975~1980》,"加拿大发展援助的目标是在促进发展中国家经济增长和社会制度进步中支持发展中国家的努力。这种支持会致力于让这些国家民众普遍获利,提升生活水平,在所有部门扩大这些国家民众参与发展的空间"④。1980年,新任外交部部长马克·麦克贵甘(Mark

---

① Peter C. Dobell, *Canada in World Affairs*, Volume XVII, 1971-1973 (Toronto: Canadian Institute of International Affairs, 1985), p. 333.
② Edgardo Sepulveda, "A tale book-ended by two Trudeaus: Canada's Foreign Aid since 1970", May 3, 2017, http://www.progressive-economics.ca/2017/05/03/a-tale-book-ended-by-2-trudeaus-canadas-foreign-aid-since-1970/,最后访问日期:2017年5月1日。
③ Arthur E. Blanchette, *Canadian Foreign Policy 1966-1976, Selected Speeches and Documents* (Ottawa: Gage Publishing Limited, 1980), p. 261.
④ Canadian International Development Agency, *The Strategy for International Development Cooperation 1975-1980* (Ottawa: Information Division, Communications Branch, Canadian International Development Agency, 1975), p. 23.

MacGuigan）先后在国内和联合国宣称加拿大 ODA/GNP 的比值将在 80 年代中期达到 0.5%，然后在 80 年代末实现 0.7% 的目标。[①] 1981 年，在西方七国峰会上，特鲁多不顾美国总统里根和英国首相撒切尔的冷漠态度，大力鼓吹与会国家践行勃兰特委员会（Brandt Commission）旨在增加对第三世界援助的《南北关系：生存项目》（North-South: A Programme for Survival）报告。[②]

在特鲁多政府的积极努力下，1968~1984 年，加拿大 ODA 实现了飞跃式的发展。在绝对数额上，尽管一度遭遇财政困难或经济不振，加拿大 ODA 还是在总体上保持了较快增长速度。从 1971/1972 财年至 1978/1979 财年共计 65 亿加元，年平均增长率超过 14%，1981/1982 财年达 14.78 亿加元。[③] 根据加拿大国际发展署的统计数字计算，加拿大 1968~1984 年 ODA 数额的平均年增长率约为 20%。1968~1984 年加拿大 ODA 总额约为 169 亿加元，是过去的 1950~1967 年的 16 倍多，援助额位居 DAC 成员第 6 位（见表 2-2）。其中，1971 年加拿大人均付出的 ODA 数额高达 80 加元。[④] 1982 年到 1984 年，加拿大对外发展援助中的纯援助额分别居 DAC 成员第 7 位、第 6 位和第 5 位，高于意大利和澳大利亚等国。[⑤] 就加拿大 ODA 占总额的比重来说，虽然在这一时期和其他大国比还不算大，只有 4.5% 左右，居西方国家第 7 位，但其和特鲁多时期以前的约 1% 相比，进展显著，并明显高于其他相似人口规模的国家。[⑥]

在 ODA/GNP 比值方面，特鲁多 1968 年上任之初，加拿大 ODA/GNP

[①] David R. Morrison, Aid and Ebb Tide: A History of CIDA and Canadian Development Assistance (Waterloo: Wilfrid Laurier University Press, 1998), p. 180.
[②] 该委员会正式名称为国际援助发展问题委员会，由发达国家和发展中国家非政府成员组成，负责调研南北关系，联邦德国前任总理维利·勃兰特任主席。
[③] 黎国焜：《加拿大与发展中国家和地区的经济贸易关系》，《世界经济研究》1985 年第 5 期，第 26 页。
[④] S. G. Triantis, "Canada's Interest in Foreign Aid", World Politics, Vol. 24, No. 1, Oct., 1971, p. 2.
[⑤] Peter C. Dobell, Canada in World Affairs, Volume XVII, 1971-1973 (Toronto: Canadian Institute of International Affairs, 1985), p. 333.
[⑥] Führe, H., The Story of Official Development Assistance: A History of the Development Assistance Committee and the Development Co-operation Directorate in Dates (Paris: OECD, 1994), p. 42.

第二章 特鲁多主义与加拿大官方发展援助的建构（1968~1984） 75

的比值为 0.28%，两年后就上升到 0.40%。[①] 到 1984 年，ODA/GNP 的年均比值保持在 0.49% 左右，比 1950~1967 年的年平均值增加了 0.3 个百分点。其中 1975 年，ODA/GNP 的比值高达 0.53%，创下迄今最高纪录。这一水平虽然和此时期北欧部分国家最高 1% 的数值相比有一定的差距，但与其他西方大国相比毫不逊色。1968~1975 年，加拿大历年 ODA/GNP 平均值在经合组织援助委员会 21 个成员中列第 7 位，高于美国、日本、联邦德国、英国、意大利等国及北欧的丹麦和挪威等。[②] 1982~1984 年，由于经济危机的发生，加拿大 ODA 增幅有所放缓，但其 ODA/GNP 比值排名在西方仍然位居第 9、第 9 和第 7 名，领先于主要强国美国、日本、意大利、英国及澳大利亚。[③] 这样的业绩对于这个当时人口不到 2500 万、人口规模居世界第 30 多位的国家来说，的确是难能可贵（见表 2-2、表 2-3）。[④]

表 2-2 1968~1984 年加拿大 ODA/GNP 统计

年份	1965	1967	1968	1970	1972	1974	1976	1978	1980	1982	1984	1985
OECD 统计（百万美元）		195	194	337	468	716	887	1060	1070	1190	1620	1630
CIDA 统计（百万加元）		193	212	346	514	749	972	1140	1312	1677	2105	2248
ODA/GNP（%）	0.19	0.29	0.28	0.40	0.47	0.49	0.49	0.49	0.49	0.43	0.46	0.49	0.47
DAC 成员平均值		*0.48*	—	0.34	—	0.35	0.33	0.35	0.37	0.38	0.36	*0.35*

资料来源：Statistical Report On official Development Assistance 2005-2006，http://www.oecd.org；Olav Stokke，*The Determinants of the Aid Policies of Canada, Denmark, the Netherlands, Norway and Sweden*，Uppsala：Scandinavian Institute of African Studies，1989，p. 25；倾斜粗体部分表示的是 1965 年数据和 1975 年数据。

[①] Costas Melakopides，*Pragmatic Idealism：Canadian Foreign Policy 1945-1995*（Motreal & Kingston London Buffalo：McGill-Queen's University Press，1998），p. 119.

[②] 国外统计资料编辑小组：《国外统计资料 1949~1976》，中国财政经济出版社，1979，第 632~633 页。

[③] Martin Rudner，"Japanese Official Development Assistance to Southeast Asia"，*Modern Asian Studies*，23，1989，p. 80.

[④] 美国国家大师网站，http://www.nationmaster.com/graph/，最后访问日期：2010 年 1 月 3 日。

表 2-3　1968~1984 年经合组织主要援助国 ODA 总额

单位：百万美元

国家	美国	联邦德国	日本	法国	英国	加拿大	荷兰	瑞典	意大利	比利时
ODA 总额	85231	32409	30713	30076	19519	14222	13610	9429	6498	6031

资料来源：根据经合组织网站（http://www.oecd.org）公布的有关数据计算（不计货币价值变动）。

3. 援助渠道从政府双边项目转向同时倚重非官方与多边组织

特鲁多上台后，民间援助的积极性受到重视。1968 年加拿大国际发展署建立了非政府组织处（Non-governmental Organizations Division）和国际合作委员会（Canadian Council for International Cooperation），分别负责赞助和协调非政府组织参与 ODA 业务，并在当年配合拨款 500 万加元支持 20 个非政府组织参与 50 个援助项目。[1] 此后，加拿大非政府组织规模及官方对其拨款规模持续上升。1970 年，参与加拿大官方发展援助的非政府组织增加到 49 个，1980 年达 108 个，1985 年则增至 127 个。[2] 1969 年，加拿大对非政府组织的援助项目数和规模分别为 42 项共 860 万加元。[3] 1973 年分别为 120 项共 2077 万加元（不含粮食援助）。[4] 1975 年，加拿大进一步把国际上少数非政府组织机构也吸纳到了资助行列中，对非政府组织的赞助总额也相应增加。1977 年加拿大对非政府组织的资助款为 4190 万加元。[5] 1979/1980 财年、1980/1981 财年、1981/1982 财

---

[1] David R. Morrison, *Aid and Ebb Tide: A History of CIDA and Canadian Development Assistance* (Waterloo: Wilfrid Laurier University Press, 1998), p. 70; Tim Brodhead Brent Herbert Copley with the research collaboration of Anne Marie Lambert, the North-South Institute, *Bridges of Hope? Canadian Voluntary Agencies and the Third World* (Ottawa: North-South Institute, 1988), p. 21.

[2] Tim Brodhead Brent Herbert Copley with the research collaboration of Anne Marie Lambert, the North-South Institute, *Bridges of Hope? Canadian voluntary Agencies and the Third World* (Ottawa: North-South Institute, 1988), p. 21.

[3] CIDA, *Annual Report 1969* (Ottawa: Information Canada, 1969), p. 33; David R. Morrison, *Aid and Ebb Tide: A History of CIDA and Canadian Development Assistance* (Waterloo: Wilfrid Laurier University Press, 1998), p. 70.

[4] CIDA, *Annual Report 1972-1973* (Ottawa: Information Canada, 1973), p. 51.

[5] Statistics Canada, *Canada Handbook* (Toronto: Minister of Supply and Services Canada, 1979), p. 326.

年，加拿大对非政府组织的拨款分别达到 7812 万加元、8493 万加元和 1.2046 亿加元。非政府组织包括的种类繁多，加拿大国内的非政府援助组织主要有以下几个类型：机构合作类，以大学和大学协会或专业技术组织为主，如加拿大高校联合会（Association of Universities and Colleges of Canada）、不列颠哥伦比亚大学、南北研究所、安大略教育学院（Ontario Institute for Studies in Education）；加拿大教会与慈善组织类，主要提供粮食援助和慈善救助事业，如加拿大浸礼会（Baptist Federation of Canada）、加拿大饥饿基金会（Canadian Hunger Foundation）、加拿大红十字会（Red Cross Society）、加拿大拯救儿童基金会（Canadian Save the Children Fund）、加拿大父母培育计划组织（Foster Parents Plan of Canada）等。在加拿大之外，受援国当地的非政府组织及跨国的非政府组织也得到了加拿大的资助，比如泛非洲发展组织（Pan-African Institute for Development）、国际发展地理协会（Association of Geo-scientific for International Development）等。[1]

在经费上，特鲁多时期加拿大给予非政府组织的援助经费呈现显著增长的趋势。1981/1982 财年加拿大拨给非政府组织的经费为 1.2046 亿加元（含 400 万加元的粮食援助），占了加拿大当年发展援助总额的 8%。[2] 1983 年，加拿大对非政府组织的援助拨款增加到 1.973 亿加元，占 ODA 的比重从 1980 年的 6.9% 增加到 10.8%。[3] 以 1984 年为例，非官方组织援助（约 2.50 亿加元）占了加拿大对外援助总额的 11.9%，参与援助的非官方组织达到了 220 个左右。[4] 到 80 年代中期，加拿大官方此类拨款达到 2 亿~2.5

---

[1] CIDA, *Canadians in the World*, *CIDA's Year in Review 1981-1982* (Ottawa: Minister of Supply and Services Canada, 1983), pp.35-37.

[2] CIDA, *Canadians in the World*, *CIDA's Year in Review 1981-1982* (Ottawa: Minister of Supply and Services Canada, 1983), pp.35-37.

[3] David R. Morrison, *Aid and Ebb Tide: A History of CIDA and Canadian Development Assistance* (Waterloo: Wilfrid Laurier University Press, 1998), p.207. 有的统计数据与此略有出入：Tim Brodhead Brent Herbert Copley with the research collaboration of Anne Marie Lambert, the North-South Institute, *Bridges of Hope? Canadian Voluntary Agencies and the Third World* (Ottawa: North-South Institute, 1988), pp.40-41.

[4] Tim Brodhead Brent Herbert Copley with the research collaboration of Anne Marie Lambert, the North-South Institute, *Bridges of Hope? Canadian Voluntary Agencies and the Third World* (Ottawa: North-South Institute, 1988), pp.23, 20.

亿加元，非政府组织受资助参与了2400个援助项目。① 与其他国家相比，加拿大政府赞助非政府组织参与对外经济援助的规模是很大的，以1983/1984财年为例，在DAC成员中，该年度加拿大对非政府组织的官方发展援助拨款额仅次于瑞士（见表2-4、表2-5）。②

表2-4　加拿大官方发展援助规模及占ODA总额之比重
（North-South Institute 数据）

项目＼财年	1976/1977	1978/1979	1981/1982	1983/1984
援助总额（百万加元）	37.6	64.9	117.3	195.3
占ODA比重（%）	3.9	5.6	7.9	10.8

资料来源：Tim Brodhead and Brent Herbert-Copley, *Bridges of Hope? Canadian Voluntary Agencies and the Third World*（Ottawa：North-South Institute, 1988），p. 23.

表2-5　ODA支付给非政府组织的款项（CIDA 统计）

单位：百万加元

项目＼财年	1976/1977	1978/1979	1982/1983	1984/1985
CIDA拨款	37.6	58.4	108.9	158.9
省政府	N. A.	6.5	13.1	9.7
Relief and Emergency Assistance	1979年以前，该部分由Multilateral Programs Branch负责，之后才有非政府组织参与		7.2	37.4
重点援助国	—	—	13.8	33.7
援助总额	37.6	64.9	143	249.7
占ODA份额（%）	3.9	5.6	8.6	11.9
ODA总额	973.1	1165.9	1669.7	2100.6

资料来源：Tim Brodhead and Brent Herbert-Copley with the research collaboration of Anne Marie Lambert, the North-South Institute, *Bridges of Hope? Canadian Voluntary Agencies and the Third World*（Ottawa：North-South Institute, 1988），p. 23.

---

① 蓝仁哲：《加拿大百科全书》，四川辞书出版社，1998，第129页；Tim Brodhead Brent Herbert Copley with the research collaboration of Anne Marie Lambert, the North-South Institute, *Bridges of Hope? Canadian Voluntary Agencies and the Third World*（Ottawa：North-South Institute, 1988），p. 21.
② 易梦虹：《当代南北经济关系》，南开大学出版社，1994，第149页；Tim Brodhead and Brent Herbert-Copley with the research collaboration of Anne Marie Lambert, the North-South Institute, *Bridges of Hope? Canadian Voluntary Agencies and the Third World*（Ottawa：North-South Institute, 1988），p. 25.

就援助项目来说，特鲁多时期非官方组织援助项目实用性很强，更贴近民众之需。据 1985 年南北研究所调查，72% 的援助项目是"世俗性"的，13% 不分宗教派别，只有 14% 带有一定的教派色彩。[1] 在南北研究所调查的 129 个非政府组织中，援助项目占比重较大的依次为：教育和人力资源（28.6%）、治水及卫生设施（20.6%）、农业和食品生产（18.7%）、机构和管理（14.4%）、经济金融（13.5%）。[2] 自特鲁多上任后这些项目分布范围较为平衡，亚洲所占比重从 1969 年的 40.4% 下降为 1984 年的 25.7%，非洲从 15% 上升为 36.2%，美洲则从 45% 下降到 38%。[3]

加拿大非政府组织在 ODA 中占有明显重要的地位。与纯政府性的援助相比，非政府组织或机构可以发挥政府机构所不能发挥的作用。其一，一般来说，非政府组织或机构提供的援助项目费用低、项目小，通常集中在某一范围内（比如农业、学校、医院、环保等），可以更直接地服务于受援地民众，满足贫困国家人道需要，适应了贫困国家下层国民改善生活和福利的要求，可以更迅速地对突发性的某些人道危机做出反应，由此可以更好地在援助者和受援者之间建立信任关系，取得官方援助机构难以取得的效果。根据 1986 年罗伯特·卡森（Robert Cassen）等人在其报告《援助管用吗？致政府间工作团队的报告》中对非政府援助组织的研究，65% ~ 75% 非政府组织的援助项目被评为"满意或非常满意"[4]。"与官方援助机构相比，非政府组织利用非政府资源的能力能使它们每花费一美元的官方发展援助资金都会取得更大的成效。"[5] 其二，吸收非政府单位加入可以使更多的人注意并支持 ODA 项目。正如加拿大国际发展署 1980 年的一份报

---

[1] Tim Brodhead Brent Herbert Copley with the research collaboration of Anne Marie Lambert, the North-South Institute, *Bridges of Hope? Canadian Voluntary Agencies and the Third World* (Ottawa: North-South Institute, 1988), p. 27.

[2] Swift Jamie, *Conflicts of Interest: Canada and the Third World* (Toronto: Between the Lines, 1991), p. 174.

[3] Swift Jamie, *Conflicts of Interest: Canada and the Third World* (Toronto: Between the Lines, 1991), p. 174.

[4] Robert Cassen and Associates, *Does Aid Work? Report to an Intergovernmental Task Force* (Oxford: Clarendon Press, 1986), p. 109.

[5] Tim Brodhead Brent Herbert Copley with the research collaboration of Anne Marie Lambert, the North-South Institute, *Bridges of Hope? Canadian Voluntary Agencies and the Third World* (Ottawa: North-South Institute, 1988), p. 103.

告说的那样，加拿大发展援助事业是"灵活的、快速的、低成本的和来自民间的"，有利于ODA规模的扩大，在加拿大ODA中占重要地位。[①] 对此，1984年埃塞俄比亚发生饥荒时期，时任加拿大非洲饥荒紧急协调人（Canadian Emergency Coordinator for the African Famine）的戴维·麦克唐纳（David MacDonald）以援助非洲为例对非政府组织参与其中给予了高度赞扬，"来自加拿大全国各地的志愿组织，无论大小，在组织和动员对非洲的紧急资助方面发挥了绝对重要的作用。这些团体，从数千英里外的加拿大建立和维持了一条援助管道，通过该管道，普通加拿大人捐助，然后向非洲人民提供了援助"[②]。

除民间渠道以外，加拿大通过国际多边援助支出的ODA额比前一时期有明显增加。相比于双边援助，多边援助机构多由施援国认捐援助构成，由多边援助机构自主实施，因而往往具有更多的"国际性"，施援国从中谋取私利的可能性相对较小。在特鲁多执政前，1950年至1954年，加拿大1.29亿加元的援助中多边援助资金平均占了15.4%。1955年至1959年，这一比重占了13.04%（3820万/2.93亿加元）。1960年至1964年，这一比重达到16.96%（1.14亿/6.72亿加元）。[③] 1965年达到22.9%。[④] 特鲁多执政后，响应联合国增加多边ODA的呼吁，对多边ODA的重视程度大大超过了其前几届总理。1981/1982财年，加拿大对外援助中给予多边援助的份额占36%（约5.3148亿加元）。1970年到1984年，加拿大多边ODA所占其ODA总额的比重平均为37.6%，[⑤] 远高于DAC成员一般水平。这一时期加拿大所资助的主要多边组织主要有联合

---

① 易梦虹：《当代南北经济关系》，南开大学出版社，1994，第149页。
② Tim Brodhead Brent Herbert Copley with the research collaboration of Anne Marie Lambert, the North-South Institute, *Bridges of Hope? Canadian Voluntary Agencies and the Third World* (Ottawa: North-South Institute, 1988), p. 87.
③ External Aid Office, "Report on Canadian External Aid Programes (Ottawa, May 1961)", in Keith Spicer, *A Samaritan State? External Aid in Canada's Foreign Aid Policy* (Toronto: University of Toronto Press, 1966), p. 253.
④ Olav Stokke, ed., *Western Middle Powers and Global Poverty: The Determinants of the Aid Policies of Canada, Denmark, the Netherlands, Norway and Swede* (Uppsala: Scandinavian Institute of African Studies, 1989), p. 26.
⑤ CIDA, *Canadians in the World, CIDA's Year in Review 1981–1982* (Ottawa: Minister of Supply and Services Canada, 1983), p. 4.

第二章　特鲁多主义与加拿大官方发展援助的建构（1968~1984）

国机构和非联合国机构，前者主要是联合国开发计划署、联合国儿童基金会、联合国最不发达国家会议（UN Conference on LLDCs）、世界银行国际开发协会、国际农业发展基金（International Fund for Agricultural Development，IFAD）等。以世界银行国际开发协会为例，在国际开发协会成立后，加拿大在 1961 年就向该组织认捐了 5% 的捐助份额，仅次于美国（42%）、英国（17%）、法国（9%）、联邦德国（7%）。此后加拿大持续支持国际开发协会，在国际开发协会资金总额增加的前提下，其认捐额一直保持在 6%（1961~1982 年）。1961 年至 1982 年，加拿大向国际开发协会承诺资金累计达 12.30 亿美元（以 1982 年 6 月 30 日累计的美元额计算），其援助额仅次于美国（76.03 亿美元）、日本（27.73 亿美元）、联邦德国（27.06 亿美元）、法国（12.31 亿美元），远高于其后的瑞典（8 亿美元）、意大利（7.47 亿美元）等国家。① 非联合国多边援助机构主要包括一些粮食援助机构，如国际土豆中心（International Potato Center）②、国际热带亚酸作物研究中心（International Crops Research Institute for Semi-arid Tropics）、西非稻米发展协会（West Africa Rice Development Association）等（见表 2-6）。③

表 2-6　加拿大和 DAC 其他成员多边援助占 ODA 总额比重统计

单位：%

年份	1970	1975	1976	1977	1978	1979	1980	1981	1982	1983	1984	1985
加拿大	23	30	40.4	52	39	45.1	38.9	37	30.9	40.6	36	38.9
DAC 成员平均	10	28	31.9	35.9	34	28.9	33.6	28	33.5	32.5	31	25.5

资料来源：哈桑·M. 塞利姆《发展援助政策和援助机构概况》，中国对外经济贸易出版社，1987，第 6 页；DAC 年度报告，Olav Stokke, ed., *Western Middle Powers and Global Poverty: The Determinants of the Aid Policies of Canada, Denmark, the Netherlands, Norway and Swede* (Uppsala: Scandinavian Institute of African Studies, 1989), p.26.

---

① 国际开发协会：《国际开发协会回顾：国际开发协会的第一个二十年》，国际复兴开发银行/世界银行，1982，第 6、20 页。
② 国际土豆中心是一家非营利性的国际农业发展研究机构，主要研究马铃薯、甘薯与安第斯块根块茎作物。其愿景是通过块根、块茎作物改善贫困人口的生活。
③ CIDA, *Canadians in the World*, *CIDA's Year in Review 1981-1982* (Ottawa: Minister of Supply and Services Canada, 1983), p.29.

4. 援助区域从"科伦坡计划"为主转向亚非拉平衡分布

在特鲁多执政之初,加拿大 ODA 仍然集中在"科伦坡计划"受援国。以 1970 年为例,在共计 3.46 亿加元的援助中,1.031 亿加元给了印度,4750 万加元给了巴基斯坦。① 但与此同时,加拿大 ODA 受援区域随着受援国的增多(1968 年受援国家和地区达到 77 个,② 1976 年达到了 84 个,③ 1981 年达到 110 多个④),开始向更多非英联邦地区扩展。首先,这一扩展表现在非洲法语国家,除了满足国内讲法语的人口的要求外,这种扩大主要是由魁北克省 60 年代末起日益独立的倾向所造成的。特鲁多上任后不久,魁北克省分裂势力进一步膨胀。魁北克人党(Parti Quebecois)以绑架、暗杀等手段呼吁独立,并极力争取其他法语国家,尤其是新独立的法语国家对之支持。1968 年 2 月,在法国总统戴高乐的支持下,加拿大魁北克省以独立身份参加了在加蓬举行的法语区教育部长会议,此事引起了加拿大政府的强烈不满,于是,援助非洲法语国家以孤立魁北克省成为加拿大外交的必然选择。到 1981 年,在加拿大双边 ODA 当中,非洲法语国家占到了 20%的份额,仅次于亚洲(38%)和非洲英语国家(27%)。

特鲁多上任后,拉丁美洲地区和加拿大经贸关系迅速发展。据有关统计,1968 年加拿大对拉丁美洲出口总值为 39.5 亿美元,1972 年增至 61.3 亿美元。1971 年至 1972 年加拿大对拉丁美洲贸易额增加 10%。1972 年,加拿大在巴西的投资为 10 亿美元,仅次于美国。1975 年,加拿大 40%的石油来自墨西哥和委内瑞拉。⑤ 相应地,加拿大对拉丁美洲的 ODA 也不断增加。早在 1968 年 10 月到 11 月,包括加拿大国际发展署在内的代表团访问了拉丁美洲及加勒比地区 9 个国家。1976 年,特鲁多访问古巴、委内瑞拉和墨西哥。1972 年春,加拿大承诺通过美洲发展银行以长期贷款

---

① David R. Morrison, *Aid and Ebb Tide*: *A History of CIDA and Canadian Development Assistance* (Waterloo: Wilfrid Laurier University Press, 1998) p. 74.
② J. Stephen Hoadley, "Small States as Aid Donors", *International Organization* 34, 1, Winter 1980, p. 125.
③ Cranford Pratt, *Canadian International Development Assistance Policies*: *An Appraisal* (Motreal & Kingston, London, Buffalo: McGill-Queen's University Press, 1994), p. 7.
④ 根据下面数据统计而来:CIDA, *Canadians in the Third World*: *CIDA's Year in Review 1981-1982* (*Statistical Annex*) (Ottawa: Minister of Supply and Services Canada, 1983).
⑤ 杨令侠:《试论加拿大和拉丁美洲关系的演变》,《拉丁美洲研究》2000 年第 4 期,第 42 页。

购买加拿大商品和服务的形式向拉丁美洲及加勒比地区援助7400万加元，由加拿大国际发展署负责监督。① 同年，加拿大正式加入美洲开发银行（Inter-American Development Bank，IDB）后，转为通过该行下属的特别业务基金部（Fund for Special Operations）向拉丁美洲地区提供援助。② 在双边援助方面，1972年加拿大承诺向拉丁美洲贷款970万加元。1973年，加拿大承诺赠予拉丁美洲及加勒比地区8100万加元，当年对上述地区的援助占了加拿大双边援助总额的4.3%（亚洲占46.6%、非洲法语国家占17.5%，非洲英联邦国家占15.1%，非官方组织占5%），③ 此数虽然不大，但比60年代上半期的3%有所增加。1980~1984年这一比重增加到11.6%（拉丁美洲为6.5%）。在特鲁多首个任期，加拿大对拉丁美洲和加勒比地区的经济援助增加了4倍（见表2-7、表2-8）。④

表2-7　加拿大政府间ODA地区分配统计

单位：百万加元，%

项目 年度	亚洲 比重	亚洲 金额	非洲英语国家 比重	非洲英语国家 金额	非洲法语国家 比重	非洲法语国家 金额	加勒比地区 比重	加勒比地区 金额	拉丁美洲 比重	拉丁美洲 金额	未分类 比重	未分类 金额
1950~1959	99.9	348.7	0.03	0.1	—	—	0.1	349.1	—	0.3		
1960~1964	84.0	244.3	5.8	16.9	0.5	1.6	6.2	290.8	3.4	17.9		
1965~1969	66.9	641.3	10.3	99.0	8.2	79.3	9.0	959.0	5.8	86.6	—	
1970~1974	55.7	953.7	17.7	302.7	17.5	299.1	4.8	1712.9	3.8	82.9	1.6	28.94
1975~1979	44.8	1210.7	21.1	569.51	20.5	553.8	4.9	2702.0	6.8	134.4	1.6	44.39
1980~1984	40.7	1434.7	23.7	836.5	21.6	760.7	5.1	3522.2	6.5	179.0	3.5	117.92
1985~1989	38.1	1938.4	24.3	1236.8	20.4	1036.1	8.5	5087.7	6.6	430.8	—	

资料来源：Cranford Pratt, *Canadian International Development Assistance Policies: An Appraisal* (Montreal & Kingston: McGill-Queen's University Press, 1994) p.134; David R. Morrison, *Aid and Ebb Tide: A History of CIDA and Canadian Development Assistance* (Waterloo: Wilfrid Laurier University Press, 1998) p.455; CIDA, *Statistical Report on ODA*, fiscal year 1994/1995, pp.14-24.

---

① Norman Hiller and Garth Stevenson, *A Foremost Nation: Canadian Foreign Policy and A Changing World* (Toronto: McClelland and Stewart, 1977), p.214.
② 该基金主要是为经济和基建工程提供帮助，如土地垦殖、住房、环境卫生（下水道、卫生设备）及教育。
③ Norman Hiller and Garth Stevenson, *A Foremost Nation: Canadian Foreign Policy and A Changing World* (Toronto: McClelland and Stewart, 1977), p.215.
④ 杨令侠：《试论加拿大和拉丁美洲关系的演变》，《拉丁美洲研究》2000年第4期，第42页。

表 2-8　加拿大政府间双边援助前 20 个受援国地区数量分布统计

单位：个

年份	亚洲	非洲	拉丁美洲	加勒比地区	英联邦	法语国家	其他语国家
1965	7	9	1	3	18	0	2
1970	8	9	2	1	9	5	6
1975	5	15	0	1	12	7	1
1980	7	12	0	1	9	7	4
1985	6	12	1	1	10	5	5

资料来源：根据 David R. Morrison, *Aid and Ebb Tide: A History of CIDA and Canadian Development Assistance* (Waterloo: Wilfrid Laurier University Press, 1998) p.457 数据计算。

5. 援助对象从排斥社会主义国家转向打破冷战地缘政治

特鲁多出于政治上的考量，希望减少加拿大对美国的依赖，与其他国家建立更密切的关系，并打破冷战时期的束缚。特鲁多主张，对社会主义国家不能采取冷战式的隔离与遏制，积极与之相接触才会促进国际间的理解与和平。在 1971 年的苏联之行中，他认为美国比偏远的苏联对加拿大的威胁更大。他说，美国人"从文化、经济甚至军事角度来看，都是对我们民族认同的威胁"[1]。作为加拿大官方发展援助冷战色彩淡化的重要特征，特鲁多时期加拿大逐渐把社会主义国家及相关国家列入了其发展援助的范围，这方面主要表现在援助古巴、越南、中国和莫桑比克、埃塞俄比亚、尼加拉瓜等一些国家上。其中，加拿大对古巴发展援助开始于 1975 年。[2] 对社会主义越南的援助开始于美国撤出越南之后。加拿大和中国于 1970 年建交，在 1979 年和中国签订了《中华人民共和国政府和加拿大政府关于经济合作议定书》后，开始对中国进行援助。

《中华人民共和国政府和加拿大政府关于经济合作议定书》是西方国家首次与中方进行这方面的合作，加拿大国际发展研究中心（Canadian International Development Research Centre），中国对接机构为外经贸部。在讨论对华发展援助时，加拿大政府内部存在不同的意见。驻华大使米歇

---

[1] "Canada-Soviet Union Relation", https://wiki2.org/en/Canada%E2%80%93Soviet_Union_relations，最后访问日期：2019 年 7 月 1 日。

[2] 加拿大和古巴的关系可参见杨令侠《加拿大和美国对古巴政策的分歧》，《史学月刊》2000 年第 5 期，第 99~109 页。

尔·高文（Michel Gauvin）认为加拿大政府操之过急，中国并不是适当的援助对象。但加拿大政府的主流意见是同意。外交部部长马克·麦圭根（Mark MacGuigan）回忆说："内阁的反对声音不大，我的部里也没有多少人反对。"加拿大对华援助的重点是技术转让、人力资源开发及管理，侧重在农业林业与能源，计划援助的金额是每年2000万加元。[①] 1981年，加拿大国际发展研究中心派一个以主席为团长的大型代表团与中国国家科委和各有关研究组织商讨加拿大国际发展研究中心与中国合作的可能性，承诺1982至1986年向中国援助8000万加元（1加元约合2.3元人民币），规定加拿大在农林、能源和人才培训方面帮助中国。[②] 1981~1982年加拿大先后向中国提供了价值400万加元的粮食援助。[③]

加拿大为了规范和规划未来对中国的援助，邀请中方访加。1983年10月，中国国务委员兼外交部部长吴学谦访问加拿大，10月5日同加拿大副总理兼外交部部长阿伦·麦凯琴（Allan McEachen）签署了《中华人民共和国政府和加拿大政府关于发展合作的总协定》。该协议是加拿大援华的新起点，第一期合作计划为5年（1982~1986），加拿大计划投入8000万加元（实际投入了1亿加元[④]），第二期（1987~1992）计划投入2亿加元。[⑤] 到1985年，中加双方签订了21个发展项目，其中政府间农业援助项目9个，林业援助项目2个，能源项目4个，人才培养培训项目6个。此外，还有40多个小型的机构间合作项目。到1985年底，加拿大对华实际援助金额累计4000万加元（另有统计表明，1985年末，加拿大对华援助金额达9300万加元，包含农业、水电咨询、卫星地面站等20余个项目[⑥]）。所有援助多是提供技术而非直接提供资金，援华项目的拨款80%用在了通过派遣专家到中国，中国派人到加拿大考察进修等形式进行，其余

---

① 潘兴明：《20世纪中加关系》，学林出版社，2007，第269~270页。
② 刘文炸：《加拿大援华项目特点》，《国际经济合作》1987年第5期，第34页。
③ CIDA, *Canadians in the World*, *CIDA's Year in Review 1981-1982* (Ottawa: Minister of Supply and Services Canada, 1983), p.43.
④ 张崇鼎：《中国—加拿大贸易必读》，四川大学出版社，1990，第277页。
⑤ 宋家衍、董林夫：《中国和加拿大关系》，齐鲁书社，1993，第295页。
⑥ 张郇、吴爱明、梁清海等：《中国政府管理百科全书》，经济日报出版社，1992，第649页。

部分用于提供少量设备。① 比如,在农业方面,根据双方协议,在1983年至1988年期间,加方每年向中国无偿提供200吨钾肥,每年派4名钾肥专家来华讲学,强调钾肥的重要性,每年接受1~2名中国进修生或攻读学位人员,接受中国钾肥专家赴加考察钾肥的科研、生产等情况。以上各项费用,每年为22.5万加元。② 在林业方面,应中国政府邀请,1980年,以多伦多大学林业学院院长维达尔·诺丁(Vidar Nordin)为团长的加拿大代表团访华,探讨在教育、火灾管控、林业发展方面如何援助中国。同年,新布伦瑞克大学、不列颠哥伦比亚大学、多伦多大学、阿尔伯塔大学4位林业大学教授访问北京林业大学。③ 1982年4月19日,加拿大国际发展署教育和农业小组访华,就草地研究与人才培养与教育部会商。随后,加拿大政府派出萨省大学卡普兰(R. T. Coupland)等4位教授与中国的东北大学、中国农业科学院合作,考察东北草场管理,举办了新疆、四川、北京等11个省份70多个草原科技工作者参加的讲座,就草原生产力、生态系统营养平衡、草原管理、人工草地管理、牧草种子储存与播种等进行交流和培训。④ 然后,从1982年开始,加拿大国际发展署研究中心开始在毛竹速生林、泡桐栽培、藤类作物栽培等方面对中国给予技术援助。在工业、商业人才培养方面,上海市与加拿大合作的"中国加拿大人才开发培训项目",从1983年开始实施,选派了计算机、微生物、国际贸易、国际商法、胸外科、肺内科等有关专业人员赴加拿大接受培训。上海交通大学与拉瓦尔大学合作培养人才。⑤

6. 援助项目重点从"现代化"转向人的"基本需求"

20世纪60年代末,发展中国家经济并没有出现主流经济学家所希冀的结果,经济发展并没有带来普遍生存条件的改善。相反,经济发展更为

---

① 刘文炸:《加拿大援华项目特点》,《国际经济合作》1987年第5期,第34页。
② 刘文炸:《加拿大援华项目特点》,《国际经济合作》1987年第5期,第33页。
③ "A Brief History of Canada-China Partnerships in Forestry", *Forestry Chronicle*, March/April, 2013, Vol. 89, No. 2, p. 129.
④ 李建东:《加拿大国际开发署委派科普兰等四位教授来华对援助东北师范大学草原研究与人才培养进行可行性考察》,《国外畜牧学·草原与牧草》1983年第6期,第66页。
⑤ 《科技信息》杂志社(编):《上海市积极利用国际援助》,《科技信息》1987年第4期,第21页。

第二章　特鲁多主义与加拿大官方发展援助的建构（1968~1984）

步履维艰，收入分配更加不平等，贫穷国家的贫富差距甚至从 15∶1 扩大到 30∶1。① 为此，从这时起，一些经济学家对传统的援助项目内容提出了异议，开始重视农业自我发展能力、就业、平等、教育培训和减贫等社会发展项目，不再唯工业论。② 他们认为，发展并不等于资本化的加强，而在于贫困阶层生活的改善，因此，必须重视发展的社会效果和非经济尺度的评价。英国的苏塞克斯大学发展研究所所长达德克·西尔斯（Dudley Seers）指出 GNP 的增长并不等于贫困的减少，因此，要注意解决发展中国家的平等和减少失业的问题，要尽量满足大多数人的基本生活需要。③ 1969 年，以加拿大前总理任主席的一个世界银行评估小组也提出要重新安排对农业、教育和人口增长方面的援助规划。④ 同时，作为超级大国的美国在这个历史时刻也适应时代需要调整了援助方向，1970 年《皮特森提案》（Peterson's Recommendations）和 1974 年《对外援助法》（Foreign Assistance Act，FAA）把援助集中在了饥饿、人口过剩、扫盲运动、失业问题以及人类的健康等问题上。

国际上援助理论的变化影响了加拿大 ODA 项目的倾向性。特鲁多上台后，尽管一些大型的基础设施项目和商品援助仍然在加拿大 ODA 中占主导地位，但已经开始更多地关注农村发展和社会不平等等问题，更多地强调受援国民众的基本需求和人力资源开发。在基本需求方面，1975 年，加拿大公布《国际开发合作发展战略 1975~1980》，强调了社会公正、安全权、参与权、平等权、发展权、卫生，还有获得食品健康、居住及教育等人类基本需求。为保证这些权利，加拿大 ODA 项目中公共设施、教育、健康、农村发展所占的比重有了明显增加。其中，从 1973 年到 1983 年，以上项目占了政府间 ODA 总额的一半左右（见表 2-9、表 2-10）。而且，为了督

---

① 仲鑫：《对二战后发展理论及官方发展援助关系的思考》，《南京财经大学学报》2008 年第 2 期，第 57 页。
② 类似观点可参考孙同全《战后发展援助的发展阶段及其特点》，《北京工商大学学报》（社会科学版）2008 年第 4 期，第 123 页。
③ 陈立成等主编《发展中国家的经济发展战略与国际经济新秩序》，经济科学出版社，1987，第 119 页。
④ Lester B. Pearson, *Partners in Development*: *Report of Commission on Economic Development* (New York: Praeger, 1969), p. 105.

促受援国对以上问题给予足够重视,加拿大将受援国人权状况和ODA项目挂钩,对于危害或侵犯基本人权的国家和地区以削减或中止ODA的手段进行惩罚。

在农业发展和人力资源开发方面,这一时期加拿大ODA拨款有较大增加。在70年代初期,加拿大通过美洲开发银行援助拉丁美洲地区土地垦殖、住房、环境卫生(如下水道、卫生设备)及教育的发展。其中,IDRC专门拨出资金在哥伦比亚援助建设4万英亩的农场,并在墨西哥和哥伦比亚建立农业发展研究中心,以改进以上地区的农业自我发展能力。[①] 以技术人员援助为例,1950年到1960年6月,加拿大派出的技术援助人员合计不到400人。[②] 特鲁多上任后,技术援助人员规模迅速增加。仅1968年,加拿大就派遣了1288人赴第三世界国家进行技术援助,之后一般每年维持在1600多人左右,到了1986年则增加到4309人(根据CIDA相关年度报告数字计算)。其中,1978年在加拿大培养的受援国学生和受训者达1138人,在受援国工作的加拿大专家和技术顾问有986人,受援国在本国或第三国学习和受训者为767人。[③] 1981年,991名亚非拉的学生和实习生(trainee)来加拿大学习和接受培训,其中非洲826人,拉丁美洲142人,亚洲23人。学习的领域包括经济与行政、可再生资源(Renewable Resources)、健康与社会服务、矿产、工程、教育、公共设施、美术、自然科学、法律等。[④]

第三世界国家接受加拿大ODA培训或资助的人数更多。截至1980年,仅"科伦坡计划"为南亚和东南亚培训的学生累计达35万人。1981~1982年,受援国受加拿大国际发展署资助,在本国或其他发展中国家学习的学生达到714人。[⑤] 1981年,加拿大ODA公布了1980~1981年度报告,加拿

---

① Norman Hillmer and Garth Stevenson, *A Foremost Nation: Canadian Foreign Policy and a Changing World* (Tonroto: McClelland and Stewart, 1977), pp. 214-215.

② "Colombo Plan Consultative Committee", *Colombo Plan Year: The Fast East Economic Review*, 1961, Vol. 31, No. 4, p. 151.

③ 黎国焜:《加拿大与发展中国家和地区的经济贸易关系》,《世界经济研究》1985年第5期,第26页。

④ CIDA, *Canadians in the World, CIDA's Year in Review 1981-1982* (Ottawa: Minister of Supply and Services Canada, 1983), p. 47.

⑤ CIDA, *Canadians in the World, CIDA's Year in Review 1981-1982* (Ottawa: Minister of Supply and Services Canada, 1983), p. 47.

大国际发展署署长马塞尔·马赛（Marcel Massé）在报告中宣布："加拿大国际发展署目前正把更多的资金用于人力资源方面，援助重点正在从经济基础设施建设转向教育、健康和人民与人民之间关系（People-to-People Relations）的建设。"再次强调了加拿大 ODA 的这一倾向性。[①]

表 2-9　加拿大 ODA 项目援助领域分布占比

单位：%

	计划和公共管理	公共设施	农业农村	工矿业	教育	健康	社会基础设施及福利	其他
1973~1979 年政府间援助	3.1	48.6	14	4.1	10.5	2.2	2.5	15
1983 年加拿大发展援助结构（不含多边援助）	1.5	18	22.5	11.3	12.8	2.5	3.7	27.7

资料来源：Olav Stokke, *the Western Middle Power and Global Poverty: Determinants of the Aid Policies of Canada, Denmark, the Netherlands, Norway and Sweden* (Motala: Motala Grafiska, 1989), p.80.

表 2-10　加拿大政府间 ODA 项目类别分布占比

单位：%

年份 项目	1980	1981	1982	1983
农业	21	37	13	23
公共设施	16	35	26	19
工业	5	5	11	12
教育	1	7	10	9
健康和社会基础设施	6	1	6	5
其他	51	15	34	31

资料来源：David R. Morrison, *Aid and Ebb Tide-A History of CIDA and Canadian Development Assistance* (Waterloo: Wilfrid Laurier University Press, 1998), p.207.

---

① Gerald Schmitz, etc., "Political and Social Affairs Division", Revised 2 May 2003, http://dsp-psd.tpsgc.gc.ca/Collection-R/LoPBdP/CIR/7916-e.htm#abrieftxt，最后访问日期：2009 年 5 月 1 日。

必须要强调的是，这一时期加拿大提出了对妇女弱势群体权益的保护。在第三世界，妇女是亟须援助的弱势群体之一。二战以来，虽然发展中国家经济不乏快速发展者，但整体而言妇女仍然是经济发展成果分享中的边缘者。"一个住在第三世界乡村的贫困妇女，在工作日要惊人地工作16~18个小时。通常，她的家务很可能包括：徒步数英里取水和拾柴，然后用头顶着运回家；用手工把谷物磨碎成面粉；用木柴做饭；在最近的河里洗衣服。她一整天繁重的工作不仅于此，她一天要做两天的活儿——家中大多数庄稼的种植只能求助于一把锄头，没有别的办法能帮上忙——还要额外种植经济作物或者找其他能挣钱的活儿。"[1] 20世纪60~70年代全球掀起了妇女运动的高潮，加拿大女性随着经济的发展、大学的扩招、避孕技术的进步以及各政党对妇女选票的重视，女权也进入了一个新的时代。而与之相伴随，国际社会对女性发展权也开始给予更多的关注。比如，1970年，丹麦经济学家先驱性的著作《经济发展中的女性角色》（*Women's Role in Economic Development*）提出对第三世界的经济援助并未重视女性。美国于1973年也开始将对女性权利的关注写入其《对外援助法》（*Foreign Assistance Act*）。

在美国之后，加拿大国际发展署于1975年建立了一个女性参与发展责任中心（Integration of Women in Development Responsibility Centre），开始对女性发展问题给予研究。1975年在墨西哥市召开的第一届世界妇女大会（First World Conference on Women in Mexico City），随后联合国也在1976年出台了《联合国妇女发展十年规划》（*The United Nations Decade for Women, 1976-1985*）。加拿大随即于1976年特鲁多执政期间制定了《女性发展初步政策纲要》（*Initial Policy Guidelines on Women in Development*）予以响应。随后，1979年，联合国为消除对妇女的歧视、争取性别平等制定了《消除对妇女一切形式歧视公约》（*The Convention on the Elimination of All Forms of Discrimination against Women*，CEDAW），提出保障妇女在政治、法律、工作、教育、医疗服务、商业活动和家庭关系等各方面的权利。"加拿大继

---

[1] Betty Plewes and Rieky Stuart, "Women and Development Revisited: The Case for a Gender and Development Approach", in Jamie Swift and Brian Tomlinson (eds.), *Conflicts of Interest: Canada and the Third World* (Toronto: Between Lines, 1991), p. 107.

续对此给予了积极的支持。1983年在加拿大国际发展署设立了妇女发展董事会（Women in Development Directorate），并于次年颁布了支持发展中国家妇女参与发展的《妇女发展政策》（Policy on Women in Development）文件。""加拿大外交官在世界各地宣布两性平等为一项政策目标，随着时间的推移，两性平等成为加拿大促进国际主义、平等和社会正义的同义词。"①

总而言之，对外援助项目关注人类基本需求和基本人权成为特鲁多政府开辟的对外援助政策的新领域，代表了特鲁多对外援助政策的新方向，成为加拿大对外援助的重要组成部分，体现了加拿大官方发展援助以人为本的理念，加拿大的"医生、教育家、建筑师、经济学家、公共管理专家、私企经理人及其他各类加拿大人才活跃在七十多个国家，在当地的经济和社会发展中扮演着领先的（leading）或者谦逊（humble）的角色"［1975年12月时任加拿大国际发展署署长保罗·日兰-拉茹瓦（Paul Gérin-Lajoie）语］，对当地的经济和社会发展起到了良好的促进作用。② 对国内来说，关注人类基本需求和基本人权，在舆论上可以缓解国内孤立主义势力的反对态度所带来的压力，减少国民或众议员对援助政策的批评，有助于保证援助战略的顺利推行，也使受援国民众受益。

第三节　加拿大官方发展援助的三重目标

关于援助外交的目标，加拿大学界的看法大致可以划分为以下几类。第一类是现实主义学派，即把援助看作维护和扩大国家利益的工具，反对以道德的标准评价一切援助。第二类是批判主义学派，主要包括新马克思主义学派和依附论者等左派团体，他们认为包括加拿大在内的对外援助在

---

① Rebecca Tiessen and Krystel Carrier, "The Erasure of Gender in Canadian Foreign Policy under the Harper Conservatives: the Significance of the Discursive Shift from Gender Equality to Equality between Women and Men", *Canadian Foreign Policy Journal*, Vol. 21, No. 2, 2015, p. 97.
② Gérin-Lajoie, "Canada and the Third World", http://speeches.empireclub.org/details.asp?r=vs&ID=61986&number=1, 最后访问日期：2008年6月1日。

整体上是为了在全球加强和扩展资本主义生产关系，确立统治阶级在南北方的财富、权力和特权，[①] 认为保证原材料供应、新的市场和投资机会向来是促使西方谋求政治上支配第三世界的动力，国家利益而非慈善向来是渥太华发展援助项目的基础。第三类是理想主义学派，他们认为加拿大的ODA包含着国际道义、国家安全和经贸等多重利益，但主要目标是利他主义的，目的在于满足第三世界国家的需要。[②] 还有一类属于统制学派（Statists），这一派认为应从援助国官员而不是从加拿大或第三世界得益者的角度来看加拿大发展援助的。统制学派把国家决策者的好恶视为加拿大ODA的利益目标，把官僚政治看作加拿大ODA的决定因素。笔者认为，以上几个派别都有其合理性，但整体来看，更赞同援助目标"综合论"，特鲁多时期加拿大官方发展援助所追求的目标是多元的，其中既包括国家利益也包括国际利益。具体来说，这些目标可以分为政治、经贸和道义三个方面。

1. 基本人权超越冷战樊篱成为加拿大发展援助的政治目标

正如前文所述，特鲁多之前加拿大ODA最大的政治目标就是"反共"。特鲁多上台后，除了借ODA达到提高本国国际地位、争取国际和平、拓展本国多元外交、改善国际秩序等基本政治目标外，冷战目标在实际上仍然至关重要，但受国际援助理论变化、"社会公正"思想和卡特主义的影响，加拿大在政治上越来越多地关注提高受援国的人权状况，人权状况和冷战需要一起成为加拿大ODA的主要政治参考因素，改善受援国人权成为加拿大ODA在这一时期政治目标的主要内容。1972年10月到1973年初，加拿大国际发展署的官员对加拿大援助项目的发展进行了探讨，加拿大国际发展署署长保罗·日兰-拉茹瓦（Paul Gérin-Lajoie）

[①] Robert Carty and Virginia Smith, "Perpetuating Poverty-The Political Economy of Canadian Foreign Aid", *The Canadian Journal of Development Studies*, Ⅳ, 1 (1983); Robert Clarke and Jamie Swift, *Ties that Bind: Canada and the Third World* (Toronto: University of Toronto Press, 1982); Swift and Brian Tomlinson, *Conflicts and Interest: Canada and the Third World* (Toronto: Between the Lines, 1991).

[②] Real Lavergne, "Determinants of Canadian Aid Policy", in Olav Stokke, *The Western Middle Power and Global Poverty: Determinants of the Aid Policies of Canada, Denmark, the Netherlands, Norway and Sweden* (Motala: Motala Grafiska, 1989), S. G. Trianis. Canada's Interest in Foreign Aid, *World Politics* 24, 1971.

宣布，在重视基本的经济因素的同时，加拿大的发展援助应该"摒弃那种把社会价值观放在经济之后考量的观念"①。这种对社会价值观的考量主要是从人权方面而言的，加拿大开始对亲西方的第三世界国家人权表示关切。人权被加拿大看成发展过程"有机的组成部分"，成为"加拿大选择和决定援助措施的核心标准"，采取了倾向于人权标准的做法。②在非洲，1970年，赤道几内亚总统恩圭马取消所有非执政党，实行独裁，加拿大停止了对该国的发展援助；1973年，鉴于乌干达阿明政权肆无忌惮地侵犯人权，加拿大中止了对该国的发展援助；70年代中期，南非种族隔离制度践踏人权，加拿大对之进行了停止援助的制裁。在亚洲，鉴于印度核试验恶化了印巴局势，造成印巴新的冲突，加拿大1974年大规模削减了对印度的发展援助。1975年柬埔寨波尔布特以政变上台，实施残酷镇压，严重侵犯了人权，加拿大随即停止了对其援助。1978年越南入侵柬埔寨，加拿大随即切断了对越南的援助。1979年，苏联出兵阿富汗，加拿大于1980年1月停止了对阿富汗的援助。在美洲，加拿大以古巴卷入安哥拉内战为理由，于1978年中止了从1975年开始对古巴的发展援助。1977年到1980年，加拿大以萨尔瓦多人权改善为依据增加了对萨尔瓦多的援助额。1981年，因人权受到侵害，加拿大削减了对萨尔瓦多和危地马拉的援助规模。1983年，加拿大对洪都拉斯的人权表示关注，并因人权恶化中止了对萨尔瓦多的发展援助，直到1984年12月才有所恢复。③

是否把人权列入发展援助考量的范围，加拿大国内争议较大，理想主

---

① Peter C. Dobell, *Canada in World Affairs*, Volume XVII, *1971-1973* (Toronto: Canadian Institute of International Affairs, 1985), p. 338.
② Robert O. Mattews and Cranford Pratt. *Human Rights in Canadian Foreign Policy* (Kingston And Montreal: McGill-Queen's Unversity Press, 1988), p. 190.
③ Jonthan Lemco, "Foreign Policy Interests in Central America: Some Current Issues", *Journal International Studies and World Affairs*, Vol. 26, No. 2 (Summer. 1986), pp. 122-123; Ivring Brecher, *Human Rights, Development and Foreign Policy: Canadian Perspectives* (Halifax: PDS Research Publishing Services Limited, 1989), p. 333; T. A. Keenleyside, "Development Assistance", in Robert O. Matthews and Cranford Pratt, *Human Rights in Canada Foreign Policy* (Kingston and Montreal. l: McGill-Queen's University Press, 1988), pp. 198-201.

义者反对以人权状况决定援助与否和援助多少，特鲁多总理上任前后也一度表示加拿大的援助不以人权划线。但更多的人认为人权是影响发展援助效果的重要因素，反对剔除对人权的考量。1978 年加拿大外交部部长唐纳德·吉米森（Donald Jamieson）谈到对外援助时强调说："加拿大要帮助最贫困国家中最穷苦的人，然而，人权也是决定援助水平和援助项目去向的因素……当一个国家的人权恶化到援助项目的执行非常困难时，援助项目就会中止或不再更新。"[1] 1982 年，加拿大议会内加拿大和拉丁美洲及加勒比地区委员会提出了一个报告，建议"在人权被明显地和系统地被侵犯而使其帮助穷困的目标不能被实现的情况下，加拿大的发展援助应该切实减少、中止或不予实施"[2]。同年 12 月，众议院外交和国防常务委员会建议政府中止或削减对侵犯人权地区的发展援助数额。[3] 此外，在特鲁多时期，加拿大 ODA 对满足人的基本需要和社会发展的重视也反映了对受援国人权的关注。赞同将人权与发展援助绑定的学者认为："人权应当作为挑选援助伙伴和决定援助效果的核心标准，因为它们是发展援助过程不可分割的一部分。……对民权和政治权的虐待不仅仅是对人格完整（integrity of the person）的侵犯，也额外阻碍了发展的完整性，因为社会中个体和群体的政治参与被限制了。"[4] 侵犯人权可能会导致动荡和革命并波及地区局势，从而影响加拿大的战略利益，而且有违加拿大的价值观。[5]

当然，加拿大社会也存在着反对将人权标准纳入加拿大官方发展援助之中的声音。反对将两者彼此绑定的学者和社会舆论认为，以人权为标准

---

[1] Cranford Pratt, *Canadian International Development Assistance Policies: An Appraisal* (Kingston and Montreal: McGill-Queen's University Press, 1994), p. 244.

[2] Robert O. Matthews and Cranford Pratt, *Human Rights in Canada Foreign Policy* (Kingston and Montreal: McGill-Queen's University Press, 1988), p. 188.

[3] Gerald Schmitz, et al., "Political and Social Affairs Division", Revised 2 May 2003, http://dsp-psd.tpsgc.gc.ca/Collection-R/LoPBdP/CIR/7916-e.htm#abrieftxt, 最后访问日期：2009 年 5 月 1 日。

[4] Robert Carty and Virginia Smith, "Perpetuating Poverty-The Political Economy of Canadian Foreign Aid", *The Canadian Journal of Development Studies*, IV, 1 (1983), p. 176.

[5] T. A. Keenleyside, "Development Assistance", in Robert O. Matthews and Cranford Pratt, *Human Rights in Canada Foreign Policy* (Kingston and Montreal. l: McGill-Queen's University Press, 1988), pp. 191–193.

决定援助与否或者援助的多少有违尊重主权、互不干涉内政的国际准则；有可能导致发展中国家反过来批评和攻击加拿大境内对人权的侵犯，比如对原住民权利、新移民权利的不当对待；通过援助对受援国人权施加影响是有限的；除了人权利益，加拿大同受援国还有安全上的利益和经贸上的利益关系，单纯强调人权可能会影响加拿大其他外交利益的实现。① 由此，特鲁多时期加拿大这种对人权的重视并不是完全意义上的，印度尼西亚就是一个例子。1967年苏哈托发动政变取代反美的苏加诺上台，在印度尼西亚实行残酷的专制统治、十分腐败，并入侵东帝汶，但鉴于印度尼西亚巨大的经贸潜力和在东南亚反共的重要堡垒地位，加拿大反而长期对印度尼西亚给予了积极援助。1980年，加拿大给印度尼西亚的双边援助为8.442亿美元，列主要受援国的第三位，仅次于埃及（11.87亿美元）、孟加拉国（8.5亿美元）。② 另有统计，1970年到1985年加拿大给予印度尼西亚的发展援助规模居加拿大非英联邦受援国的第4位。之所以如此，不仅是因为印度尼西亚潜在的市场价值，更因为随着南越政权的覆灭，亲美的印度尼西亚成为西方反共的新碉堡。加拿大不可能完全抛弃ODA和共产主义的联系，不可能完全抛弃其带来的商贸利益。③ 但从长远来看，特鲁多时期对人权的关注是前所未有的，而且为80年代后期加拿大ODA奠定了基调。

2. 贸易利益超越冷战地缘政治成为加拿大发展援助的经济目标

就ODA的特性而言，实现其经济目标是最基本的，即促进落后国家和地区的经济与社会发展，改善当地人民的生活水平，以稳定世界经济。在实现这一目标的同时，施援国尽可能地出于促进本国在受援国经贸利益的考虑，加拿大在这方面也不例外。加拿大不少人相信ODA与促进对外经贸有着重要的联系，认为"世界越富裕，购买力就越强，会为加拿大出口提

---

① Robert Carty and Virginia Smith, "Perpetuating Poverty-The Political Economy of Canadian Foreign Aid", *The Canadian Journal of Development Studies*, Ⅳ, 1 (1983), p.176.
② CIDA, *Canadians in the World*, *CIDA's Year in Review 1981-1982* (Ottawa: Minister of Supply and Services Canada, 1983), p.51.
③ T. A. Keenleyside, "Development Assistance", in Robert O. Matthews and Cranford Pratt (eds), *Human Rights in Canada Foreign Policy* (Kingston and Montreal.1: McGill-Queen's University Press, 1988), pp.197-198.

供一个更大的市场"。① "我们的援助项目对国内经济的发展提供了一个推动力,对于改善就业也有裨益。"（1963 年 11 月 14 日加拿大外交部部长保罗·约瑟夫·马丁语）。② 基于此,加拿大官方把拓展对外经贸关系当作 ODA 的重要目标。早在 1961 年加拿大财政部长亨·J. M. 麦克多乃尔（Hon J. M. Macdonnell）就指出,"我们的援助项目应该推动国内经济和促进就业","加拿大援助运到国外的不应该是一桶桶的加元,而应该是加拿大的商品和劳务"③。

特鲁多执政后,加拿大 ODA 在原有基础上对经贸利益的追求有了进一步的发展。首先,这表现为直接争取在受援国的市场。1968 年 5 月 13 日,特鲁多在阿尔伯塔大学演讲时就以满足发展中国家经济需要的名义,要求加拿大 ODA "优先考虑贸易协定"。1969 年,加拿大国际发展署计划司（Planning Division）组织了一次会议专门讨论加拿大 ODA 的目标,为加拿大开拓市场被列为第二位目标。④ 1968 年加拿大贸易与商业部出台了一个长篇的报告,把"使加拿大双边援助分配对加拿大经济发展的贡献尽可能最大化"视为加拿大 ODA 的"基本角色"（Basic Role）,这份文件要求增加对快速发展的发展中国家的援助,并反对取消受援国接受资金的部分和全部必须用来购买加拿大商品和劳务的规定,从而"在近期而不是在遥远的未来"为加拿大产品打开市场。⑤ 特鲁多入主总理办公室后,在一次公开演讲中强调,"作为加拿大人,我们必须认识到在国际合作,尤其是在经济援助领域,想要保持效率,必须采取新的形式。我们必须响应发展中国家的经济需求,从现在的货物和食品援助、制成品和贷款的形式,

---

① David R. Morrison, *Aid and Ebb Tide: A History of CIDA and Canadian Development Assistance*. (Waterloo: Wilfrid Laurier University Press. 1998), p. 15.

② Keith Spicer, *A Samaritan State? External Aid in Canada's Foreign Policy* (Toronto: University of Toronto Press, 1966) p. 43; "Secretary of State for External _ Affairs", http://www.absoluteastronomy.com/topics/Secretary_of_State_for_External_Affairs_ (Canada).

③ Keith Spicer, *A Samaritan State? External Aid in Canada's Foreign Policy* (Toronto: University of Toronto Press, 1966) p. 43; "Secretary of State for External _ Affairs", http://www.absoluteastronomy.com/topics/Secretary_of_State_for_External_Affairs_ (Canada).

④ David R. Morrison, *Aid and Ebb tide: A History of CIDA and Canadian Development Assistance* (Waterloo, Canada: Wilfrid Laurier University Press, 1998), p. 88.

⑤ David R. Morrison, *Aid and Ebb tide: A History of CIDA and Canadian Development Assistance* (Waterloo, Canada: Wilfrid Laurier University Press, 1998), p. 106.

第二章 特鲁多主义与加拿大官方发展援助的建构（1968~1984）　97

更多地转向贸易协定。"① 此外，加拿大贸易与商业部长让-卢克·裴品（Jean-Luc Pépin）在温莎大学（University of Windsor）宣布："援助重要，贸易和投资更为重要。"② 1970年11月，让-卢克·裴品再度强调要通过援助增加发展中国家向加拿大的出口，"加拿大认为，在援助中促进出口是一个好办法，可以确保发展中国家不会因为丧失更好地进入世界市场的出口机会而遭受新的挫折"。同时，为促进加拿大对受援国的投资，"加拿大最近推出了一项投资前激励计划，以协助加拿大公司对发展中国家的投资状况进行初步研究和可行性研究"③。1973年，加拿大官方统计显示，国民生产总值（GNP）中对外出口分别占了25.2%和25.8%，高于英国、联邦德国、法国、日本和美国。④ 鉴于国家经济对对外经贸关系依赖的增加，加拿大贸易与商业部于同年提出了一个草案要求增加本部在ODA中的决策权，抨击加拿大向那些收入低、商业和政治利益不大的国家输出ODA。⑤

20世纪70年代中期后，加拿大对ODA的经贸利益更为明确。1975年5月，特鲁多对内阁成员们说，加拿大对外贸易的潜力存在于发展中国家，而非存在于传统贸易伙伴中间。⑥ 同一年，加拿大众议院委员会通过报告催促政府竭力实现ODA/GNP的比值达到0.7%的目标，但同时要求政府把重点放在改变贸易政策的需要方面，并指出加拿大的投资是发展中国家的真正利益所在。⑦ 1977年，米歇尔·迪比伊（Michel Dupuy）出任加拿大国

---

① David R. Morrison, *Aid and Ebb tide: A History of CIDA and Canadian Development Assistance* (Waterloo, Canada: Wilfrid Laurier University Press, 1998), p. 62.
② Dale C. Thomson, *Canadian Foreign Policy: Options and Perspectives* (Toronto: McGraw-Hill Ryersan Limited, 1971), p. 98.
③ Arthur E. Blanchette, *Canadian Foreign Policy 1966-1976, Selected Speeches and Documents* (Ottawa: Gage Publishing Limited, 1980), pp. 248, 250.
④ Steven J. Randall, "Canadian Policy and the Development of Latin-America", in Norman Hillmer and Garth Stevenson (eds), *A Foremost Nation: Canadian Foreign Policy and A Changing World* (Toronto: McClelland and Steward, 1977), p. 218.
⑤ David R. Morrison, *Aid and Ebb tide: A History of CIDA and Canadian Development Assistance* (Waterloo, Canada: Wilfrid Laurier University Press, 1998), p. 106.
⑥ J. L. Granatstein, *Canada Foreign Policy: Historical Readings* (Toronto: Copp Clark Pitman Ltd, 1993), p. 294.
⑦ Peter C. Dobell, *Canada's Search for New Roles—Foreign Policy in the Trudeau Era* (Oxford: Oxford University Press, 1972), p. 141.

际发展署署长以后，在发展署下（1978 年）成立了工业合作项目处（Industrial Cooperation Program）。同时，加拿大国际发展署还协同工业、贸易等部门组成了促进出口评审委员会（Export Promotion Review Committee）。前者主要是资助加拿大的公司围绕在发展国家项目投资进行研究，后者则致力于推动将援助"集中在对加拿大技术能力和潜在出口有利的国家"。外交部部长弗洛拉·麦克唐纳（Flora MacDonald）也提出为经贸利益计，要把援助集中在相对富裕的发展中国家。[1] 之后，克拉克内阁及其后历届内阁在对外援助文件中都继承了这一基调。加拿大民间也对此非常重视，据加拿大智库阿德科姆研究公司（Adcom Research Ltd.）1980 年抽样问卷结果，72%的被调查者认为 ODA 应该对加拿大也有利，46%认为加拿大从中获得的经贸利益过少。[2] 1982 年，加拿大外交部颁布了一个"双边援助集中"（Concentrated Bilaterlism）的政策，试图将加拿大发展援助集中在大约 40 个国家，比如印度尼西亚、中国、柬埔寨，之所以这样选择，部分原因就是看中了这些国家对于加拿大的贸易价值。[3] 1984 年加拿大国际发展署的《ODA 战略要素》报告（*Elements of Canada's ODA Strategy* 1984）也特别强调了经贸利益。在本国经贸利益和受援国利益的"拉锯"中，"支持加拿大商业利益在海外的扩张"和"服务于加拿大外贸和竞争力目标"占据了某些优势。[4]

为了保证本国的经贸利益，加拿大重视以援助为引子来促进外贸利益。以援华钾肥项目为例，根据双方协议，1983~1988 年，加方每年向中国无偿提供 200 吨钾肥，派科学家指导中国钾肥生产，其重要目的之一就是促进加拿大对中国钾肥出口。1984 年加拿大向中国出口的钾肥比 1983 年增加 26%，出口值达 3.75 亿美元，创历史纪录。由此，加拿大钾肥出

---

[1] Cranford Pratt, *Canadian International Development Assistance Policies: An Appraisal* (Montreal: McGill-Queen's University Press, 1994), p.138.
[2] Olave Stokke, *West Middle Powers and International Poverty* (Uppsala, Sweden: The Scandinavian Institute for Africa Studies, 1989), p.37.
[3] Jamie Swift and Brian Tomlinson, *Conflicts of Interest: Canada and the Third World* (Toronto: Between Lines, 1991), p.55.
[4] Andrew Finch, "International Development Agencies and Education", *Encyclopedia of Education*, Vol.4, 2nd ed., 2006, p.1241.

第二章 特鲁多主义与加拿大官方发展援助的建构（1968～1984） | 99

口公司在 1984 年 10 月获得加拿大政府出口奖。① 除此之外，这一时期加拿大在对发展中国家 ODA 中谋求自身商贸利益最常见的做法是绑定购买和以援助促进对外投资收益。如前章所言，绑定购买主要表现为直接限定部分援助资金只能购买施援国商品，其目的在于扩大其在受援国的出口市场。一般而言，绑定程度越大，援助的商业性越强。

第一，绑定购买是这一时期加拿大促进自身出口利益的典型做法。1970 年以前，加拿大规定其全部的双边 ODA 援款都必须用来购买加拿大的产品和服务。1970 年后绑定购买率开始下降，但仍然较高。1970～1987 年，80% 的双边援助及几乎全部的粮食援助都必须在加拿大采购。② 根据 1970 年的政策，加拿大粮食援助仅允许 5% 的项目资金在第三国购买。③ 1984 年，加拿大国际发展署要求必须使用其援款的 80% 购买货物和劳务，其中至少 66% 的货物和劳务必须从加拿大购买。据估计，1984 年加拿大双边援助的 75% 和粮食援助的 80%～85% 是在加拿大使用的。④ 加拿大 ODA 的绑定购买率明显高于经济合作与发展组织（OECD）发展援助委员会（Development Assistance Committee, DAC）的平均水平（见表 2-11、2-12）。这种强制性的做法直接扩大了加拿大的出口和投资收益，为加拿大企业未来在受援国扩大经营开辟了道路。

表 2-11 加拿大双边 ODA 中部分年份绑定购买率统计

单位：%

年份 国家	1973	1975	1976	1977	1978	1979	1980	1981	1982	1983	1985
加拿大	58.2	59.7	50.8	48.6	50.4	53.3	63.3	58.3	51.7	54.4	40.7
美国	60.2	58.6	46.4	53.6	37.1	50.7	39.0	49.1	31.5	32.0	45.4
DAC 平均	55.3	44.8	39.2	39.0	33.9	34.6	31.8	37.1	37.2	—	36.2（估计值）

资料来源：*OECD-DAC Annual Reports*；OECD, *Development Cooperation*, 1985, Paris: OECD: 227.

① 刘文炸:《加拿大援华项目特点》,《国际经济合作》1987 年第 5 期, 第 33 页。
② Cranford Pratt, Canadian *International Development Assistance Policies: An Appraisal*（Montreal: McGill-Queen's University Press, 1994）, p.7.
③ 易梦虹主编《当代南北经济关系》, 南开大学出版社, 1994, 第 147 页。
④ 朱大荣:《加拿大改变援助格局》,《国际经济合作》1985 年第 1 期, 第 62 页。

表 2-12　1982 年 OECD 部分国家 ODA/GNP 比值与绑定购买率

类别＼国家	荷兰	瑞典	挪威	丹麦	加拿大	美国	OECD 平均
ODA/GNP	1.08	1.02	0.99	0.77	0.42	0.27	0.38
绑定购买率（含双边与多边援助等）（%）	12.9	13.3	20.9	20.1	64.8	31.5	32.5

资料来源：OECD, Development Co-operation, Efforts and Policies of the Members of the Development Assistance Committee, 1983 Review, Paris, pp. 80, 189, 197.

第二，随着 ODA 项目的增加，绑定购买对加拿大的出口起到了开辟市场和增进就业的作用。以非洲为例，从 1968 年到 1974 年，加拿大对非洲的出口额在援助的带动下以年均 23.2% 的速度增加（同时期加拿大出口整体增长率为 15.4%）。[①] 其中，1974 年，加拿大 13.3% 的挖掘机械出口到非洲五国，15.4% 的建筑机械卖给了 11 个非洲国家，10.6% 的钻探及相关机械出口到了 6 个非洲国家。[②] 此外，60 年代后期，随着加拿大对东南亚援助的增多，到 1975~1980 年，加拿大对其援助的东南亚六国的出口额增加了 19%，而同期加拿大整个出口增长率仅 6%。[③] 就全部双边援助而言，1976 年，单加拿大国际发展署同本国制造商签订的合同就达到 2700 个，涉及的咨询公司就有 135 家。[④] 根据加拿大财政委员会秘书处（The Treasury Board of Canada Secretariat）1976 年的研究，援助"主要为那些少数的大公司创造了有重大意义的市场"，其中有 23 个大公司获得了 75% 的援助资金。[⑤] 庞巴迪飞机公司、魁北克水电、福格森拖拉机（Massey Ferguson）、安大略水电、加拿大 SNC-兰万灵（SNC-Lavalin）集团都拿到

[①] Norman Hillmer and Garth Stevenson, *A Foremost Nation: Canadian Foreign Policy and a Changing World* (Tonroto: McClelland and Stewart, 1977), p. 181.

[②] Norman Hillmer and Garth Stevenson, *A Foremost Nation: Canadian Foreign Policy and a Changing World* (Tonroto: McClelland and Stewart, 1977), p. 181.

[③] Gerard Hervouet, *Canada and the Pacific Basin* (Toronto: Ministry of Supply and Services, 1988), p. 25.

[④] 吴纪先：《加拿大经济》，人民出版社，1980，第 185 页。

[⑤] The Treasury Board of Canada Secretariat, *The Economic Effects of Untying of Canadian Bilateral Aid* (Ottawa: Treasury Board Planning Branch, 1976), p. 4.

了加拿大国际发展署不少订单。① 同时，在就业方面，1977年加拿大国际发展署署长宣布，绑定购买的做法为加拿大创造了10万人的就业机会。1985~1986年约22亿加元的援助中有10亿加元回流到了加拿大，直接或间接地创造了1.8万人的就业机会，增加了6560万加元的GDP。如果连带的经济效应也计算进去的话，增加的GDP和就业人数分别为12亿加元和3.15万人。② 加拿大经济委员会（Economic Council of Canada）1979年的调查结果也显示，这种绑定购买具有增加加拿大就业的影响，虽然它的数字相对较小，但认为至少也创造了1万~2万人的就业机会。③ 这种增长和ODA有着不可否认的联系。在很大程度上讲，外援计划实际上成为"渥太华给加拿大私人企业代价最为昂贵的津贴"，"给加拿大出口商在一个通过纯粹的贸易往来方式也许完全打不进去的外国市场上确保了立脚点"④。

对于加拿大ODA的绑定购买等推进出口的做法，加拿大国内学者不乏批评之声。比如，约翰·亨德拉（John Hendra）和保罗·莫斯利（Paul Mosley）都认为绑定购买削弱了ODA的质量，降低了ODA本身的价值。⑤ 还有的学者如罗格·埃哈特（Roger Erhardt）和罗格·杨（Roger Yong）认为，绑定购买妨碍了受援国生产能力的提高，偏离了削减贫困的宗旨，只对某些较高收入国家和欠发达国家的上层有利。⑥ 笔者认为，这些观点

---

① David Gilles, "Export Promotion and Canadian Development Assistance", in Cranford Pratt, Canadian *International Development Assistance Policies: An Appraisal* (Montreal: McGill-Queen's University Press, 1994), p. 187.
② David Gilles, "Export Promotion and Canadian Development Assistance", in Cranford Pratt, Canadian *International Development Assistance Policies: An Appraisal* (Montreal: McGill-Queen's University Press, 1994), p. 188.
③ Keith Hay, *The Implications for the Canadian Economy of CIDA's Bilateral Tied Aid Programs* (Ottawa Economic Council of Canada, 1979), p. 107.
④ 吴纪先：《加拿大经济》，人民出版社，1980，第185页。
⑤ John Hendra, "Only Fit to be tied: A Comparison of Canadian Tied Aid Policy of Sweden, Norway and Denmark", *Canadian Journal of Development Studies* 8 No. 2, 1987, pp. 261-281; Paul Mosley, *Foreign Aid: Its Defence and Reform* (Sussex: Penguin Books, 1970); Jagdish Bhagwati, "The Tying of Aid", in J. Bhagwati and R. S. Eckaus, eds., *Freign Aid* (Harmondsworth, Middlesex: Penguin Books, 1970).
⑥ Roger Erhardt, *Canadian Development Assistance to Bangdesh* (Ottawa: North-South Institute, 1983); Roger Yong, *Canadian Development Assistance to Tanzania* (Ottawa: North-South Institute, 1983).

是有道理的。其一，绑定购买排除了受援国在邻国或向同类商品价格较低的国家购买的可能性，必须购买加拿大的商品增加了商品的购买成本和运费负担。据1976年加拿大财政委员会（Canada's Treasury Board）的统计，购买加拿大商品和服务使加拿大双边援助的成本增加了25%。① 在这种情况下，加拿大实际投入发展中国家的ODA的数量自然会有所折扣。其二，在某些情况下，绑定购买会造成受援国对加拿大的依赖。比如，加拿大对坦桑尼亚的粮食援助就具有这样的特点。② 其三，绑定购买在很大程度上相当于援助国对自己生产过剩或竞争力较弱的产业的一种补贴。比如，加拿大ODA中有近1/3的比重属于粮食援助，是仅次于美国的第二大粮食援助国。加拿大之所以如此重视粮食援助，是因为粮食生产一直是加拿大的强项，其生产的粮食一直面临过剩的问题，把相当数量的粮食转到ODA中，可以缓解生产过剩的问题。如20世纪60年代末，小麦援助额占了加拿大出口总额的10%。③ 1971年到1973年，加拿大国际发展署利用ODA向发展中国家倾销了190万吨小麦。④ 1971年到1973年，加拿大面临经济危机，通过加拿大国际发展署向发展中国家倾销了230万吨15种不同的农产品和170万吨其他商品。⑤

第三，在投资方面，项目融资是保证加拿大投资发展中国家的有力渠道。这里所说的融资主要有混合信贷（Mixed Funds）联合融资（Co-financing）及平行融资（Parallel Financing）等形式。在发展援助等因素的促动下，"美国、英国两国最不发达国家的投资额从1970年的60%下降到53.1%，但联邦德国、日本、瑞士、瑞典和加拿大的份额却从1970年的

---

① David Gilles, "Export Promotion and Canadian Development Assistance", in Cranford Pratt, Canadian *International Development Assistance Policies: An Appraisal* (Montreal: McGill-Queen's University Press, 1994), p.187.
② Charles Lane, "Wheat at Wheat Cost? CIDA and the Tanzania-Canada Wheat Progam", in Jamie Swift and Brian Tomlinson, *Conflicts of Interest: Canada and the Third World* (Toronto: Between Lines, 1991), pp.133–156.
③ Bob Carty, "From the Sidelines to the Front Lines: The Campaign to Change Canada's Policy on Tying Food Aid. Canadian Council for International Co-operation", http://wwwccic.ca/e/docs/002_capacity_bldg_stories_ccic.pdf, 最后访问日期：2017年1月3日。
④ 吴纪先：《加拿大经济》，人民出版社，1980，第184页。
⑤ 吴纪先：《加拿大经济》，人民出版社，1980，第184页。

19.9%增加到1981年的33.9%"。1980~1985年,加拿大在第三世界的投资增加了44%,其中在印度尼西亚的投资从5.7亿加元增加到10.5亿加元。① 其中,1978~1983年,加拿大国际发展署等援外机构和出口发展公司配合在中上等收入的发展中国家完成了12个项目,合计金额为4.8亿美元。② 1983~1984年,加拿大国际发展署和官方出口信贷机构加拿大出口发展公司(Export Development Cooperation)平行融资了16个援助项目。1984年,为进一步推动对第三世界投资,加拿大国际发展署成立了工商业合作处(Business Cooperation Branch)负责指导和协调加拿大公司参与ODA项目。20世纪60~80年代对第三世界投资额合计占了加拿大对外投资总额的10%~20%,③ 加拿大的主要ODA受援国印度、印尼、菲律宾、泰国以及美洲国家都成为加拿大主要投资地。以印度为例,1981~1989年,就有52%的ODA项目是由加拿大公司负责完成的。④

3. 人道主义超越冷战仇恨成为加拿大发展援助的理想目标

在推进国家利益的同时,加拿大ODA还具有明显的公益性和利他性,即"减少贫困,促进受援国可持续发展,以便为建立一个更加安全、平等和繁荣的世界做出贡献"。⑤ 从对外援助以来,加拿大历任领导人都把这一目标放在重要位置,早在1955年加拿大外长在演讲中就宣称"加拿大怀有帮助那些不幸之人的真诚愿望"。1961年,加拿大众议院议长在谈及加拿大外交时,也强调加拿大对外援助"首先是人道主义,有人从我们面前走过,然后饿着肚子上床,如果我们不能为他们做些什么,我们会无法入眠"⑥。1968年5月,特鲁多任总理不久,在阿尔伯塔大学演讲时说,"历史上富国和穷国、舒适和饥饿的差距从没有像今天这样悬殊,传媒空前地把受难者的悲苦展现出来……世界就是我们的选区"。

---

① Jamie Swift and Brian Tomlinson, *Conflicts of Interest: Canada and the Third World* (Toronto: Between Lines, 1991), p. 42.
② 朱敏才:《加拿大的发展援助》,《国际经济合作》1986年第7期,第31~34页。
③ 韩经纶:《枫叶国度的强国之路》,贵州人民出版社,2000,第278页。
④ Cranford Pratt, *Canadian International Development Assistance Policies: An Appraisal* (Montreal: McGill-Queen's University Press, 1994), p. 300.
⑤ CIDA网站,参见:www.acdi-cida.gc.ca/index-e.htm,最后访问日期:2017年1月3日。
⑥ David R. Morrison, *Aid and Ebb Tide: A History of CIDA and Canadian Development Assistance* (Waterloo: Wilfrid Laurier University Press, 1998) p. 13.

特鲁多号召民众支持援助第三世界的政策。1974年，特鲁多向世界宣布："如果加拿大在世界上的位置以一个标准来衡量，那就应该是加拿大的人道主义。"① 1980年特鲁多总理甚至还高姿态地批评了在援助中过度谋取经贸等利益的做法，他说："现在，是我们说援助的目的只是'援助'的时候了，它的目的是推动人道、发展经济和削减痛苦。"② 同时，加拿大民众对此也持支持态度。如智库阿德科姆研究公司1980年调研显示有59%的人支持ODA是因为人道主义，29%的人则归因于加拿大富有，有责任援助世界。③ 这些呼声或调查也许有宣传粉饰的色彩，也受到加拿大一些现实主义学者的质疑。加拿大学者罗伯特·卡迪（Robert Carty）和弗吉尼亚·史密斯（Virginia Smith）等在其文章《持续的贫困：加拿大对外援助的政治经济学》中把加拿大对外援助归因于投资、原料和市场等国家私利。④ 但客观地看，加拿大ODA中所蕴含的浓厚道义性和对第三世界的积极影响也是不能否定的。之所以这么说，主要原因如下。

第一，加拿大ODA对象多为低收入或最不发达国家。

特鲁多上任之后，随着援助规模的扩大和援助范围的扩展，加拿大ODA不再仅限于通常的和共产主义对抗的前沿阵地，而是更多地选择了全球低收入或最不发达国家作为援助对象。据统计，在1970年、1979年和1984年，加拿大给予低收入和最不发达国家的援助比重占了其双边ODA总额的80.8%、78.1%和78.3%。⑤ 这些国家基本上处于温饱线以下。很明显，它们至少在短期内既不会成为影响国际局势的重要地带，也不会成为吸收巨量商品的海外市场。例如，直到1974年，加拿大出口产品中只有

---

① David R. Morrison, *Aid and Ebb Tide: A History of CIDA and Canadian Development Assistance* (Waterloo: Wilfrid Laurier University Press, 1998) p. 13.
② Cranford Pratt, *Canadian International Development Assistance Policies: An Appraisal* (Montreal: McGill-Queen's University Press, 1994), p. 139.
③ Olave Stokke, *West Middle Powers and International Poverty* (Uppsala, Sweden: The Scandinavian Institute for Africa Studies, 1989), p. 37.
④ Robert Carty and Virginia Smith, eds., "Perpetuating Poverty: The Political Economy of Canadian Foreign Aid", *The Canadian Journal of Development Studies*, Ⅳ, 1 (1983).
⑤ Cranford Pratt, *Canadian International Development Assistance Policies: An Appraisal* (Montreal: McGill-Queen's University Press, 1994), p. 146.

1.21%的产品出口到非洲,同比进口只占1.41%。[1] 这一情况显示出了加拿大ODA具有相当的"扶贫"性。这一特点和北欧国家比较相似,例如:瑞典重点援助的20个国家中有13个集中在次撒哈拉非洲,北欧对非洲的援助额占其总援助额的比例远高于经济合作与发展组织(OECD)发展援助委员会(DAC)成员平均水平(见表2-13)。[2]

表2-13 中低收入受援国数量占加拿大和DAC援助的国家总数比重

单位:%

类别 年代	受援国按收入分类	最不发达及 低收入国家	相对中等 收入国家	相对高 收入国家
1970	占DAC援助的国家总数比重	58.9	37.3	3.7
	占加拿大援助的国家总数比重	80.8	18.9	0.2
1980	占DAC援助的国家总数比重	60.3	31.9	7.8
	占加拿大援助的国家总数比重	78.5	21.4	—

资料来源:OECD-DAC. Development Co-operation: Efforts and Policies of the Members of the DAC 1997, A77, A84,国家收入划分标准根据世界银行当年的标准。

第二,加拿大货币援助条件相对宽松。

首先,贷款条件相对优惠。美国和日本政府ODA的对外贷款项目都有较多的附加条件,如还贷期较短且利率也较高。与之相比,加拿大还贷周期较长,造成受援国金融危机的可能性小,如1975年加拿大平均还贷年限为48.3年,在主要援助国中位列第一,比平均年限高出约15年。加拿大贷款利率也较低,如1975年,加拿大贷款利率为0.2%,仅相当于世界平均水平的8%,宽限期为9.7年,比世界平均水平多两年,赠予比重为72.7%,比当年世界平均水平高出25个百分点(见表2-14)。[3] 1986年后,加拿大完全停止了对外贷款,将双边援助全部变为无偿援助。其次,

---

[1] Norman Hillmer and Garth Stevenson, *A Foremost Nation: Canadian Foreign Policy and a Changing World* (Toronto: McClelland and Stewart, 1977), p.179.
[2] 周弘:《对外援助与国际关系》,中国社会科学出版社,2002,第485~486页。
[3] 国外统计资料编辑小组:《国外统计资料1949~1976》,中国财政经济出版社,1979,第635页。

ODA 资金的赠予成分多。以最不发达国家为例，1973~1976 年，加拿大对最不发达国家 ODA 赠予比重平均为 96.3%，而同时期，英国、意大利、法国、联邦德国、美国、日本在 91.7% 到 68.9% 不等。[1] 1977~1986 年，加拿大的这一比重为 100%，比发展援助委员会（DAC）成员平均水平高 5 个百分点。[2] 再次，债务减免力度大。1977 年起，加拿大开始对最不发达和低收入国家减免债务，并于当年取消了 2.45 亿加元债务。[3]

表 2-14 加拿大 ODA 总额中部分年份赠予比重统计

单位：%

国家\年份	1970	1975	1976	1977	1978	1979	1980	1981	1983	1984	1985
加拿大	65	72.7	80.7	76.7	78.0	80.5	86.5	73.6	92.4	85.3	95.6
美国	64	58.1	58.8	67.8	68.5	75.1	72.6	82.2	85.8	82.5	88.9
DAC 平均	63	69.3	69.6	72.1	73.8	76.6	75.2	75.2	80	76.8	80.8

资料来源：以 DAC 年度报告数据整理而成。

第三，加拿大 ODA 援助项目起到了明显的积极作用。

从加拿大 ODA 的项目内容来看，加拿大的发展援助主要形式包括资金与物资赠予、金融贷款、人力技术援助以及人道救援。资金及物资赠予是加拿大 ODA 的主要部分，其中相当一部分被用于农业、交通、金融、通信和能源等基础部门建设。20 世纪 50~60 年代，加拿大每年提供 2500 万~3500 万加元资助巴基斯坦水泥厂和印度核反应堆及东南亚几国的水电、灌溉及运输建设。[4] 1958~1970 年，对加勒比地区发展援助的 90% 也用于了其基本经济部门的建设，对于改善其基础设施起到某些正面作用。[5] 特鲁

---

[1] Phillip Taylor and Gregory A. Raymond, *Third World Politics of Industrialized Nations* (London: Greenwood Press), 1988, p.147.
[2] Olav Stokke, ed., *Western Middle Powers and Global Poverty: The Determinants of the Aid Policies of Canada, Denmark, the Netherlands, Norway and Swede* (Uppsala: Scandinavian Institute of African Studies, 1989), p.30.
[3] 曾序勇：《加拿大》，上海辞书出版社，1987，第 281 页。
[4] 宋家珩、李巍：《加拿大与亚太地区关系》，济南出版社，2000，第 6 页。
[5] Ralph R. Paragg, "Canada Aid in the Commonwealth Caribbean: Neo-Colonialism or Development", *Canadian Public Policy*, 1980, Vol.4, p.632.

多上台后，如前文所述，加拿大ODA工作重点包括了粮食救援、鼓励妇女参与社会、促进社会改革、环保以及可持续发展和教育、卫生等一些关系经济、社会发展的建设项目，为受援国当地的经济发展、技术和文化进步创造了条件。以粮食为例，特鲁多继承了前任政府重视粮食援助的做法，继续增加粮食援助。1951~1984年，加拿大ODA包括了1700万吨粮食援助，价值约22.4亿美元。[1] 这些对受援国的经济社会发展自然是有益的。

在人道救援方面，1970年后，加拿大ODA中人道紧急救援规模增长较快，1975年加拿大人道紧急救援资金为近500万加元，1979年和1981年分别为1664万加元和1486万加元。[2] 这些紧急救援主要包括自然干旱、洪水、地震及飓风等灾害救援以及因战争等原因导致的难民救援。就ODA属性来说，道义性是其最基本的应具之意，官方发展援助的质量在很大程度上正是由其决定的。作为加拿大ODA中最富"人道主义"的部分，特鲁多时期ODA彰显了加拿大人道主义的关怀精神，在国际社会树立了较好的中等强国形象。

小　结

在特鲁多执政时期，加拿大政府一改之前过于依赖美国的单边主义外交倾向，积极拓展与第三世界的外交关系，官方发展援助是其发展与第三世界关系的重要战略之一，官方发展援助也由此成为加拿大国际形象的显著标志之一。在这一时期，无论是在援助规模、援助机构体制、地区分布方面，还是在援助渠道和援助项目内容方面，加拿大官方发展援助都取得了空前的成就，奠定了未来加拿大援助外交的基调。这些成就不仅仅是特鲁多个人努力的结果，更是南北关系变迁、美加关系互动、加拿大国内经济发展、公众舆论变化、加拿大安全观及其"中等强国"外交思想演变的综合作用的产物。

加拿大ODA对人权的重视反映了加拿大外交在思想上的倾向性，这种

---

[1] 朱敏才：《加拿大的官方发展援助》，《国际经济合作》1986年第7期，第31~34页。
[2] CIDA, *Canadians in the Third World: CIDA's Year in Review 1981-1982* (Statistical Annex) (Ottawa: Minister of Supply and Services Canada, 1983), pp.39-40.

倾向是加拿大价值体系的外在表现。与美国相比，加拿大的这种倾向性和美国一样在某种程度上带有向外输出本国价值的考量，也没有抛弃冷战的色彩，但在另一方面加拿大对人权的重视和美国的价值输出有着很大程度的不同。在美国的对外援助中，输出美国的价值观往往是援助的目的。而加拿大对人权的重视主要出自其他两方面的考虑：其一，为 ODA 的实施创造基本条件，因为在一个高度侵害人权的社会，是无法保证援助项目真正地被用于民众身上的；其二，通过 ODA 对受援国的基本人权表示关注，但由于国力所限和其国内文化的多元性及国民性格的平和性，其对颠覆受援国社会制度和价值观的欲望没有美国那样强烈，这决定了其 ODA 对人权的关注具有积极性的一面。

对于加拿大在 ODA 中追求本国经贸利益的做法，加拿大国内学界分歧较大。促进经贸是否和发展援助的人道主义性质相违背？ODA 的商业化或部分商业化是否有损于其效果？这些问题一直备受争论。现实主义者认为，国家在对外发展援助中追求经贸利益是正常的，也是应该的。相反，一些理想主义者和左派主义者则反对利用 ODA 追求任何经贸利益，认为 ODA 的商业规则削弱了其减少贫困的目标，扭曲了援助机构的初衷。[①] 加拿大 1975~1980 年战略在强调援助服务于发展中国家经济发展的同时，要"与（加拿大）其他国家目标相关"，要"与加拿大普遍的外交政策目标相一致"[②]。加拿大 ODA 作为一种慈善性的，在一定意义上又可称作资本运营和扩张的半经济行为，其间充斥着利己主义和国际主义的冲突与纠葛也是必然的。

[①] Cranford Pratt, "Canadian Policy Towards the Third World: Basis for an Explanation", *Studies in Political Economy* 13, Spring 1984, pp. 27–55.

[②] Canadian International Development Agency, *The Strategy for International Development Cooperation 1975–1980* (Ottawa: Information Division, Communications Branch, Canadian International Development Agency, 1975), p. 23.

第三章 马尔罗尼执政与特鲁多主义的延续（1984~1991）

1984年9月4日，加拿大举行新的联邦大选，保守党新领袖马丁·布赖恩·马尔罗尼（Martin Brian Mulroney）一举击败了自由党特鲁多总理的继任者约翰·内皮尔·特纳（John Napier Turner），于9月17日正式登上总理宝座。以1991年12月苏联解体为界，马尔罗尼政府时期加拿大官方发展援助可以分为冷战结束前（1984年9月至1991年12月）和冷战结束后（1991年12月至1993年6月）两个阶段。在马尔罗尼上任之初，加拿大官方发展援助面临着国际上援助意愿降低、加拿大援助目标发生争论等挑战。与特鲁多总理不同，马尔罗尼执政后奉行与美国更为亲近的外交政策，但在对第三世界的援助方面，马尔罗尼上任伊始到冷战结束前，仍然基本上延续了特鲁多主义的基本思想，特鲁多主义在这一时期实际上得到了新的发展。

第一节 20世纪80年代初加拿大官方发展援助的挑战

很显然，从20世纪70年代到80年代初，是加拿大官方发展援助的黄金时期。经过特鲁多政府的努力，加拿大官方发展援助在这一时期，捐助机制更为系统，援助规模总体上持续扩大，援助的地区分布趋于平衡，援助项目更为多元性和具有更强的亲和力。特鲁多政府之前，加拿大官方发展援助中所寄予的"遏制"共产主义、对抗社会主义国家的冷战思维也在很大程度上被超越。加拿大作为中等强国，实际上在美苏对抗中扮演了缓冲地带的角色，"拯救贫困"和与"遏制"共产主义相疏远成为特鲁多时期加拿大官方发展援助突出的特征之一，尽管加拿大官方发展援助也有着自身多元外交和商贸利益等方面的考量。不过，作为全球国际关系格局中的中等强国，加拿大官方发展援助也不是孤立存在的。20世纪80年代初，加拿大官方发展援助受国际与国内局势以及援助理念变化的影响，也面临着较难以克服的挑战。

1. 国际发展援助增长面临停滞与收缩趋势

20世纪80年代初第三世界面临的发展环境趋于恶化。一方面，拉丁美洲和非洲普遍发生金融危机引发的经济动荡。1982年墨西哥金融危机爆发，这场危机如同多米诺骨牌一样迅速扩散至拉丁美洲等第三世界国家，导致这些国家债务问题频发，石油和其他商品价格下跌。[①] 由此，债务危机在发展中国家造成了普遍的发展疲软，援助效果也大打折扣，西方国家普遍对援助发展中国家尤其是最不发达国家的实际效果并不乐观。另一方面，西方发达国家以撒切尔主义和里根新保守主义为代表，贸易保护主义盛行，对外经济援助也相应地转向保守，西方国家援助发展中国家出现趋弱之势。1981年10月，14个发展中国家和8个发达国家在墨西哥坎昆召开关于合作与发展的国际会议，探讨国际合作和发展问题。此次会议是在南北双方经济关系矛盾日益加深的背景下召开的，是空前的最高级别的南北对话（North-South Dialogue）。在会上，西欧、日本、加拿大等发达国家和地区肯定了发展中国家在国际政治经济中的地位和作用，主张加强南北合作改善国际经济关系。然而，由于80年代初发达国家陷于战后持续时间最长的经济衰退，其政府精力普遍集中于解决国内经济问题，会议未能取得任何实质进展。随后，1982年流向发展中国家的国际援助净额减少了7%。1981~1982年西方国家对发展中国家的发展援助为28亿美元，占发展中国家收到援助的1/3，远低于1970年西方国家援助发展中国家占发展中国家收到援助的44%的记录。[②] 以美国为例，美国在20

---

① World Bank, *World Development Report 1983* (Washington: World Bank, 1983), pp. 2-5.
② OECD Development Assistance Committee, *Development Cooperation 1983 Review* (Paris: OECD, 1983), Table A.1, p.179.

世纪 80 年代初削减了对世界银行国际开发协会（International Development Association）的援助。1985~1986 年相比于 1981~1984 年，减少了 30% 的资助额。①

伴随着发展中国家经济态势的恶化，发达国家援助并未达到理想水平，未能带来受援国的发展与脱贫，撒哈拉以南非洲的记录尤其令人失望，包括加拿大在内的发达国家的公众舆论与政府对援助的效果均心存疑虑。尽管民意调查继续显示出公众对加拿大援助努力的普遍支持，1981 年、1982 年到 1984 年、1985 年，加拿大对国民公共舆论的问卷结果表明加拿大人民对官方发展援助的支持率仍然呈现上升趋势，先后从 67%、67% 增长到 81%、83%，② 但关于发展中国家经济媒体带有偏见性的报道依然强化了对援助效果不佳的消极印象，反映到援助规模上，20 世纪 80 年代初，加拿大官方在援助规模的增长上表现并不突出，其 ODA/GNP 比值并未迎来原计划的增长。1981 年，加拿大政府承诺 1985 年将 ODA/GNP 比值增加到 0.55%，但实际上并未如约履行承诺。1983 年加拿大国际发展署第五任署长玛格丽特·卡特里·卡尔森上任。鉴于面临二战后最严重的经济衰退和国际上缩减援助金额的趋势，1980~1982 年加拿大 ODA/GNP 比值呈现持续走低的趋势。1982 年加拿大 ODA/GNP 比值只维持在 0.42% 的水平，仅相当于 70 年代初的水平（见表 3-1）。20 世纪 80 年代初埃塞俄比亚的悲剧给加拿大政府的援助表现投下了悲剧的影子。1984 年 10 月，埃塞俄比亚正处在粮食危机之中，尽管粮农组织一再呼吁，但包括加拿大在内的粮食援助等举动都无法解决危机。1984 年 11 月 4 日，《多伦多之星报》（*Toronto Sunday Star*）报道，加拿大自由党农业部部长尤金·惠兰（Eugene Whelan）在 1983 年末建议提供 2000 万加元紧急援助给埃塞俄比亚最隔绝的地区，但是这一建议被内阁搁置了，包括外交部长和国防部长在内对此都不支持。③ 而 1985 年

---

① "Report on Business", *The Globe and Mail*, Jan. 16, 1984, p. 5.
② 1978 年为 72%，1979 年为 59%，1986 年、1987 年分别为 78%、73%。Canadian International Assistance Agency, *Sharing Our Future: Canadian International Development Assistance* (Ottawa: Canadian International Assistance Agency, 1987), p. 16.
③ David Morrison, "The Mulroney Government and the Third World", *Journal of Canadian Studies*, 1985 (4), p. 8.

和 1986 年，加拿大政府先后宣布将 ODA/GNP 的比值达到 0.7% 的目标延迟到 1995 年和 2000 年。① 这表明，特鲁多政府对加拿大官方发展援助未来的建构，正面临着规模缩减的考验。

表 3-1　加拿大 ODA/GNP 部分年份贡献率统计

单位：%

年份	1970	1975	1976	1977	1978	1979	1980	1981	1982
ODA/GNP	0.41	0.54	0.46	0.50	0.52	0.48	0.43	0.43	0.42

资料来源：OECD Development Assistance Committee, *Development Cooperation 1983 Review* (Paris: OECD, 1983), Table B.4, p.188.

2. 发展援助效果走低引发国际社会对援助模式的反思

从"科伦坡计划"开始到 60 年代末，国际上流行的是现代化的发展经济学。发展经济学重在援助发展中国家基础设施、工业投资，其目的是以外来投资促进受援国经济增长，但并不直接援助贫困人口本身。一些经济学家开始反思，过去以追加投资为中心的援助不能解决受援国的发展问题。在许多发展中国家，经济落后并非由于缺乏发展资金，在更大程度上是经济政策所造成的。事实证明，只关注经济发展而忽视社会公平并不能消灭贫困，甚至随着经济发展，贫富差距出现逐渐拉大的趋势。在这种情况下，特鲁多执政以来，主张扩大基础设施投资的援助发展观开始被修正。如前文所述，联合国第二个十年发展计划（1970~1980 年）提出，发展的最终计划是为了让所有人更好地生活并获得发展机会，以促进社会公正和提高生产效率和就业，最大限度地保证收入，改善教育、卫生、营养、住房及社会福利，保护环境。由此，发展援助必须与社会性质和社会结构，以及人的基本需要相互协调。发展的目的不在于物的增加，而在于人的发展。② 在这种情况下，80 年代初，主张以人为本的社会经济学超越以"物质建设"为标准的现代化发展观，成为国际发展

---

① David R. Morrison, *Aid and Ebb Tide: A History of CIDA and Canadian Development Assistance* (Waterloo: Wilfrid Laurier University Press, 1998), p. xv (Chronology of Key Events).
② 童星：《发展经济学与中国现代化》，社会科学文献出版社，2000，第 3、194、196、201 页。

援助的主流流派。在这种流派思想之下，发展援助的使命被认为是支持发展中国家实行以市场经济为导向的经济结构调整与公平社会制度改革，是帮助发展中国家建立市场体制。① 与此同时，国际发展援助主流流派较以前更加关注经济发展背后社会领域对经济发展的影响。其中，最重要的一面是对人力资源开发的关注，认为应从教育培训、健康卫生及男女平等等方面为弱势群体改善经济状况创造条件。② 1980 年世界银行发展报告声明："人力开发在消除贫困，特别是绝对贫困的开发过程中，有着极其重要的作用。"③

对于援助经济学理念的转变，加拿大社会也给予了深刻反思。1981 年，加拿大学者罗伯特·卡迪与弗吉尼亚·史密斯等在其《持续的贫困：加拿大对外援助的政治经济学》一文中指出，加拿大之前的援助效果令人沮丧。史密斯以粮食援助为例指出，"很明显，粮食援助本质上有着局限：它可以让某些人活着，却不能让他们每天都有面包吃。它并不能解决粮食生产和分配的中心问题，也无法解决经济制度、阶级结构和政治的中心问题——而且还转移对这些中心问题的注意力。政府每天提供一顿饭，却忽略对明日粮食生产的规划，因为政府在有意遵循一种更迷人的、以工业促动的西式发展模式（western-inspired model of development through industrialization）。也就是说，发展援助的总体目标应该是帮助改变受援国的相关社会治理，并提升民众帮助自身的能力——尤其在农业和粮食自足、能源和人力资源开发方面"④。在发展中国家"大约 1800 万人在那一年无谓地死去，他们中的许多人是因为住宿和环境极度地恶劣。世界以每年一个新斯科舍省的规模迅速沙漠化，世界森林与以前相比以两倍的速度缩减"⑤。埃塞俄比亚的悲剧生动地展现了传统的援助方式，无法完全改变"生态崩溃、粮食灾难及由此相关的社会混乱，传统的援助经常呈现

---

① 金立群：《世界银行：寻求发展之路》，北京工业大学出版社，1994，第 113 页。
② 程漱兰：《世界银行发展报告 20 年回顾》，中国经济出版社，1999，第 247~249 页。
③ 程漱兰：《世界银行发展报告 20 年回顾》，第 247 页。
④ Robert Carty and Virginia Smith, eds., *Perpetuating Poverty: The Political Economy of Canadian Foreign Aid* (Between Lines, 1983), p. 123.
⑤ Canadian International Assistance Agency, *Sharing Our Future: Canadian International Development Assistance* (Ottawa: Canadian International Assistance Agency, 1987), p. 14.

出边缘化"。① 在这种情形下，下一步加拿大发展援助走向何方，如何进一步采取改革措施，在20世纪80年代初成为必须面对的问题。

3. 减贫目标与经贸利益面临政商精英与公众的对立

在加拿大经济结构中，进出口贸易占了重要地位。自加拿大参与"科伦坡计划"以来，促进本国商贸利益就是加拿大援助外交不可分割的目标。虽然加拿大《国际发展合作战略1975~1980》曾提出解除双边援助附加的绑定购买，以使发展中国家更灵活地使用援助资金或在其他地域优惠购买，但由于实际的商贸利益，这一提议未成为现实。尽管加拿大社会理想主义者强调发展为先的承诺，但工商业人士却批评对外援助并未给加拿大带来充分的经贸利益。80年代以来，亚太地区等部分发展中国家经济出现快速发展，加拿大经济界开始将拓展多元贸易的着眼点放在了亚太区域发展中国家上。查尔斯·约瑟夫·克拉克（加拿大第16任总理，1979年6月4日至1980年3月3日在任）在担任总理后第一场新闻媒体会上就表示："保守党新政府外交关系政策中，国际贸易将被置于'非常重要'的位置。"② 1981年，出口约占加拿大国民生产总值的20%。根据加拿大国际发展署的报告，出口约占加拿大国民生产总值的30%。③ 1983年，加拿大同亚太地区的贸易额第一次超过其对欧洲的贸易。进步保守党马尔罗尼上台之前，就在多个场合强调要增强加拿大外贸发展。80年代以后，以"亚洲四小龙"和改革开放后的中国为代表，亚洲地区实现了一个较为持续和快速的发展。1970年加拿大对亚太投资只有2400万加元。80年代以后，加拿大开始重视对亚太投资。加拿大投资的重点在于"亚洲四小龙"和东盟。比如，1978年中加双边贸易额只有5.97亿加元，到1988年达到35.55亿加元。④ 为开辟新的贸易领域，加拿大政府必须对其既有战略进行

---

① Canadian International Assistance Agency, *Sharing Our Future: Canadian International Development Assistance* (Ottawa: Canadian International Assistance Agency, 1987), p.16.
② David Morrison, "The Mulroney Government and the Third World", *Journal of Canadian Studies*, 1985 (4), p.4.
③ James R. Markusen and James R. Melvin, *Department of Economics of University of Western Ontario, The Theory of International Trade and Its Canadian Applications* (Toronto: Butterworths, 1984), p.6.
④ 林辉基：《亚太地区国际关系概论》，山东人民出版社，1995，第442页。

调整。1981年11月25日，加拿大国际发展署副署长在多伦多大学演讲，就谈道："加拿大一直将其注意力放在了欧洲和美国。必须坦率承认，只是在最近一段时间，加拿大才开始从认识上、制度及机制上，将亚太地区看作是一个自然而然的活动区域"；"在今后五年，我们对亚太地区的优惠双边援助将超过20亿美元，不包括粮食援助还将会有新的主动计划"①。在亚太地区"中国尤其是一个重点国家"②。马尔罗尼指出，"新的贸易战略将加强并扩大我们在全球范围内的贸易关系，我们正以新的富有想象力的方法重新确定我们的发展着眼点，重新部署我们的资源，我们正把注意力集中在亚洲和太平洋地区"③。马尔罗尼政府上任伊始，保守党外交事务官方发言人辛克莱·史蒂文斯（Sinclair Stevens）在一次与南北研究所的访谈当中表示，马尔罗尼政府将对外援助经费集中在更少的国家。他说，选择哪些国家来集中援助的标准应当和以后与其建立商业关系这一目的"相兼容"④。为确保与亚太地区的贸易增长，加拿大政府向企业提供出口信贷等，试图增加在加拿大的销售量，同时为加拿大建立原料产品供应地。1984年，马尔罗尼在竞选时一再强调，他上台后重要的工作之一是面对经济衰退促进公众"就业、就业、就业"，⑤而促进出口是加拿大就业赖以提升的主要渠道。

总之，80年代初以来，加拿大企业界、政治界推动援助和贸易政策进一步一体化。到80年代中期，加拿大国际发展署推动的工业合作项目（Industrial Cooperation Program，ICP）不断加强，"清晰地反映了以援助服务于商业目标的期望……这也反映了施援者的援助意识形态越发转向支持作为发展推动者的私人部门（private sector）"⑥；他主张在援助项目中尽可能地追求商业考量，"发展上的考虑构成了加拿大官方发展援助的基本

---

① 林辉基：《亚太地区国际关系概论》，山东人民出版社，1995，第437页。
② 林辉基：《亚太地区国际关系概论》，第442页。
③ 林辉基：《亚太地区国际关系概论》，第440页。
④ Jack Best, "Aid-trade Fund a Sellout: Critics", *Ottawa Citizen*, Sept. 1, 1984.
⑤ Raymond Blake, *Transforming the Nation: Canada and Brian Mulroney* (Montreal: McGill-Queen's University Press, 2007), p. 20.
⑥ Adam Mahoney, *A Conjunctural Analysis of Canadian Official Development Assistance* (Master Diss, University of British Colombia, 2015), p. 35.

目标，虽然不冒险排除这一点，就无法满足商业界所有的期望。不过，加拿大在援助项目里追求自身商业利益仍然有很大空间"①。加拿大出口协会（Canadian Export Association）前主席弗兰克·佩特里（Frank Petrie）对加拿大追逐商业利益的做法表示赞赏。他认为，"确保加拿大援助计划对加拿大经济产生良好影响当然是没有罪过的。我不认为政府提出的援助贸易基金（Aid-Trade Fund）会偏离以发展为优先"②。总之，从80年代中期起，发展援助中的人道主义和利他主义淡化，而商业利益和外交利益在其中的权重出现增加的趋势。

与商业界和政治界相关利益团体不同，加拿大社会的理想主义群体和普罗大众一般对发展中国家的贫困抱有较为真挚的同情。对于支持援助纯粹化的理想主义者说，这种以商业利益优先的原则是不恰当的，有悖于援助的核心属性。③ 而当时的一些民意调查也显示，加拿大公众舆论对商贸利益与发展援助绑定起来也是较为排斥的。1985年，加拿大著名民调机构德西玛研究公司（Decima Research Limited）的民意调查显示，72%的受访者反对两者绑定，只有18%的受访者认为以援助服务自身经贸利益理所应当。④ 1988年，加拿大国际发展署的调查再次显示，86%的受访者认为帮助需要者才是援助的基本原因，而13%的受访者认可将经贸利益视为发展援助的基本动力，67%的受访者反对将援助与经贸利益绑定。⑤ 也就是说，是否以援助促进加拿大的经贸利益在此时存在着较大的争论，成为马尔罗尼政府需要平衡的问题。

4. 人权标准是否纳入发展援助存在难以把握的困境

加拿大官方发展援助是在冷战背景下开始实施的，援助的初心主要是

---

① David R. Morrison, *Aid and Ebb Tide: A History of CIDA and Canadian Development Assistance* (Waterloo: Wilfrid Laurier University Press, 1998), p. 228.
② David R. Morrison, *Aid and Ebb Tide: A History of CIDA and Canadian Development Assistance* (Waterloo: Wilfrid Laurier University Press, 1998), p. 229.
③ David R. Morrison, *Aid and Ebb Tide: A History of CIDA and Canadian Development Assistance* (Waterloo: Wilfrid Laurier University Press, 1998), pp. 422-423.
④ Decima Research Limited, *The Canadian Public and Foreign Policy Issues* (Toronto: Decima, 1985), p. 62.
⑤ CIDA, *Report to CIDA: Public Attitudes towards International Development Assistance* (Ottawa: Minister of Supply and Services, 1988), pp. 27, 34.

通过援助受援国的经济，使其发展后远离苏联，抵制苏联势力范围的扩张。不过，因为急于将共产主义阻挡在受援国之外，就加拿大发展援助项目本身而言，20 世纪 60 年代末以前却没有设立非常清晰的人权标准，加拿大援助并未特别指出，一旦受援国发生侵害人权的情形就顺势减少或中止相应的援助。比如在印度，"科伦坡计划"实施以后，共产主义被污蔑为"更大的恶"，加拿大并未因为印度所谓大批"贱民"的存在这一明显侵犯人权的情形，而对印度实施援助惩罚。特鲁多执政以后，出于对援助效果的考虑，对人的基本需求的满足和对受援国是否侵犯人权的关注，在一定程度上成为加拿大发展援助给予多少的标准，尽管这种关注受到其他国家利益的掣肘其表现并不突出。1983 年 3 月，加拿大议会外交事务国防常务委员会（Standing Committee on External Affairs and National Defence）主席阿伦·麦凯琴（Allan MacEachen）表示，如果加拿大所援助的国家发生侵害人权的情况，加拿大有权中断和削减援助。因为"在人权被系统和严重侵犯的地方，是不可能推动帮助穷人的核心目标的"，援助应该倾向于分配给"那些努力维护和保护民权和政治权利的组织"，建议对改善人权记录的国家给予积极鼓励。[1] 也正因为对人权状况的不满，特鲁多政府减少了对某些国家的发展援助规模。

20 世纪 80 年代初，随着美国总统卡特和里根人权外交的展开，人权标准在西方官方发展援助领域成为一个追逐的热点。为控制"拉丁美洲"国家，美国总统里根在拉丁美洲推行了"民主运动"（Democracy Crusade），以按照西方人权和民主标准来推动当地的意识形态变革，其中包括援助尼加拉瓜的反对派。对此，马尔罗尼政府虽然在战略上采取了亲美主义外交，但对美国积极推进人权援助的做法却并不积极支持。加拿大政府主张按照加拿大的多元主义和国际主义传统采取温和的做法。1985 年，马丁·布赖恩·马尔罗尼总理授权参议院和下议院多党特别联合委员会（Special Joint Committee of the Senate and of the House of Commons）审查加拿大的国际关系。该委员会认为加拿大应在民主政治发展中发挥作用，

---

[1] David R. Morrison, *Aid and Ebb Tide: A History of CIDA and Canadian Development Assistance* (Waterloo: Wilfrid Laurier University Press, 1998), pp. 224-225.

但不能像美国那样通过提供附加政治性条件的援助或者援助受援国政治机构来实现。① 不过,在马尔罗尼上任伊始,人权标准依然继续在加拿大外交中扮演重要角色,比如,加拿大鉴于南非种族隔离政策就对南非给予了外交惩罚。1985年10月23日,马尔罗尼在联合国大会上发表讲话,谴责南非的种族隔离政策,并宣布加拿大"准备对该国及其镇压政权实行全面制裁"。1986年8月,在英联邦首脑会议上,马尔罗尼与其他五位英联邦领导人一道,通过了对南非的一揽子制裁措施,兑现了这一承诺。这些措施包括禁止南非进口农产品、铀、煤、铁、钢等物资,禁止向南非出口武器和弹药,后来扩大到禁止向南非出口计算机等高科技产品。② 作为外交政策的组成部分,加拿大发展援助也不可避免地受到了加拿大人权外交的影响。1985年,加拿大颁布《竞争与安全:加拿大国际关系指南》,宣布援助与人权相结合是加拿大对外援助需要加以考虑的主题。③

对于加拿大而言,是否将人权标准纳入发展援助是存在争议的。人权标准是一把"双刃剑"。一方面,在一定程度上,为了保证援助效果,考量人权环境有其合理性。另一方面,人权在不同国家有着不同的标准。人的基本需求,如粮食、医疗、卫生、住所、谋生能力等也是人权的一部分。如果处置不当,一味为人权而减少或废止援助,对受援国的无辜民众而言,只会加剧他们的困难境遇,背离援助的本意。

第二节 冷战结束前马尔罗尼政府对特鲁多主义的继承

面对20世纪80年代初加拿大官方发展援助的挑战和矛盾,马尔罗尼

---

① Gerald J. Schmitz, *Canada and International Democracy Assistance What Direction for the Harper Government's Foreign Policy?* (Centre for International and Defence Policy Queen's University, 2013), p. 5.
② Kim Richard Nossal, "The PM and SSEA in Canada's Foreign Policy: Dividing the Territory, 1968-1994", *International Journal* 50/1 (1994/1995), pp. 174-177.
③ Special Joint Committee of the Senate and House of Commons, Canada, *Competitiveness and Security, Directions for Canada's International Relations* (Ottawa: Supply and Services Canada, 1985), p. 36.

上任后,加拿大议会和政府部门对如何推进未来官方发展援助给予了深入和密集的研究。1985年6月,加拿大参、众两院联合委员会通过的《竞争与安全:加拿大国际关系指南》报告就确保加拿大国际关系的安全和竞争之指导原则给予了阐述。同年,以威廉姆·瓦恩加德(William Winegard)为主席的众议院外交事务与国际贸易部常设委员会(House of Common's Standing Committee on External Affairs and International Trade)成立,开始重点研究加拿大的发展援助问题。1987年1月,加拿大外交事务与国际贸易部部长莫妮克·兰德里(Monique Landry)代表外交事务与国际贸易部公布了加拿大发展援助新的行动战略《分享我们的未来:加拿大国际发展援助》(*Sharing Our Future*:*Canadian International Development Assistance*)。该战略声称,要以此战略"指导下一世纪加拿大发展援助"①。1987年5月,众议院外交事务与国际贸易部常设委员会对现有的援助政策进行了检视,提出了俗称《瓦恩加德报告》的《为了谁的福祉?众议院外交事务与国际贸易部常设委员会关于加拿大官方发展援助政策的报告》(*For Whose Benefits? Report of Standing Committee on External Affairs and International Trade on Canada's Official Development Assistance Policies*)。②该文件公布了常设委员会对加拿大发展援助长达一年半的讨论与审查结果。在这份后来被视为加拿大发展援助里程碑式的文件中,常设委员会对加拿大发展援助的未来走向提出了115条建议。4个月之后(1987年9月),加拿大联邦政府内阁针对众议院常设委员会的报告,颁布了《为了造福于一个更好的世界:加拿大政府对于众议院外交事务与国际贸易部常设委员会报告的回复》(*To Benefit a Better World*:*Response of the Government of Canada to the Report of the Standing Committee on External Affairs and International Trade*)。这篇回复(后简称《为了造福于一个更好的世界》)逐一回应了众议院常设委员会的决议,接受了《瓦恩加德报告》所提115条建议中的98条,

---

① Canadian International Assistance Agency, *Sharing Our Future*:*Canadian International Development Assistance* (Ottawa:Canadian International Assistance Agency, 1987), p. 5.
② House of Common's Standing Committee on External Affairs and International Trade, *For Whose Benefits? Report of Standing Committee on External Affairs and International Trade on Canada's Official Development Assistance Policies* (Ottawa:Queen's Printer, 1987).

部分接受了另外中的13条。① 以上文件澄清了加拿大社会关于援助问题的争论和困惑，在官方层面确立了加拿大未来发展援助的原则和规划。总体上看，以上文件对特鲁多时期的官方发展援助原则给予了继续支持和遵循。

1. 继续坚持以扶贫和发展为基本宗旨不变

对于世界上发展中国家的落后，马尔罗尼执政之下的加拿大官方有着较为现实的认知。加拿大外交事务与国际贸易部公布的行动纲要《分享我们的未来：加拿大国际发展援助》援引世界银行的报告对发展中国家的贫困进行了客观阐述，认为发展中国家持续贫困更需要加拿大的发展援助。它说，1984年世界上最不发达国家人均GDP只有350美元，8000万民众无任何医保，14亿人没有洁净饮水；每秒钟有24个人死于饥饿或有关疾病。非洲情况尤其严重，40个不发达国家有27个在非洲。② 在高等教育方面，加拿大接受高等教育的人口占40%，而发展中国家高校入学率只有3%（不含中国、印度），男女的寿命加拿大分别为72岁和79岁，但发展中国家分别只有49岁和51岁（不含中国、印度），1~4岁死亡率之比则为1∶19，汽车保有量之比是43∶3，电话保有量之比是66.4∶3。③《为了造福于一个更好的世界》则指出，世界人口到2000年将会超过60亿，约8亿人一天吃不上两顿饱饭。④ 加拿大国际发展署在《分享我们的未来：加拿大国际发展援助》中表示，鉴于南北国家的经济差距悬殊，加拿大作为发达国家之一，发展援助的基本目标是"帮助世界上最穷困的国家和人民"，"帮助人民实现自助"。⑤ 在发展目标上，加拿大政府表示减贫为优先

---

① Canada Government, *To Benefit a Better World: Response of the Government of Canada to the Report of the Standing Committee on External Affairs and International Trade* (Ottawa: Supply and Services, 1987), p. 1.

② Canadian International Assistance Agency, *Sharing Our Future: Canadian International Development Assistance* (Ottawa: Canadian International Assistance Agency, 1987), p. 24.

③ Canadian International Assistance Agency, *Sharing Our Future: Canadian International Development Assistance* (Ottawa: Canadian International Assistance Agency, 1987), p. 23.

④ Canada Government, *To Benefit a Better World: Response of the Government of Canada to the Report of the Standing Committee on External Affairs and International Trade* (Ottawa: Supply and Services, 1987), p. 18.

⑤ Canadian International Assistance Agency, *Sharing Our Future: Canadian International Development Assistance* (Ottawa: Canadian International Assistance Agency, 1987), p. 23.

第三章 马尔罗尼执政与特鲁多主义的延续（1984~1991） 121

选项（包括健康、家庭计划、营养、教育等），要帮助经济体处理债务，保证环境可持续发展，提升妇女参与和粮食安全。为满足援助之需，政府表示到1990~1991年维持ODA/GNP的水平不变，1995年将增长到0.6%，2000年则达到0.7%。[1]

在加拿大政府积极推动下，马尔罗尼执政后到冷战结束前，加拿大官方发展援助并未受到国际发展援助增势停滞的影响，在规模上相对出现了明显增长。在援助数额上逐年增多，到1991年增加到30亿加元以上。[2] 在ODA/GNP方面，1985/1986财政年度为0.46%，低于上一年度的0.49%，但1986~1988年都保持在了0.5%的水平。[3] 与发展援助委员会的其他国家相比，1987年，发展援助委员会援助总额为415.3亿美元，加拿大为18.85亿美元，占4.54%，居发展援助委员会18个成员国第7位，超过挪威、荷兰、丹麦、瑞典、芬兰、比利时、瑞士、新西兰、爱尔兰、奥地利。[4] ODA/GNP之比值（0.46%）居第8位，次于挪威（1.10%）、荷兰（0.96%）、丹麦（0.88%）、瑞典（0.85%）、法国（0.75%）、芬兰（0.50%）、比利时（0.49%），高于美国、联邦德国、英国。[5] 到1988/1989财政年度，加拿大官方发展援助净额达到29.3亿加元，达到当年国民生产总值的0.49%。无论是援助的绝对份额还是相对份额，加拿大在发展援助委员会成员国中都位居中等水平。1985~1988年，加拿大官方发展援助中政府间双边援助达到60%~68%，多边援助（如世界银行、美洲开发银行、联合国开发计划署、联合国儿童基金会、世界卫生组织、非洲发展银行等[6]）占31%~39%。其

---

[1] Canada Government, *To Benefit a Better World: Response of the Government of Canada to the Report of the Standing Committee on External Affairs and International Trade* (Ottawa: Supply and Services, 1987), p. 25.
[2] "Trends in Total Canadian ODA Disbursements", http://aidwatchcanada.ca/canadian-aid-trends/canadian-oda-disbursements/，最后访问日期：2019年8月15日。
[3] Canadian International Assistance Agency, *Sharing Our Future: Canadian International Development Assistance* (Ottawa: Canadian International Assistance Agency, 1987), p. 22.
[4] 易梦虹主编《当代南北经济关系》，南开大学出版社，1994，第146页。
[5] 日本经济企划厅综合计划局：《九十年代的太平洋经济——太平洋地区经济中期展望研究会报告》，中国经济出版社，1991，第89页。
[6] 1988年，加拿大在亚洲开发银行的捐资额位居第四，在美洲开发银行的捐资额居第4位，在非洲开发银行捐资额居第3位，在加勒比开发银行的捐资额居第1位。见易梦虹主编《当代南北经济关系》，第148页。

中，双边援助涉及85个国家和地区，援助项目超过1000个，向非政府组织提供的资助项目达到4000多个。① 1987/1988财政年度，受加拿大发展援助资助的非政府组织达到400多个，相关项目有3500多个。② 非政府机构的项目往往规模较小，形式多样，灵活适应性强，发挥了积极的作用。

为帮助最不发达国家缓解经济窘迫，马尔罗尼执政时期继承了特鲁多政府援助最贫困发展中国家的传统，其中非洲所占份额增加明显。1985年，加拿大双边援助额中非洲英语国家和非洲法语国家各占19.4%和21.5%，加勒比和拉丁美洲国家占14.2%，亚洲占43.6%，这些国家的80%属于低收入国家和最不发达国家。③ 1986年，为支持最穷国，加拿大政府取消了双边援助中的贷款方式，全部改为赠予，且给予加拿大国际发展署相应的地区机构更大的决定权，以更好地援助穷国。④ 1987年，加拿大分别免除了撒哈拉以南非洲和加勒比地区的ODA债务9.48亿美元和1.82亿美元。到1992年，加拿大40%的援助给予了撒哈拉以南非洲国家，主要受援国为加纳、莫桑比克和坦桑尼亚等。⑤ 以坦桑尼亚为例，加拿大在这一时期重在援助坦桑尼亚的农业生产能力。坦桑尼亚是加拿大援助非洲的重点地区之一。早在70年代初，加拿大国际发展署和坦桑尼亚政府就合作在坦桑尼亚北部偏僻草原上建立农场。1989年7个农场共产出50000吨农产品，满足了坦桑尼亚国内需求的40%。⑥ 1979~1984年为推进该项目，加拿大援助了坦桑尼亚价值3500万加元的设备。马尔罗尼政府时期，加拿大政府继承了特鲁多对坦桑尼亚的农业援助策略。到1989年，加拿大在坦桑尼亚累计建了100000英亩农场，比原计划多了30000英亩。加拿大的农业开发援助很大程度上缓解了坦桑尼亚的粮食匮乏，得到了坦桑尼亚政府的热烈欢迎。为了配合加拿大的援助计划，坦桑尼亚政府甚至出动警

---

① 易梦虹主编《当代南北经济关系》，南开大学出版社，1994，第146页。
② 易梦虹主编《当代南北经济关系》，第149页。
③ 易梦虹主编《当代南北经济关系》，第147页。
④ 易梦虹主编《当代南北经济关系》，第147页。
⑤ 蔡玲明：《加拿大官方发展援助的政策和特点》，《国际经济合作》1995年第8期，第44页。
⑥ Charles Lane, "Wheat at What Cost? CIDA and the Tanzania-Canada Wheat Program", in Jamie Swift and Brian Tomlinson, *Conflicts of Interest: Canada and the Third World* (Toronto: Between Lines, 1991), p.136.

察以罚款、驱逐等手段强制让当地部落搬迁腾地。当地部族支持加拿大的援助，但反感当地政府的野蛮行径，一度向加拿大国际发展署投诉。①

此外，加拿大还致力于针对草根阶层的医疗卫生、清洁用水、幼儿教育、营养提升等与人的发展相关的一些项目。比如，在医疗卫生方面，六种最常见的可预防的疾病，包括麻疹、破伤风、百日咳、脊髓灰质炎、白喉、结核病"每年导致约 400 万名儿童丧命，400 万人残疾"。每分钟有 27 个婴幼儿因为营养不良和可预防疾病得不到治疗而死。每年有 50 万名孕妇因怀孕生产或相关疾病去世。针对这些情况，在过去十年，加拿大曾拨款 8000 万加元支援英联邦和法语的发展中国家（3650 万加元给印度；2500 万加元给其他英联邦国家，1800 万加元给法语国家）。同时在过去十年还拨款 500 万加元给 WTO 用于治疗艾滋病。"基本的医护必须为这农村和城市贫民窟最需要的人着想"②。

2. 坚持发展援助与促进国家经贸利益相挂钩

推进本国贸易利益是加拿大参与 ODA 以来一直存在的目标。该目标在马尔罗尼上台后遭到了某些理想主义人士的反感。正如《瓦恩加德报告》向联邦政府所建议的，"援助项目不是为了加拿大的商业利益，不是加拿大推进贸易目标的工具"。加拿大援助应该有助于"满足最贫穷国家和人民的需要"。该报告呼吁加拿大政府不要将地缘政治和经济利益置于人道主义之上。该报告批评说，在加拿大高级官员眼中，"当问到他们如何排列 ODA 中国际利益的时候，他们的回答确定是这样的：政治第一，商业第二，发展第三。这是发展援助的一个观点，不是我们的看法，更不是加拿大人民的立场"。报告要求减少绑定性采购。"选择国家的标准应该确定和发展有关，而不是屈服于商业或者外交的考量"③。

不过，在现实中，《瓦恩加德报告》这种理想的、利他主义的态度并不

---

① Charles Lane, "Wheat at What Cost? CIDA and the Tanzania-Canada Wheat Program", in Jamie Swift and Brian Tomlinson, *Conflicts of Interest: Canada and the Third World* (Toronto: Between Lines, 1991), pp. 134-136, 144.

② Canadian International Assistance Agency, *Sharing Our Future: Canadian International Development Assistance* (Ottawa: Canadian International Assistance Agency, 1987), p. 37.

③ House of Common's Standing Committee on External Affairs and International Trade, *For Whose Benefit? Report of Standing Committee on External Affairs and International Trade on Canada's Official Development Assistance Policies* (Ottawa: Queen's Printer, 1987), pp. 9-8, 10, 65.

具备坚实的利益基础。早在1984年,除了绑定购买,加拿大国际发展署就成立工业合作处(Industrial Cooperation Branch)推动加拿大商业利益。单就投资而言,"自1978年以来到马尔罗尼任总理的第二年(1986年),加拿大国际发展署和加拿大出口发展公司(Export Development Canada)一道参加了23个项目的融资,合计在加拿大的绑定购买额达到了15亿加元"①。可以说,从皮埃尔·特鲁多到马丁·布赖恩·马尔罗尼,官方发展援助对经贸利益的追求一脉相承,为加拿大扩大与受援国的经贸往来提供了便捷通道。这其中的巨大经贸利益对加拿大是一个巨大的吸引,马丁·布赖恩·马尔罗尼政府自然继承了特鲁多政府对经贸利益的追逐。1987年1月,加拿大外交事务与国际贸易部关于ODA的文件《分享我们的未来:加拿大国际发展援助》对加拿大ODA中绑定购买做了某些让步,规定粮食双边援助项目中撒哈拉以南非洲国家、其他区域最不发达国家的购买限制大规模取消,非粮食双边援助项目中撒哈拉以南非洲国家及最不发达国家非绑定购买比重可以达到50%,而对于其他地区,粮食援助95%限定在加拿大购买的规定仍然保持不变,只是规定非粮食双边援助项目非绑定购买比重至多可以扩大到33.1%~33.3%。② 在此基础上,1987年9月,加拿大联邦政府《为了造福于一个更好的世界》正式对《瓦恩加德报告》削减商业利益追求的建议做出了这样的回应。"对加拿大而言,它收入的三分之一来自出口,一个开放的国际环境和金融环境是必不可少的。类似地,对于发展中国家,如果没有贸易,它也不能加速经济发展,也不能促进社会进步。加拿大的经济利益与发展中国家潜在的进步紧密相连。他们在科技、技术和商品及服务上的需求加拿大可以在竞争的基础上提供,这给我们提供了在互惠的基础上扩大和延伸加拿大(与发展中国家)经济和商业关系的机会。"③

---

① Martin Rudner, "Trade Cum Aid in Canada's Official Development Assistance Strategy", in Brian W. Tomlin and Maureen Appel Molot, eds., *Canada Among Nations 1986: Talking Trade* (Toronto: Lorimer, 1987), p. 136.

② Canadian International Assistance Agency, *Sharing Our Future: Canadian International Development Assistance* (Ottawa: Canadian International Assistance Agency, 1987), pp. 52, 53.

③ Canada Government, *To Benefit a Better World: Response of the Government of Canada to the Report of the Standing Committee on External Affairs and International Trade* (Ottawa: Supply and Services, 1987), p. 14.

"加强加拿大公民、机构和发展中国家的联系,简而言之,加强彼此的伙伴关系。"言下之意,加拿大将继续鼓励在受援国加强贸易和投资,以促进加拿大的商贸利益。① 由此,直到1988年,加拿大双边援助的80%仍然规定必须在加拿大购买,粮食绑定购买继续维持在最多95%的水平上。这反映了加拿大西部农业利益集团和加拿大农业部对加拿大援助政策的影响。②

同时,加拿大国际发展署文件《分享我们的未来:加拿大国际发展援助》鼓励加拿大发展援助项目帮助发展中国家发展私营经济。"发展中国家必须能够通过生产满足需求的货物和服务,在国际市场上卖出它们来谋生,这正是私营部门擅长的",推动私营经济发展可以"推进自力更生的繁荣,以至于他们能够在创造全球繁荣方面变成与工业国平等的伙伴"③。在加拿大国际发展署看来,加拿大工商界(Business Community)是"国际发展努力(efforts)当中必不可少的伙伴,应该是国际发展项目中货物和服务的主要来源者"。《分享我们的未来:加拿大国际发展援助》建议在未来几年(1985~1988年)将工业合作项目(Industrial Cooperation Program)的预算增加约一倍,从2800万加元提升到6100万加元,到1993年则增长到其官方发展援助总额的4%。"这是加拿大国际发展署项目中增长最多的一个"④。其中,1984/1985财年和1986/1987财年,加拿大给予商业合作项目(Business Cooperation Program)的实际拨款从2700万加元增加到4500万加元。1987年9月,加拿大联邦政府《为了造福于一个更好的世界》也指出:"健全的发展在于加拿大自身长期的经济利益","在发展

---

① Gerald Schmitz, Marcus Pistor, Megan Furi, "Aid to Developing Countries", http://publications.gc.ca/collections/Collection-R/LoPBdP/CIR/7916-e.htm,最后访问日期:2019年8月2日。
② David Gillies, "Do Interest Grious Make a Difference? Domestic Influences on Canadian Development Aid Policies", in Irving Brecher, *Human Rights, Development and Foreign Policy: Canadian Perspectives* (Halifax: PDS Research Publishing Services Limited, 1989), p. 446.
③ Canadian International Assistance Agency, *Sharing Our Future: Canadian International Development Assistance* (Ottawa: Canadian International Assistance Agency, 1987), p. 59.
④ Canadian International Assistance Agency, *Sharing Our Future: Canadian International Development Assistance* (Ottawa: Canadian International Assistance Agency, 1987), p. 77.

的背景下",加拿大要争取"发展合作项目目标与加拿大其他外交目标"的互补。①

3. 坚持援助与人权标准相绑定的原则

在特鲁多政府时期,基本人权被加拿大视为援助与否的标准之一,但并不直接介入受援国民主制度。在马尔罗尼上台之后,这一原则继续坚持并得到了加强。1984年,加拿大国际发展署一份档案显示,"我们项目的性质和程度"受到"发展伙伴人权记录的影响",受援国一旦发生有损人权的行径,会受到撤出援助等惩罚。② 1985年6月12日,加拿大参、众两院成立了联合委员会(Special Joint Committee of the Senate and of the House of Commons)来评估加拿大的外交关系,其中专门讨论了加拿大援助与人权的关系。两院联合委员会在其颁布的最后报告《独立和国际主义:参众两院联合委员会就加拿大外交关系的报告》(*Independence and Internationalism: Report of the Special Joint Committee of the Senate and House of Commons on Canada's International Relations*)——俗称《霍金-西马尔报告》(*The Hockin-Simard Report*)——把人权放在了加拿大外交的优先位置,建议专门为此设立一个国际人权与民主发展研究院(International Institute of Human Rights and Democratic Development),该机构以"防止或打击侵犯人权行为"为优先,重点援助穷人、土著人民、妇女和儿童事务,资助各类人权组织,如人权机构、合法援助办公室、选举委员会和人权会议③以资促进受援国民众"政治权、民权和文化权的长远发展"。"在加拿大国际关系中人权是其必不可少的而非边缘性的组成部分"。该专门委员会援引加拿大教会理事会(The Canadian Council of Churches)的观点指出,"所有的人民,无论他们意识形态、文化或政治制度如何,都希望免于失踪、任意逮捕、任意拘押、酷刑和法外处决以及受国家支持的歧视"。面对可能

---

① Canada Government, *To Benefit a Better World: Response of the Government of Canada to the Report of the Standing Committee on External Affairs and International Trade* (Ottawa: Supply and Services, 1987), p. 6.

② CIDA, *Elements of Canada's Official Development Assistance Strategy* (Ottawa: CIDA, 1984), pp. 36, 35.

③ David R. Morrison, *Aid and Ebb Tide: A History of CIDA and Canadian Development Assistance* (Waterloo: Wilfrid Laurier University Press, 1998), pp. 322-327.

第三章　马尔罗尼执政与特鲁多主义的延续（1984~1991）　127

的系统地侵害基本人权的行为，"委员会相信一个基本的（人权）标准可以有效启动和指导加拿大的人权政策"。①

1987年5月，《霍金-西马尔报告》关于人权的建议被写入加拿大众议院外交事务与国际贸易部常设委员会的《瓦恩加德报告》。该报告宣称，"人权"是官方发展援助的重要标准，并把"建立和平和促进民主发展"作为核心目标之一。②对《霍金-西马尔报告》所提出的人权目标表示支持。《瓦恩加德报告》提出，紧急人道援助不受人权前提条件限制，但也要对之"紧密监督以防止出现侵犯人权的情况"，建议加拿大国际发展署将受援国按人权状况分为四个类型，对之进行相应奖惩。该报告建议"加拿大国际发展署要进一步和外交部合作，每年准备官方发展援助和人权的评估材料呈交议会、委员会（对外援助政策和项目常设委员会）和人权常设委员会"③。支持人权的同时，加拿大一些非政府组织，包括部分《瓦恩加德报告》的起草者反对美国式的干涉主义，反对援助与促进民主的消极联系，他们担心如果像美国那样直接干预民主，等于将加拿大置于一个政治雷区，转而建议以促进相关"机制的发展"代替提及的民主字眼儿。④

针对《瓦恩加德报告》给出的人权建议，加拿大联邦政府《为了造福于一个更好的世界》对以人权为标准给予了积极附和，表示最基本的人权，包括居住权、健康权、营养权、教育权和就业机会是加拿大外交

---

① Special Joint Committee of the Senate and House of Commons on Canada's International Relations, *Independence and Internationalism: Report of the Special Joint Committee of the Senate and House of Commons on Canada's International Relations* (Ottawa: Supply and Services Canada, June 1986), pp. 100, 102-105.

② House of Common's Standing Committee on External Affairs and International Trade, *For Whose Benefit? Report of Standing Committee on External Affairs and International Trade on Canada's Official Development Assistance Policies* (Ottawa: Queen's Printer, 1987), pp. 64, 125.

③ House of Common's Standing Committee on External Affairs and International Trade, *For Whose Benefit? Report of Standing Committee on External Affairs and International Trade on Canada's Official Development Assistance Policies* (Ottawa: Queen's Printer, 1987), pp. 25-30, 130-131.

④ Gerald J. Schmitz, *Canada and International Democracy Assistance What Direction for the Harper Government's Foreign Policy?* (Centre for International and Defence Policy Queen's University, 2013), p. 5.

不可缺少的一部分。①"在那些系统地、粗暴地和持续地侵犯人权的国家，在那些援助不能像所期望的一样为人民所用的国家，政府援助将会被削减或停止"②。不过，政府同时认为，人权四分法在现实中难以操作。"政府的观点是，人权在发展政策上操作起来比较有效，（但）人权方面很难在理论上设立一个严格的标准"，"政府认为每年向议会提交对具体的案例和状况进行鉴定并进行评判的报告，并不有助于加拿大的外交政策利益"③。但尽管如此，加拿大国际发展署仍然同意对受援国人权事务进行非公开讨论，内阁会把相关讨论呈交相关的议会委员会，供议会听证参考。④

对此，加拿大主要党派——包括自由党和新民主党等——都表示了明确支持加拿大在援助中纳入人权考量。加拿大邮政公司前主席（Chairman of Canada Post）、自由党政治家安德烈·韦雷（André Ouellet）认为，政府在人权标准方面做得还不够。"政府因此要继续积极但谨慎地促使人权目标和发展援助的彼此和谐。在那些普遍和长期侵害人权的地方，给予有效的发展援助是不可能的，那样加拿大援助会中止或者将要被中止。在一些人权受侵害没那么严重的地方，通过非政府组织或者多边渠道，援助有时是最有效的。……在业已提升他们人权业绩的国家或者那些发生改变情形，需要被鼓励的国家，政府已经努力提高给予他们发展援助的水平。"⑤自由党肯定了《瓦恩加德报告》在人权方面的积极价值，建议加拿大政府

---

① Canada Government, *To Benefit a Better World: Response of the Government of Canada to the Report of the Standing Committee on External Affairs and International Trade* (Ottawa: Supply and Services, 1987), p. 27.

② Cranford Pratt, *Canadian International Development Assistance Policies: An Appraisal* (Montreal: McGill-Queen's University Press, 1994), p. 250.

③ Canada Government, *To Benefit a Better World: Response of the Government of Canada to the Report of the Standing Committee on External Affairs and International Trade* (Ottawa: Supply and Services, 1987), pp. 50, 54.

④ Canadian International Assistance Agency, *Sharing Our Future: Canadian International Development Assistance* (Ottawa: Canadian International Assistance Agency, 1987), pp. 31-32.

⑤ Government of Canada, *Canada's International Relations: Response of the Government of Canada to the Report of the Special Joint Committee of the Senate and the House of Commons* (Ottawa: Minister of Supply and Services), 1986, p. 25.

"在涉及人权的情况下与加拿大非政府组织密切协商；将人权问题列入国际金融机构的议程；加拿大国际发展署与外交部合作准备年度官方发展援助与人权审查"①。新民主党方面，联合教会牧师（United Church Minister）和新民主党前议员吉姆·曼利（Jim Manly）在议会发言表示："人权和发展之间有着必不可分的联系，对人权的剥夺或者侵害有时会阻碍发展的进程。所以，人权标准对于维系加拿大援助的妥当拨付是必不可少的。"② 他认为加拿大将人权前提条件与援助绑定有三个理由：

1. 我们需要维护纳税人资助的 27 亿加元援助项目的信誉（credibility）……那些侵害他者人权的人侵害了人类的团结（human solidarity），将援助给予他们在根本上与人类的团结相违背。2. 在一个严重、系统和持续侵犯人权的氛围中，加拿大发展工作人员的安全是无法保证的。……如果他们不尊重他们自己人民的生命和权利的话，也指不上他们尊重发展工作人员的生命和权利。这也是 80 年代早期加拿大从萨尔瓦多和危地马拉撤出（援助）的原因之一。3. 普罗大众的发展在一个压迫的环境中是无法发生的。我可以简单地以海地和南韩为例给予说明。在海地目前的危机爆发之前，南北研究所的菲利普·英格里希（Philip English）在一项对海地官方发展援助的研究中，讲述了富人是如何从发展援助中攫取海地土地或道路建设的。③ 腐败和压迫抢走了本该直接给普罗大众的福祉，阻碍了援助所能产生的任何倍增效应（multiplier effect）……加拿大-亚洲工作组（Canada-Asia Working Group）在向第 44 届联合国人权委员会（Session of UN Commission on Human Rights）提交的报告中展示了另一种情形，该工作组认为，韩

---

① André Ouellet, "Canadian Foreign Aid and Human Rights: A Liberal Party View", in Irving Brecher, *Human Rights, Development and Foreign Policy: Canadian Perspectives* (Halifax: PDS Research Publishing Services Limited, 1989), p. 400.

② Jim Manly, "Canadian Foreign Aid and Human Rights: A New Democratic Party View", in Irving Brecher, *Human Rights, Development and Foreign Policy: Canadian Perspectives* (Halifax: PDS Research Publishing Services Limited, 1989), p. 404.

③ E. Philip English, *Canadian Development Assistance to Haiti: An Independence Study* (Ottawa: the North-South Institute, 1984).

国的"经济奇迹"素来是建立在农业人口的减少、低工资、世界上最长的工作周、频发的工业事故、非人性化（depersonalization）、对女性的压迫以及对工会的压制的基础之上。①

1988年，根据议会决议，加拿大人权与民主发展国际研究中心（International Centre for Human Rights and Democratic Development）正式成立，新民主党（NDP）领袖埃德·布罗德本特（Ed Broadbert）被任命为首任主席，加拿大国际发展署为此给予了500万加元的启动拨款（为期五年）。② 该机构名称包含民主，但其援助的重点还是人权。该机构非常明确地将其任务置于"国际人权法案"（International Bill of Rights）中。

在加拿大社会公众舆论中，人权得到了较普遍的关注，加拿大社会中最突出支持国际发展合作的群体对人权同样非常关注。加拿大社会舆论中大多数人对官方发展援助中纳入人权标准持赞同态度。更现实的观点认为，将援助给予那些侵犯经济、社会和政治基本人权的国家很可能会造成援助效率的低下。根据1987年10月南北研究所民意调查，29%的受调查者认为他国境内人权受到侵害与加拿大无关，68%的受调查者认为加拿大政府应该严厉反对他国境内发生的侵害人权的事。1988年，约86%的加拿大人认为，人权对于加拿大是一个非常重要的主题。③ 在实际的援助中，加拿大部分贯彻了人权优先的原则。1984年12月，渥太华宣布鉴于人权得到改善，恢复了对萨尔瓦多的援助。1985年由马尔罗尼总理授权的参议院和众议院多党特别联合委员会审查了加拿大的国际关系，认为加拿大应

---

① Canada-Asia Working Group, "Human Rights in Asia, Sub-mission to the 44th Session of the United Nations Commission on Human Rights, Geneva, 1988", p. 18, in Irving Brecher, *Human Rights, Development and Foreign Policy: Canadian Perspectives* (Halifax: PDS Research Publishing Services Limited, 1989), p. 405.

② Gerald J. Schmitz, *Canada and International Democracy Assistance What Direction for the Harper Government's Foreign Policy?* (Centre for International and Defence Policy Queen's University, 2013), p. 5.

③ The North-South Institute, "Fighting Different Wars: Canadians Speak Out on Foreign Policy", in *Review 87/Outlook 88* (Ottawa: the North-South Institute, Jan. 1988), pp. 11-12, in Irving Brecher, *Human Rights, Development and Foreign Policy: Canadian Perspectives* (Halifax, N. S.: Institute for Research on Public Policy, 1989), p. 412.

该在民主政治发展中发挥作用。1986年危地马拉宣布实行民主化改革，渥太华随即在11月宣布重启对其的援助。1986年菲律宾马科斯倒台，阿基诺上台改善了人权，加拿大许诺五年内向菲律宾提供1亿加元援助。[1] 1990年古巴、越南、柬埔寨、利比亚、老挝均因为加拿大认为其人权状况不佳，被安排在不受加拿大援助之列。1991年末，海地、扎伊尔［今刚果（金）］也因人权记录不佳，被中断了双边援助。不过，此时加拿大人权优先的原则也并非绝对的。比如，1980年到1998年的印度尼西亚是一个严重侵犯人权的国家，随意逮捕、未审先判、法外行刑屡见不鲜，[2] 但鉴于印度尼西亚在东南亚地区积极反共的冷战立场，加拿大依然对印度尼西亚给予了积极的发展援助。1984/1985财年和1986/1987财年，印尼一直是加拿大援助的第四大受援国。[3]

4. 延续了对开发人力资源以图"授人以渔"的重视

正所谓"授人以鱼不如授人以渔"，相对于发达国家的人力资源短缺，人力资源众多是发展中国家赖以改变落后局面的基础，援助人力资源开发就等于为受援国提供良好的劳动力。在马尔罗尼上台后，帮助发展中国家发展人力资源，成为其延续特鲁多总理援助机制的重要一环。加拿大国际发展署指出，"在数代人的历史上，教育和培训在加拿大发展中起了巨大的作用。对于发展中国家而言，会起到同样的作用。加拿大在这些领域可以提供高质量的资源"，"人力资源开发应该是发展援助的最优先的项目，因为第三世界国家需要大量有能力、受过良好训练和教育的人来推进他们国家的发展，实现他们的目标"。"加拿大新的发展合作战略增强了对人力资源开发的重视……提出了一系列旨在'视人力资源'为加拿大援助公认特征"的行动。在这一思想原则的指导下，加拿大进一步削弱了原来侧重资本和基础设施的"大工程"援助的模式，"未来加拿大国际发展署在它的优先安排和支出方面会发生一个巨大变化，从大规模的资金工程转向人

---

[1] Martin Rudner, *Canada and the Philippines: The Dimensions of a Developing Relationship* (North York, Ont., Captus Press Inc., 1990), pp. 4-5, 52-54.

[2] Amnesty International, *Torture in the Eighties* (London: Amnesty International Publications, 1984), pp. 189-191.

[3] Cranford Pratt, *Canadian International Development Assistance Policies: An Appraisal* (Montreal: McGill-Queen's University Press, 1994), p. 245.

力资源开发项目,以便为受援国提供更多训练和教育资源"①。

按照上述原则,马尔罗尼上台以后,加拿大持续加大了对发展中国家的人力资源援助力度。除了配合援助项目向受援国派出技术人才之外,马尔罗尼上任伊始,就宣布加拿大政府将增加1000名奖学金名额,资助受援国派人员来加拿大学习。1985~1986年,加拿大国际发展署资助了6300名学生和技术人员接受加拿大的培训,其中有3300人被资助到加拿大学习。② 1987年,加拿大国际发展署的援助规划文件《分享我们的未来:加拿大国际发展援助》提出,此后五年,加拿大会将援助发展中国家人力资源培训的名额扩大一倍,达到12000人,其中一半人可到加拿大进行研究性学习或受训。作为第一步,加拿大国际发展署和加拿大一些大学合作,首批拨款130万加元作为启动资金。③ 此外,1990~1995年,将援助经费资助的学生和人员的数量翻一番,达到每年1200名,所涉及领域除了突出对专业人员和管理人员教育外,还体现了对文盲、小学教育和基本健康医疗的关心。增加的援助奖学金有一半用于技术和职业培训,其中一大半由私营企业来执行,强化了在加拿大学习人员的实训能力。④

第三节 冷战结束前加拿大对华官方发展援助

加拿大对中国的官方发展援助开始于特鲁多时期,1981年开始提供发展援助,1982~1986年援助中国8000万加元,主要用于中国农林、能源和人才开发领域。⑤ 马尔罗尼上台后,继续了特鲁多与中国保持联系的立场,仍然坚持对中国提供发展援助。1985年10月11日,马尔罗尼在下议院演

---

① Canadian International Assistance Agency, *Sharing Our Future: Canadian International Development Assistance* (Ottawa: Canadian International Assistance Agency, 1987), p. 37.
② Canada Government, *To Benefit a Better World: Response of the Government of Canada to the Report of the Standing Committee on External Affairs and International Trade* (Ottawa: Supply and Services, 1987), p. 46.
③ Canadian International Assistance Agency, *Sharing Our Future: Canadian International Development Assistance* (Ottawa: Canadian International Assistance Agency, 1987), p. 41.
④ 林辉基:《亚太地区国际关系概论》,山东人民出版社,1995,第438~439页。
⑤ 《当代中国》丛书编辑委员会:《当代中国对外贸易》(上),当代中国出版社,1992,第455页。

讲时表示，"我已向中国总理和中国国家主席表示，本届政府的意图是奉行我的前任特鲁多先生提出的政策，我对此表示同意。我们在任何情况下都尊重这一点"①。到 1985 年底，加拿大国际发展署对中国每年的援助开支达到 3000 万加元。1986 年马尔罗尼访问北京时宣布五年内对华援助翻一番，提高到 2 亿加元。② 1986 年 10 月 24 日，中加签订相关技术合作项目协议。"按照协议，对外经贸部技术进出口局和加拿大国际发展署每年在北京会晤两次，双方根据中国经济需要和技术水平选定合作项目。双方商定，加拿大国际发展署在三年内专门拨款 500 万加元对双方选定的援助项目进行可行性研究，对每个项目资助最多不超过 50 万元。"③ 为妥善推进对中国的发展援助，加拿大国际发展署于 1987 年制定了对中国的援助战略（the China Strategy of 1987）。加拿大国际发展署中国计划的战略重点是"技术转让和人力资源"④，旨在帮助中国克服其经济和社会进步中所遇到的知识和技能障碍。1986 年到 1990 年，加拿大国际发展署中国人力资源开发项目预算为 8510 万美元，占了其同期对中国 ODA 计划金额（1.5 亿美元）的 57%。⑤ 加拿大对中国人力资源开发项目涉及的范围较为广泛，包括了农村扶贫开发、林业管理人才开发、现代管理与专业技术人才开发等。

1. 农村扶贫开发项目

加拿大国际发展署对华农村扶贫援助，主要是支持贫困地区的小型职业培训、种植业及养殖业项目。在西北地区，1986~1995 年加拿大国际发展署提供了 2600 万元人民币在中国西北地区设立了 400 个扶贫项目，特别是提升少数民族和女性的谋生能力。1989 年到 1995 年，在甘肃会宁县、

---

① B. Michael Frolic, "Canada and China: The China Strategy of 1987", in Huhua Cao and Vivienne Poy (eds.), *The China Challenge*: *Sino-Canadian Relations in the 21st Century* (Ottawa: University of Ottawa Press, 2011), p. 49.
② 林辉基:《亚太地区国际关系概论》，山东人民出版社，1995，第 439 页。
③ 季宗威:《技术进出口实务》，山东人民出版社，1990，第 191~192 页。
④ B. Michael Frolic, "Canada and China: The China Strategy of 1987", in Huhua Cao and Vivienne Poy (eds.), *The China Challenge Sino-Canadian Relations in the 21st Century* (Ottawa: University of Ottawa Press, 2011), p. 57.
⑤ Anne Bernard, Charles Lusthaus, Paul McGinnis, "Overview of China HRD Concept Papers", *A Review of Human Resource Development in China* (Hull, Quebec, CIDA, March 1992), p. 7.

宁夏西吉县提供了 6000 万元人民币用于支持职业训练、健康医疗、农业基础设施及乡镇企业发展。另外，中加女性发展工程（Canada-China Women in Development Project）向中华全国妇女联合会援助了 450 万加元（约合 2900 万元人民币），用于提升国内女性尤其是贫困地区女性的地位和谋生技能。① 从 1988 年起，加拿大国际发展署就通过加拿大驻华使馆和中国国家民族事务委员会外事司，开始了对中国西北地区项目的援助与合作。到 1991 年，向中国青海、陕西、宁夏西北民族地区的 57 个建设项目提供了近 114 万元人民币的无偿援助。以青海为例，加拿大曾向湟源县巴燕乡地毯厂几十名女工提供了 6800 元人民币的培训费（当时该厂工人月工资为 70 元）。青海省互助县双树乡新元村村民徐德英通过参加加拿大资助的种植和养殖技术培训，掌握了养猪技术，每头猪节约成本 280 元，成为万元户。1990 年，陕西省千阳县接受加拿大援助基金开办了果树栽培和编织技术培训班，受到了热烈欢迎，在计划内培训人数 322 人之外，还有 29 人慕名参加了培训班。②

在东北地区，1986 年，加拿大国际发展署决议向黑龙江援助 211 万加元，协助该省繁育奶牛的项目（Integrated Dairy Cattle Breeding Project），包括培训人才、冷藏牛的精子和胚胎等（黑龙江省配套 225 万元人民币），该项目实施以后被誉为中加合作的典范。在项目实施中，6 名留学生前往加拿大进行了 27 个月的培训，掌握了繁育奶牛所需要的技术、计算机操作、家畜营养学等知识。17 名项目官员和技术人员前往加拿大访问学习。加拿大派遣 16 人次前往黑龙江进行实地指导并提供了相关仪器 120 台（件）、优质公牛冻精 1400 剂、高产奶牛冻胚 104 枚。通过援助，黑龙江繁育奶牛的冻精技术从传统的颗粒冻精提升为塑料细管冻精，数量提高 30%，受精率提高 15%，到 1992 年初通过这种技术一共产犊 355 头。五年来，全省养牛收入提高 5700 万元，推动了黑龙江养牛业的发展。③ 在种植业技术培训方面，加拿大在这一时期先后援建了黑龙江八一农垦大学项目

---

① "CIDA Programming in China", *China Population Today*, 1995 (8), Z1, p. 33.
② 关凯:《加拿大对我国民族地区的援助》,《中国民族》1992 年第 2 期, 第 34 页。
③ 艾德权、李桂范:《加拿大援助我省一个成功的"牛的繁育"项目》,《黑龙江畜牧兽医》1992 年第 7 期, 第 43 页。

(Heilongjiang August 1st Land Reclamation University)、黑龙江农业广播电视学校项目（Heilongjiang Agricultural Broadcasting School Project）、黑龙江农业科学院克山马铃薯研究所项目（Keshan Potato Research Institute Project）、黑龙江种子繁殖/加工项目（Heilongjiang Seed Breeding/Processing Project）以及河北旱地项目（Hebei Dryland Project）。根据中加两国政府签订的"克山马铃薯研究所项目谅解备忘录"之规定，加拿大派遣专家指导克山马铃薯种植。应加拿大新布伦瑞克省农业部的邀请，受当时中国农业部和经贸部的派遣，黑龙江农业科学院派出专家前往加拿大学习马铃薯育种、病虫害防治、储藏加工等多种技术。[1] 在种子繁殖/加工项目中，加拿大向黑龙江捐助了110万美元，帮助黑龙江引进了现代种子育种、生产加工技术（小麦、大豆、玉米）。[2]

考虑到当时中国农村的养殖业水平低下，从1989年开始，加拿大致力于通过技术援助助力中国东部和西部地区的养猪脱贫，发起了中加瘦肉型猪项目（China-Canada Lean Swine Project）。当年加拿大政府在中国三大养猪基地（浙江金华、河北玉田、四川内江）分别援建了一个种猪繁育技术推广示范中心。其中浙江中心项目是浙江当时最大的外国援助项目，目标是年产约克种猪大约2400头，约克血统杂交母猪大约1万头，年产商品猪20万头。项目开始后，大约有1000个养猪专业户参与其中，加拿大方面无偿提供了约克纯种猪125头，长白纯种猪10头，并提供了年产5000吨的全价颗粒饲料加工厂成套设备以及育种、疾病诊断、现代化通信设施等，总投资约200万元人民币，由中方配套设备与资金共计457万元。该项目实施后，当地饲料报酬率从4∶1~4.5∶1变为3.5∶1，胴体瘦肉率从48%提升到55%，提高了1000多家农户的生活水平，也使得浙江金华成为当时及后来火腿肠等肉类加工的基地。[3]

2. 林业管理人才开发项目

20世纪60年代，中国东北大兴安岭地区进入开发时期，80年代大小

---

[1] 王安国、朱世峰：《加拿大马铃薯育种及良种繁育体系的考察报告》，《中国马铃薯》1989年第2期，第115~121页。
[2] Lianguo Li, *Canada's Assistance to China: A Liberal Inter-dependence Approach* (Master Diss. Carleton University, 1994), p. 127.
[3] 《加拿大今起无偿援助我国瘦肉型猪生产》，《肉类工业》1989年第2期，第44页。

火灾频发。从1985年起，我国大兴安岭地区建立了护林防火中心。1987年5月6日，大兴安岭地区发生了罕见的特大森林火灾，震惊了世界。为帮助中国有效管控火灾，20世纪80年代中期，加拿大的发展援助项目将森林管理列为援华的重要内容。1984~1990年，加拿大在黑龙江大兴安岭下辖的加格达奇区援助了火灾管理项目，并与伊春朗乡林业局（Lanxiang Forestry Bureau）合作援助了黑龙江省林地集约经营项目（Intensive Forest Management）。1990年，加格达奇区有34位消防人员到加拿大受训，其中有的还攻读了本科和硕士学位。在加拿大的资助下，加格达奇区建立了146个消防塔，并建成了雷达网络把这些消防塔连为一体。[1] 在森林集约化经营方面，加拿大主要就信息管理、森林土壤、资源监控、育苗温室、木材开发及森林病虫害控制提供了技术培训援助。此外，加拿大若干大学还和黑龙江学校合作，培养林业人才。比如，加拿大阿尔伯塔大学曾前往辽宁省林业学校考察，决定给我国林业教育一批援助资金，用于改善教学设备和加速人才培养。根据《中国林业报》报道，1990年，加拿大国际发展援助研究中心援助中国110万加元，与中国林学院合作对中国实施了农林项目（Farm Forestry Program），该项目以泡桐研究为中心，30多个科研机构的250名科学家参与其中。[2]

3. 现代管理与专业技术人才开发项目

从20世纪80年代中期开始，中国开始进行企业改革，引进西方先进管理经验和技术成为必要之举。加拿大的发展援助对此进行积极的参与。在企业管理方面，加拿大自1983年开始，对华实施了"加拿大-中国企业管理培训项目"（Canada-China Enterprise Management Training Project）。该项目主要用于援建中国企业管理成都培训中心大楼，该楼采用全现浇钢筋混凝土剪力墙结构，主楼地面以上22层，高84米，是当时成都市首幢20层以上高楼。该项目分三期进行，在第一阶段（1983~1986年），加拿大为之支付310万美元，在第二阶段（1986~1991年）及第三阶段（1991~1996年）分别援助

---

[1] Ron Ayling, "A Brief History of Canada-China Partnerships in Forestry", March/April 2013, *Forestry Chronicle*, Vol. 89, No. 2, p. 129.

[2] Ron Ayling, "A Brief History of Canada-China Partnerships in Forestry", March/April 2013, *Forestry Chronicle*, Vol. 89, No. 2, p. 131.

了 480 万美元和 500 万美元。该项目通过培训的方式向中国管理人员传授西方管理理论和实践，主要为四川省及其 4 万多名企业和政府管理人员服务。①

在专业技术培训方面，加拿大对华实施"加拿大-中国人力开发训练项目"（Canada-China Human Development Training Program）。该计划也是开始于特鲁多时期，1983~1994 年第一阶段加拿大为之捐款 3020 万加元，一共培训了 815 名专业人才（含 40 名口译人员）。② 根据中国对外经济贸易部副部长沈觉人的讲话，1985~1990 年，在以上项目资助下共有 43 个领域 450 名中国学员前往加拿大受训，为中国经济发展培养了急需的专家学者。例如，黄兰辉（音译）曾于 1986~1987 年在加拿大统计局学习一年，后来回国后出任了国家统计局城市社会经济普查（General Organization of Urban Social Economic Surveys）部门副主任。另一名张艳芬（音译）女士在该项目资助学习后，成长为中加合资公司中国中科国际（Sinotek International Inc.）的副总裁。③

4. 电力与交通通信技术项目

在电力方面，加拿大援助集中体现在电力技术方面。1985~1992 年，加拿大国际发展署向中国水利电力部电力研究和规划项目提供了价值 750 万美元的技术援助。④ 而自 1986 年开始，加拿大为中国综合运输管理培训项目（Management Training in Comprehensive Transport Project）提供了价值 1225 万美元的援助。该项目通过培训中高级管理人员掌握现代综合运输技术，帮助中国提升交通基础设施。1988~1993 年，加拿大向中国浙江省民用航空公司援助 900 万美元，协助支持浙江民航航空发展，提升航空人员航空技能。⑤

---

① Lianguo Li, *Canada's Assistance to China: A Liberal Inter-dependence Approach* (Master Diss. Carleton University, 1994), p. 120.
② Lianguo Li, *Canada's Assistance to China: A Liberal Inter-dependence Approach* (Master Diss. Carleton University, 1994), p. 138.
③ Lianguo Li, *Canada's Assistance to China: A Liberal Inter-dependence Approach* (Master Diss. Carleton University, 1994), pp. 119-120.
④ Lianguo Li, *Canada's Assistance to China: A Liberal Inter-dependence Approach* (Master Diss. Carleton University, 1994), p. 123.
⑤ Lianguo Li, *Canada's Assistance to China: A Liberal Inter-dependence Approach* (Master Diss. Carleton University, 1994), p. 124.

在交通通信技术方面，1987~1990年，加拿大预算拨款428万加元。该项目向中国提供了技术援助、部分加拿大培训以及必要的TDMA通信设备。帮助中国邮电部升级、运行和维护中国国内卫星系统，在北京、乌鲁木齐等地方协助中国进行卫星站建设。[1] 1988~1991年，加拿大计划拨款1500万美元，来帮助中国建设国家网络维护中心（National Network Maintenance Centre）。[2]

5. 环保、卫生与教育合作等其他援助

1991年长江水灾，加拿大参与中国民政部和联合国开发计划署的援助，提供了200万美元的重建援助。在环保方面，加拿大援助了500万美元给中国国际环境和发展委员会。[3] 1989年，加拿大护士会拿出折合80万元人民币的资金，援助中国发展护理教育事业。[4] 经宁夏的外事办公室批准，加拿大医援团一行19人于1991年9月17日至24日在银川市、海原县、青铜峡市等地进行免疫学、营养学、妇女保健、儿童贫血及恶性肿瘤技术讲座培训。[5] 此外，1991年加拿大政府援助岳阳大学（今湖南理工学院）6万加元，折合人民币28万元，用于购买教学设备。[6]

总之，马尔罗尼时期加拿大援助中国相对于特鲁多政府时期取得了更为显著的进展。援助以技术输出和人力资源培训为核心，是马尔罗尼时期以人力资源和满足人的基本需求为目标的发展援助项目的典型代表。对于中国而言，在加拿大的帮助下引进了先进的技术和管理经验，加拿大的经验对中国的改革开放和贫困人口的脱贫致富具有重要的借鉴作用。通过援助，加拿大很好地抓住了中国改革开放的大好机遇，较显著地推进了其与中国的贸易关系。1987年贸易额首次突破20亿加元，同时马尔罗尼集中联邦政府16个部的力量，征询各省政府和私有企业意见，制定了对华战

---

[1] Lianguo Li, *Canada's Assistance to China: A Liberal Inter-dependence Approach* (Master Diss. Carleton University, 1994), p. 124.
[2] Lianguo Li, *Canada's Assistance to China: A Liberal Inter-dependence Approach* (Master Diss. Carleton University, 1994), pp. 119–120.
[3] 潘允中：《加拿大的灾害管理援助》，《中国减灾》1993年第4期，第46页。
[4] 张应武：《加拿大援助我国发展护理教育》，《人民日报》1989年12月11日，第2版。
[5] 李劼：《加拿大医援团来宁夏开展学术活动》，《宁夏医学杂志》1993年第6期，第335页。
[6] 岳阳市地方志办公室编著《岳阳市志》，中央文献出版社，2002，第479页。

略，目标是整合加拿大现有资源，最大限度地推进中加贸易，把握加拿大参与中国现代化建设的机会。主要内容有：充分利用高层访问来推进加拿大的经济政治文化目标，推动政府与企业在贸易上的合作；将对华援助与贸易挂钩，注重文化教育交流；建立机制协调政府各部门对华工作及项目计划。政府定期召开由私企、中国研究方面的专家参加的研讨会推动双边关系。[1] 加拿大对华贸易1992年的贸易额达到45.8亿加元，1992年中国在加拿大贸易伙伴中出口列第5位，进口列第9位。截至1993年10月，加拿大在华协议投资额达到6.3亿美元，项目总数达到581项。加拿大在华投资涉及16个省、自治区、直辖市，覆盖行业广。[2]

表3-2 加拿大对华官方发展援助数额

单位：百万加元

年份	1981	1982	1983	1984	1985	1986
数额	4.497	3.016	7.279	13.502	21.803	36.346
年份	1987	1988	1989	1990	1991	
数额	42.748	50.310	45.070	82.375	74.994	

资料来源：CIDA, "ODA by Fiscal Year by Recipient Code", 1993, 转引自 Lianguo Li, *Canada's Assistance to China: A Liberal Inter-dependence Approach* (Master Diss. Carleton University, 1994), p.226。

小 结

特鲁多时期是加拿大官方发展援助的黄金时期，特鲁多政府将发展援助作为外交政策的优先内容，在一定程度上摆脱了仅仅视官方发展援助为冷战工具的考量。这种外交政策也扩大了加拿大同第三世界的多元关系，使得加拿大对美国保持了独立自主外交的态势。客观地说，特鲁多的援助外交对南北国际经济新秩序起到了较为积极的作用，但特鲁多政府后期，尤其是20世纪80年代最初4年，特鲁多援助外交也存在某些缺憾和未解决的挑战，引发了加拿大人对援助转型的反思。特鲁多之后，加拿大保守

---

[1] 潘兴明：《20世纪中加关系》，学林出版社，2007，第273~274页。
[2] 林辉基：《亚太地区国际关系概论》，山东人民出版社，1995，第442~443页。

党总理马丁·布赖恩·马尔罗尼接替了特鲁多执政。尽管双方党派属性不同，但马尔罗尼还是继承了特鲁多政府在官方发展援助问题上奠定的基调。

从马尔罗尼上台到冷战终结前夕，加拿大官方发展援助基本处于增长时期，年均援助规模最高年份超过30亿加元，其任期内援助额年均占国民生产总值的比重与特鲁多时代基本持平。而且，虽然冷战仍然在继续，尽管马尔罗尼政府对美国采取了与特鲁多截然不同的亲美主义，但加拿大官方发展援助"遏制"共产主义的色彩进一步弱化，援助项目的重心更多地表现为对脱贫、满足人的基本需求、"授人以渔"以及基本人权的关注。这种发展其实是特鲁多以来加拿大官方发展援助不断走向独立自主，不断走向内涵式发展道路的表现。尤其是其重点培养受援国民众的项目参与度和获得感，使得加拿大的援助项目契合了受援国民众的需求，为加拿大赢得了较好的国际形象。20世纪80年代，加拿大先后出台的《非洲2000》（*Africa* 2000）、《瓦恩加德报告》、《为了造福于一个更好的世界》等一系列援助规划，在某些领域进一步发展了特鲁多时代援助原则，无论是规模、项目内容、地区分布，还是援助渠道、目标，都基本秉承并进一步践行了特鲁多时期的援助思想，使得加拿大官方发展援助进入了一个新的发展阶段，成为当时发达国家官方发展援助的范本之一。

第四章 冷战终结与加拿大官方发展援助的改革（1991~1993）

冷战时期，西方官方发展援助在根本上是与遏制苏联紧密联系在一起的，被寄予了防止第三世界因经济动荡和政治不稳而倒向苏联的"效忠收买"的意义。这一点正如摩根索所言，"对外援助政策与外交、军事、宣传等没什么差别，它们都是国家'军火库'里的武器装备"①。1989 年东欧剧变以后，尤其是 1991 年 12 月苏联解体以后，以美国为首的西方国家对外援助背后的冷战驱动力不复存在，加拿大官方发展援助受到了冲击，其援助规划也随之发生新的转向和改革。

第一节 冷战结束对加拿大官方发展援助的影响

冷战结束前，马尔罗尼政府面对加拿大发展援助的收缩与停滞、国际上援助模式的新趋向以及国家利益和利他主义的纠葛，对特鲁多主义给予了进一步的继承和发扬，将加拿大官方发展援助推进到了一个新的阶段，适应了冷战对峙背景下加拿大中等强国的国际地位和时代发展之需。随着 20 世纪 90 年代后期东欧剧变，特别是 1991 年苏联解体后，加拿大出现削减官方援助项目的现象。如何在新形势下维系或改革既有的援助范式，成为马尔罗尼政府以及短暂执政的金·坎贝尔政府（1993 年 6 月至 1993 年 11

---

① Hans Morgenthau, "A Political Theory of Foreign Aid", *American Political Science Review*, Vol. 56, No. 2, 1962.

月）所面临的棘手问题。

1. 以发展援助"遏制"共产主义的所谓"正当性"消逝

主要出于服务美苏冷战争霸的需要，加拿大参与"科伦坡计划"伊始，其发展援助被视为促进西方集体安全、彰显西方优势的利器，充满了浓厚的以意识形态划线的色彩。随后，在皮埃尔·特鲁多政府时期和马尔罗尼政府时期，加拿大官方发展援助经历了重大转折，对外发展援助的"冷战色彩"在一定程度上趋于淡化，社会主义国家被纳入正常援助轨道，其有关官方发展援助的规划中"对共产主义宣战"之类的极端语言也逐渐减少。相反，加拿大发展援助的规划之中更多表露的是对发展中国家贫穷落后的"同情"，对改善南北关系的国际道义，对自身商贸利益以及良好国际形象的追求。不过，这并不等于加拿大放弃了发展援助所被寄予的反共、反社会主义诉求。作为一个美苏对峙罅隙中力求自我空间的中等强国，加拿大发展援助如同其参加国际维持和平行动一样，无法完全摆脱美国等西方盟友对其对外战略走向的影响，更不可能完全超脱对社会主义国家与生俱来的偏见、疏远或敌视。因而，尽管特鲁多-马尔罗尼时期加拿大官方发展援助所显示出来的非冷战色彩较为突出，但内在的反共诉求并未消逝。

恰如美国总统肯尼迪所言，"对于世界各地身处茅屋和乡村为了摆脱普遍贫困而挣扎的人们，我保证竭力帮助他们可以自立，无论需要多少时间——这样做，并非因为共产主义者可能也会这样做，也不是因为我们需要他们的选票，而是这样做是对的。自由的社会若不能帮助诸多穷人，也就无法保全占少数的富人"[①]。在这种格局之下，加拿大"搭便车"，以配合者身份跻身西方主要援助者行列。随着冷战的交织和僵持，以加拿大为代表的中等强国在东西方对峙的罅隙中的地位相对增强。尤其是20世纪70年代，随着美国陷于越战以及布雷顿森林体系趋于瓦解，美国对发展援助的投入相对减少。而加拿大、欧洲等国家援助地位相对上升，更多地参与到经济援助、维持和平等领域。在冷战结束前的最后10年，伊朗伊斯兰

---

① John F. Kennedy, "Inaugural Address", January 20, 1961, http://ww.presidency.ucsb.edu/ws/?pid=8032, 最后访问日期：2019年12月20日。

革命、两伊战争、第五次中东战争、苏联入侵阿富汗、东欧剧变，造成巨大的人道主义灾难。加拿大一方面积极参与联合国维和行动，维持冲突地区的社会秩序；另一方面积极增加发展援助规模，援助范围从南亚和东南亚英联邦国家扩展到法语国家、中东国家、社会主义国家，而且其援助项目也呈现多元化趋势。在发展援助委员会34个援助国之中，加拿大凭借着中等发达国家的综合国力、较为完善的国内保障制度及较高的民调支持，扮演了积极的援助者角色。

东欧剧变的发生，特别是1991年苏联解体后，原先在两极格局之下被压制的地区矛盾迸发，以前南斯拉夫战争为代表的地区冲突引发了国际社会对地区和平的关注，地区危机管控成为国际社会新的当务之急。[1] 在美苏争霸中苏联已经行将解体的背景下，以发展援助抵御和颠覆社会主义政权显得不再那么迫切，西方国家对发展中国家的发展援助出现消极态势。美国、英国等西方发达国家在东欧剧变发生后相继削减发展援助规模。美、英、德等国的相对地位则下降，1989年，日本更超越美国成为全球ODA第一援助国。[2] 1991年2月，加拿大政府也宣布将逐步削减官方发展援助的增长规模，同年加拿大干脆退出了"科伦坡计划"。1992年大选，在野的自由党以铺张浪费为由大肆攻击保守党马尔罗尼政府的援助政策。随后，自由党获得联邦大选，让·克雷蒂安（Jean Chretien）获任联邦总理之职，声称要着手改革保守党积极的援外政策。同时，90年代初，加拿大遭遇财政危机，1993年失业率高达11%。[3] 在公众支持力度方面，冷战结束后加拿大公众对海外援助的热情发生明显消退。加拿大国际发展署委托有关民调公司进行问卷调查结果显示，1990年1月，加拿大70%的受访者认为加拿大发展援助不足或刚刚好，分别有21%和9%的人认为援助太

---

[1] Justin Massie and Stephane Roussel, "Preventing, Substituting or Complimenting the Use of Force? Development Assistance in Canadian Strategic Culture", in Stephen Brown, Molly den Heyer and David R. Black, *Rethinking Canadian Aid* (Ottawa: University of Ottawa, 2016), p. 161.

[2] 赵剑治、欧阳喆:《战后日本对外援助的动态演进及其援助战略分析——基于欧美的比较视角》，《当代亚太》2018年第2期，第113页。

[3] 毛小菁:《加拿大官方发展援助近况》，《国际经济合作》2003年第7期，第60页。

多和无所谓。① 到1991年1月，以上结果分别变为68%、25%、7%。② 冷战结束后，1992年7月，认为加拿大发展援助不够或刚刚好的比重降至49%（直到1993年3月，才略有上升，达到57%），认为援助太多的比重骤增到46%（认为无所谓的占5%）。③

2. 援助规模趋减使得部分援助项目难以为继

伴随东欧剧变的发生，加拿大发展援助转入收缩。1989年，加拿大国际发展署鉴于政府财政赤字增加，将对外援助减少了12.2%，官方发展援助降至相当于国民生产总值的0.43%。其中，加拿大向非政府组织、教会、工会和从事国际发展工作的大学提供的赠款，从1988年的2.63亿加元减少到1990年的2.42亿加元，减少了8%。④ 1991年，加拿大ODA数额约为32亿加元，ODA占国民生产总值的比重为0.49%。此后，加拿大ODA以年均近1亿加元的规模下降，年援助额最低时为25亿加元，援助额占国民生产总值的比重也以年均大于0.02个百分点的速度递减，最低值降至0.25%。⑤ 1992年预算为29.7220亿加元，而规划五年后为21.46亿加元。由此ODA/GNP从0.49%（1991~1992年）下降到0.34%（1996~1997年），然后减少到0.27%（1997~1998年）⑥。

加拿大官方发展援助的收缩改变了冷战前特鲁多和马尔罗尼关于官方发展援助不断增加的承诺。由于援助规模的缩减，加拿大某些援助项目被迫收缩或者干脆被取消，某些既有的援助规划难以为继。比如，素来以援助草根阶层人权而闻名的加拿大非政府组织"加拿大唯一神教派服务委员会"（The Unitarian Service Committee Canada, 1945）在东欧剧变之前，一

---

① Angus Reid Associates, *Report to CIDA: Public Attitudes Toward International Development Assistance* (Hull: CIDA, 1990), p. 9.
② CREATEC, *Report to CIDA: Public Attitudes Toward International Development Assistance*, (Hull: CIDA, 1990), p. 12.
③ David R. Morrison, *Aid and Ebb Tide: A History of CIDA and Canadian Development Assistance* (Waterloo: Wilfrid Laurier University Press, 1998), p. 367.
④ Jennifer White, "The Attack on Canadian Foreign Aid Programs", https://multinationalmonitor.org/hyper/issues/1990/05/white.html, 最后访问日期：2018年8月1日。
⑤ CIDA, *Statistical Report on official Development Assistance 2005-2006* (Hull, Quebec: CIDA, 2006), Table A.
⑥ David R. Morrison, *Aid and Ebb Tide: A History of CIDA and Canadian Development Assistance* (Waterloo: Wilfrid Laurier University Press, 1998), pp. 422-423.

直在加拿大国际发展署的赞助下,在非洲马里推行加拿大营养项目(Canada's Nutrition Project in Mali)。该项目重点是通过优惠贷款支持马里农民养羊养牛,并帮助他们获得种子、肥料和基本农具。1989年后加拿大援助收缩,该组织的援助计划为之破灭。类似的,在秘鲁利马,非政府组织"村镇加拿大"(Pueblito Canada)也被迫撤回对秘鲁利马附近妇女的支持,该组织当时正为14000名女性实施"一杯牛奶"(a Glass of Milk)计划。在该组织的支持下,这些女性不仅仅是分发牛奶,学习初级保健、营养和卫生,还有组织和领导技能,如如何举办会议、记账和管理合作项目等。援助资金的削减使得这些组织的援助终结。① 加拿大发展援助以更大的规模连续削减,给加拿大以后的发展援助带来了挑战,如何在援助资金缩减的大背景下尽可能维持发展援助的实施和效果,如何在后冷战背景下平衡加拿大发展援助的国家利益与利他主义,是加拿大在冷战结束之际需要面对的考验。

3. 冷战结束使得改革冷战式发展援助成为时代之需

1989年以后,随着东欧剧变和全球化浪潮的涌起,原来被冷战两极格局撕裂的世界政治经济格局发生了巨大变化,"世异则事异"。随着冷战逐渐降温,西方主要发展援助施援国面临的援助背景也发生了巨大的改变。其一,冷战的结束,意味着原来被西方国家普遍重视的保持地缘政治安全和遏制苏联导致的军事威胁,在发展援助中不再被视为最突出的内在动因。在冷战时期,西方国家的发展援助在很大程度上以冷战划线。一般而言,对于加拿大等西方国家集体安全有重要意义的地区往往会得到相对更多的援助,反之则相反。冷战的结束,比较彻底地打破了冷战对峙对国际发展援助的撕裂,连苏联地区都从施援国变成了受援国。发展中国家被美苏竞相拉拢分化,转而成为一个整体,相应的,西方发达国家所面临的援助地区之广、援助任务之巨大达到了空前的水平。在这种情况下,加拿大官方发展援助应该采取什么策略,成为加拿大国内决策者必须解决的难题。

---

① Jennifer White,"The Attack on Canadian Foreign Aid Programs", https://multinationalmonitor.org/hyper/issues/1990/05/white.html,最后访问日期:2018年8月1日。

其二，之前单纯物质层面援助的低效和人力资源开发援助的规模受限性，日益受到国际援助社会的重视，更多的施援国开始着眼于对受援国的经济制度、政府治理的改善，以便改善发展援助实施的大环境。其中，重视民主化、市场经济输出及文化改良成为美欧国家普遍的关注对象。以民主化为例，冷战时期加拿大为保证援助效果，对政治上独裁而腐败的受援国有时有所惩戒，但鉴于对抗苏联扩张的需要总有例外。90年代以后，西方发达国家在援助中越发关注受援国的人权与民主等问题，越发重视援助能否带来受援助国的政治与社会经济进步，由此通过援助影响发展中国家的发展进程成为后冷战时期发展援助的重要诉求。在这一趋势中，如何防止"越援助越腐败，越援助越贫穷"的怪圈，如何保证援助资金不会落入腐败官员手中，是否介入与如何介入受援国的"人权、民主制度"以及经济制度，以保证援助的高效，是加拿大必须面对的问题。

其三，"世上没有免费的午餐"。虽然理想主义者认为，人类在共同生活中形成共同利益，在国际经济体系中各国形成了相互依存的关系，主张富国应该帮助穷国，穷国获得国际共同体的援助是理所当然的道义。但从现实主义角度来看，经济发展援助必然是受援助国的国家利益驱动才会得以持续。西方官方发展援助的宣传是利他主义至上，但在实际的操作中，却无法和施援国的安全利益、政治利益、经济利益乃至文化利益相互剥离。20世纪90年代初以来，以中国、印度等为代表的发展中国家迎来了快速发展的新时期，如何对新兴发展中国家以及其他发展中国家给予援助，并通过援助从中适当地谋取本国的国家现实利益，扩大本国在国际上的影响，成为加拿大及其他主要施援国需要考虑的战略问题。

第二节 马尔罗尼-坎贝尔政府对官方发展援助的改革

在整体上，自参与"科伦坡计划"到冷战结束，加拿大发展援助模式及内容经历了三个阶段。在第一阶段（20世纪50年代至60年代末）

加拿大以冷战为首要目标，重点援助南亚和东南亚国家的工业化和基础设施的现代化，属于"物的援助"。在第二阶段（20世纪60年代末到80年代末），加拿大部分突破发展经济学影响，援助项目重点关注贫困、人的需要及人力资源开发，属于"技术层面"的援助。第三阶段随着冷战的结束，美国和欧洲将援助转向发展中国家国内改革、民主化和市场化。1991年，美国国际发展署新任署长罗纳德·罗斯肯斯上任，将发展署的目标定为受援国的经济和政治自由化，并视之为改善受援国民众生活的前提条件。1992年，美国出台《国际发展署与对外援助改革》，提出发展援助的重点是发展中国家可持续发展；推动发展中国家民主；关注人口增长、艾滋病与环保；人道主义援助。[1] 1991年底，加拿大重新研究了官方发展援助方向。新的发展援助框架在政治、社会、经济、文化及环境等方面，确立了加拿大发展援助的五大支柱。[2] 此后数年，以下几个方面在加拿大官方发展援助中占突出地位。

1. 输出"民主制度+市场经济+加拿大价值观"

在冷战期间，苏联是美国冷战的对象，不属于美国及西方盟国援助的对象，而东欧地区是苏联的势力范围，美国为首的西方国家无从染指这个地区。从20世纪80年代末到1991年东欧剧变的发生，使得以遏制苏联为名的发展援助难以为继，原苏东地区出现了权力真空。为巩固冷战的胜势，原苏东地区成为西方新的援助地区。1989年，美国设立"对东欧和波罗的海国家的援助"（Assistance for Eastern Europe and the Baltic States）的账户，同时美国国会通过《支持东欧民主法案》（*Support for East European Democracy Act*，SEED），授权当时的布什政府在未来三年内向中东欧国家提供价值9.38亿美元的援助。[3] 其中，美国政府开设的"对东欧和波罗的海国家的援助"账户，以专项资金推动东欧国家转向资本主义市场经

---

[1] Clifton R. Wharton, "USAID and Foreign Aid Reform", *US Department of State Dispatch*, Vol. 5, No. 30, Jul. 26, 1993, pp. 528–529.

[2] Memo to CIDA Staff from Marcel Masse on 1991 President's Committee Retreat, March 28, 1991, in David R. Morrison, *Aid and Ebb Tide: A History of CIDA and Canadian Development Assistance* (Waterloo: Wilfrid Laurier University Press, 1998), p. 320.

[3] 刘国柱、郭拥军：《在国家利益之间：战后美国对发展中国家发展援助探研》，浙江大学出版社，2011，第209页。

济和美式自由民主体制,以从中谋取经贸利益和地缘政治利益。与美国政策相一致,加拿大对原苏东地区采取了同样的策略。在竞选时期,马尔罗尼一直宣称要推翻特鲁多时期加拿大与苏联的较为亲近的关系,但随着东欧剧变的发生,苏联走向瓦解,加拿大对原苏东的态度出现转变。1989年1月,加拿大外交部部长查尔斯·约瑟夫·克拉克仍将苏联视为对西方的威胁,但到了5月份,他对戈尔巴乔夫的改革表示赞许。1989年11月,在200多名加拿大商界代表的陪同下,马尔罗尼总理访问了苏联,充分表明了加拿大改变的立场。访问期间签署了许多协定,其中最重要的是签署《苏加联合政治宣言》(Soviet-Canadian Political Declaration),呼吁加拿大和苏联在环境、北极、恐怖主义和毒品贸易等领域进行合作。同时,加拿大还和苏联签署了一项金额达到10亿美元的贸易协定。[①] 同时,东欧剧变也引发了加拿大对苏东地区经济从计划经济转向市场经济的关注。"随着市场方式的经济增长对东欧计划经济的巨大胜利,调整它们集中配置资源的结构日益变得越发重要。"[加拿大国际发展署署长马塞尔·马赛(Marcel Massé)语][②]

东欧剧变后,西方发达国家开始将"民主、多党制、私有制"等作为向发展中国家提供发展援助的先决条件,它们往往以援助为手段,把按西方国家的意图进行政治和经济改革作为附加条件,把受援国的人权记录和民主进程作为援助的重要指标和根据。作为西方的一员,加拿大同美国、欧洲、日本等一道将苏东地区列为发展援助的新增地区,以巩固冷战后以西方为主导的新的国际秩序。1990年,欧洲为巩固东欧剧变的政治经济秩序,颁布"费尔计划",由欧共体向中东欧国家提供援助以"重建东欧"。在这一计划的实行中,加拿大向波兰提供了农业开发援助(140万埃居用于人员培训,69万埃居用于农用设施的管理)、对应基金援助600万~800万加元,向其他东欧国家提供了价值73.3万埃

[①] J. L. Granatstein, *Canadian Foreign Policy* (Toronto: Copp Clark Pittman Ltd., 1993), pp. 305, 307.

[②] Jamie Swift, "Introduction", in Jamie Swift and Brian Tomlison, *Conflicts of Interest* (Toronto: Between Lines, 1991), p. 13.

第四章 冷战终结与加拿大官方发展援助的改革（1991~1993）

居的发展基金。① 苏联解体后，加拿大承认俄罗斯是一个独立的国家，并转而对苏东地区给予了更多援助。1991年加拿大国际发展署设立了俄罗斯项目，声称以之促进俄罗斯的改革和社会过渡，支持建立一个稳定、繁荣和"民主的"俄罗斯，支持俄罗斯建立一个发达的市场经济制度。1992年6月，加拿大总理马尔罗尼宣布了一项3000万美元的三年核援助计划，用于制止苏联各国核反应堆发生事故的危险性。加拿大总理办公室发言人说，"新的援助资金将使俄罗斯及其他国家的核动力工业可以采用加拿大的专门知识，以缓和核事故的风险"。"它将集中用于安全评价、某些特殊核电厂的运行和设计的改进、安全管理的加强以及对电力公司管理部门能力的提高。它还将吸取加拿大对需求方面的管理经验，以减少独联体对能源不安全的核电厂的依赖"②。在东欧，脱离苏联的独立使乌克兰走上了变革之路。国际援助方案的存在清楚地表明了对乌克兰过渡的支持。在西方参与对乌克兰援助中，加拿大扮演了积极的角色。加拿大支持乌克兰民主发展和向市场经济过渡。为此，加拿大在1991年宣布将乌克兰纳入加拿大国际发展署的援助范围，承诺向乌克兰提供超过2.8亿加元的双边援助，其中1.96亿加元是技术合作，1400万加元是人道主义援助，7000万加元则是商业信贷。此外，加拿大还提议向包括乌克兰在内的中欧和东欧国家提供价值2870万加元的多边援助和1920万加元的双边援助。③ 加拿大国际发展署与乌克兰的项目是加拿大和乌克兰之间特殊伙伴关系的一个亮点。从根本上说，加拿大积极参与对苏联地区的援助，其目的在于支持这些地区从原社会主义计划经济向市场经济过渡，在政治上则是为了巩固冷战胜利的结果，助推苏东原社会主义地区走向西方政治道路。

1991年10月，在津巴布韦哈拉雷举办的英联邦首脑会议和法语国家首脑会议上，马尔罗尼总理宣布加拿大将在官方发展援助的人权条件方面

① 《西方援助东欧的"费尔计划"内容介绍》，《俄罗斯东欧中亚研究》1994年第3期，第94~95页。
② 文雨：《加拿大将为前苏联反应堆安全提供3000万美元援助》，《国外核新闻》1992年第9期，第9页。
③ "CIDA Projects in Ukraine"，http：//uhrn.civicua.org/library/projects/konkurs/cida.htm，最后访问日期：2019年8月1日。

坚持更强硬立场，敦促英联邦通过一项人权宣言，并设立一个常设委员会来监测和报告有关的侵犯人权行为。虽然，最后马尔罗尼的这些建议遭到了与会国家的拒绝，但加拿大在人权标准上的态度得到了强化和宣传。马尔罗尼宣称"人权至上是我们外交政策的基石"，"我们将越来越多地将我们的发展援助输送给那些尊重基本权利和自由的国家"[①]。正如加拿大政治家丽萨·诺斯（Lisa North）所指出的，"实现发展和尊重人权的运动是建立民主的重要组成部分。如果不尊重人权，民主多元主义、反对派组织和批判性思想本身就无法维持下去，如果个人的基本社会和经济需要得不到满足，正式的政治权利对个人的价值也是有限的"[②]。1992年12月，加拿大外交事务国务秘书兼众议员芭芭拉·麦克杜格尔（Barbara McDougall）主持起草《国际援助发展新政策》（International Assistance Policy Update），呼吁向苏联集团国家提供更多优惠支持，并将资源转用于最贫穷国家的发展。[③] 将"通过促进人权、民主发展和良好治理来确保民主安全和人类价值得到尊重"列为优先事项。[④] 同年9月，加拿大发展署内人权部门扩大，成立了良好治理与人权政策处（Good Governance and Human Rights Policy Division），特别强调加拿大将加强援助公民社会机构，并为举行和监察发展中国家有关选举提供技术资助。[⑤] 同年，加拿大国际人权与民主发展中心（International Centre for Human Rights and Democratic Development）和南北研究所合作颁布了《民主发展的挑战：发展中国家持续的民主化》，进一步强调了推进受援国民主化进程任务的重要地位。随后，加拿大发展援助对于受援国的人权和民主组织、所谓威权政府的反对派，比如缅甸的反

---

① David R. Morrison, *Aid and Ebb Tide: A History of CIDA and Canadian Development Assistance* (Waterloo: Wilfrid Laurier University Press, 1998), pp. 322-329.
② Lisa North, "The Geopolitical Situation in the Americas and the Canadian NGO Response", Mimeo, Presentation to a CIDA/NGO Consultation, Central America Policy Alternatives (CAPA), Toronto, 1988, pp. 5-6, in Jamie Swift, *Conflicts of Interest: Canada and the Third World* (Toronto: Between The Lines, 1991), pp. 34-35.
③ David R. Morrison, *Aid and Ebb Tide: A History of CIDA and Canadian Development Assistance* (Waterloo: Wilfrid Laurier University Press, 1998), p. 314.
④ David R. Morrison, *Aid and Ebb Tide: A History of CIDA and Canadian Development Assistance* (Waterloo: Wilfrid Laurier University Press, 1998), p. 323.
⑤ David R. Morrison, *Aid and Ebb Tide: A History of CIDA and Canadian Development Assistance* (Waterloo: Wilfrid Laurier University Press, 1998), p. 314.

政府组织给予了支持。①

2. 促进人与自然关系的可持续发展

在环境方面，加拿大发展援助主要关注的是支持发展中国家环境的可持续发展，这包括受援国的生态系统完整性（Ecosystem integrity）、生物多样性、人口发展等。早在1987年《共享我们的未来：加拿大国际发展援助》中，加拿大政府就注意到了环境问题的重要性。"最穷困国家最穷困的人们正感受到（环境危机）的负担。在那里，对环境的错误理解和对资源的开发合起来导致了生态的灾难。"② 在相当程度上，"贫穷和环境破坏构成了邪恶的怪圈（vicious circle）"，为此，发展中国家需要通过"植被稳定化、粮食平衡恢复和能源发展"等来重建社会生态的平衡（the social-ecological balance）③。随后，为保护发展中国家环境，加拿大实施了一系列环境援助项目，比如在1988年初曾援助巴基斯坦扩建塔贝拉大坝（Tarbela Dam）。1988年7月曾援助印度尼西亚国营普吉亚森煤炭公司（Bukit Asam）把煤矿从南苏门答腊（South Sumatra）搬出。④ 伴随着冷战的结束，加拿大政府对生态环境的重视更为增强。1991年，加拿大在温尼伯格成立了可持续发展国际研究所（The International Institute for Sustainable Development），该机构虽非独立机构，但却是一个国际合作机构，将如何可持续发展研究放在了首要位置。1992年，加拿大颁布可持续环境援助战略（Strategy on Environmental Sustainability），将加拿大的环境援助目标概括为三个方面：帮助发展中国家提高其处理地方和全球环境问题的体制、人力资源和技术能力；将环境考虑纳入加拿大国家发展署决策和活动的所有方面；鼓励加拿大国际发展署与包括非政府组织在内的国际伙伴合作，鼓励合作伙伴将环境纳

---

① Gerald J. Schmitz, *Canada and International Democracy Assistance What Direction for the Harper Government's Foreign Policy?* (Ottawa: Centre for International and Defence Policy Queen's University, 2013), p. 5.

② Canadian International Assistance Agency, *Sharing Our Future: Canadian International Development Assistance* (Ottawa: Canadian International Assistance Agency, 1987), p. 44.

③ Canadian International Assistance Agency, *Sharing Our Future: Canadian International Development Assistance* (Ottawa: Canadian International Assistance Agency, 1987), p. 45.

④ Brian Tomlinson, "Development in the 1990s: Critical Reflection on Canada's Economic Relations with the Third World", in Jamie Swift *Conflicts of Interest: Canada and the Third World* (Toronto: Between The Lines, 1991), p. 161.

入其行动之中。① 1992 年 6 月 3~14 日，里约环境与发展大会召开。大会通过了三个文件和两个公约：《里约宣言》《21 世纪议程》《关于森林问题的原则声明》《气候变化框架公约》和《生物多样性公约》。183 个国家、102 位国家元首和政府首脑、70 个国际组织就可持续发展的道路达成共识，该宣言旨在为各国在环境与发展领域采取行动和开展国际合作提供指导原则，规定一般义务。该协议引起了诸多国家的响应，在 1992 年的 ODA 大纲中，日本将环境保护问题放在了"四原则"之首，反映了其对于环境问题的关注。1992 年 6 月 22 日，加拿大议会通过《加拿大环境评估法》（Canadian Environmental Assessment Act），详细规定了环境评价适用的条件、评价程序、评价方式、公众参与方式等方面的内容，对国内环保政策予以加强。相应的，其对外发展援助也将环境保护置于重要位置。1992 年，加拿大将拉丁美洲 10 个国家的 ODA 债务共 1.45 亿美元兑换成当地货币，用于投资以环境保护为主的各类项目。②

3. 持续强化自身经贸利益追求

在经济发展领域，加拿大继续坚持以改善发展中国家经济状况为目标，但援助政策更为强调的是促进受援国经济政策的适当性，促进受援国资源的有效与公平分配，以及两性平等。以发展援助促进加拿大商贸利益继续被置于突出的位置。1980 年，加拿大从第三世界国家的进口额和出口额分别占加拿大进口总额和出口总额的 14.3% 和 19.3%。80 年代后期，加拿大和第三世界国家的贸易额出现下降。1989 年，加拿大从第三世界国家进口额占了进口总额的 12%，出口额则占出口总额 8.6%。不过，如果扣除和美国的进出口贸易额，第三世界国家的进口额和出口额占了加拿大进口总额的 34.5% 和出口总额的 32.3%，加拿大和第三世界国家的贸易依然具有相当的发展潜力。③ 为改变与第三世界国家贸易下降的趋势，1991 年 9 月，加拿大国际发展署成立了新的商贸合作机构——加拿大伙伴处（The

---

① CIDA, *CIDA's Policy for Environmental Sustainability* (Hull: CIDA, 1992), p.5.
② 蔡玲明：《加拿大官方发展援助的政策和特点》，《国际经济合作》1995 年第 8 期，第 43 页。
③ Jamie Swift, *Conflicts of Interest: Canada and the Third World* (Toronto: Between The Lines), 1991, p.39.

Canadian Partnership Branch），取代了之前的商业合作处和专门项目处（Business Cooperation Branch and the Special Programmes Branch），以更好地帮助引导加拿大私人投资和商业企业进入发展中国家。"1985年至1992年，加拿大国际发展署工业合作项目处承诺向104个国家援助3.414亿加元，但其中一半以上指定给予了12个国家。其中，7个国家是中等收入国家，1个（阿根廷）属于较高收入国家，有4个属于高速增长的亚洲经济体（中国、印度尼西亚、印度、菲律宾）。"[①] 1991年11月，位于蒙特利尔的智库赛克咨询公司（Groupe Secor）的《CIDA战略管理评估报告》（*Report of Groupe Secor on Strategic Management Review of CIDA*）建议，加拿大国际发展署应该精简业务，将重点放在较少的"核心"国家，将项目交付给非营利组织或商业部门的合作伙伴以促进加拿大的商业利益。虽然加拿大发展援助预算削减，但对该项目的拨款从1988年的6060万加元增加到1992/1993财年的7320万加元，增幅达到20.8%。[②] 由此，私营部门发展基金和其他面向商业的机构获得了更多的资源。此外，加拿大国际发展署继续与加拿大商业组织积极协商，在卡尔加里、温尼伯和蒙克顿（Moncton）又设立了三个区域办事处，以便利加拿大商业、企业参与加拿大发展援助。同时，进入20世纪90年代后，加拿大官方发展援助附加的经济条件稍有放松，但仍保持较高水平。比如，1991/1992财年，加拿大双边援助中附带采购条件的比例为60%，比其他西方国家同期的平均比重41%要高得多。[③] 1992年12月，加拿大外交部提出，加拿大发展援助应该与外交政策相一致，其中重点是"为了加拿大开创长远市场，确定加拿大私营部门（private sector）的地位"，"保持我们依然在某些对加拿大有重要意义的国家的存在"。该文件支持加拿大国际发展署将援助集中到少数

[①] Consulting and Audit Canada, "Evaluation Report: Industrial Cooperation Program—CIDA" (December 1992), pp. 68–71, in David R. Morrison, *Aid and Ebb Tide: A History of CIDA and Canadian Development Assistance* (Waterloo: Wilfrid Laurier University Press, 1998), p. 364.

[②] David R. Morrison, *Aid and Ebb Tide: A History of CIDA and Canadian Development Assistance* (Waterloo: Wilfrid Laurier University Press, 1998), p. 364.

[③] 蔡玲明：《加拿大官方发展援助的政策和特点》，《国际经济合作》1995年第8期，第44页。

国家，从集中援助最贫穷国家为主，转为集中援助与加拿大经济和政治利益紧密相关的国家。① 虽然因为随后联邦大选的展开，该文件未能彻底实施，但在加拿大援助规模下降的趋势下，集中援助与加拿大贸易相关的国家成为较为普遍的共识。

第三节 后马尔罗尼-坎贝尔时代的加拿大官方发展援助

1993年10月的选举中，让·克雷蒂安带领自由党以明显的优势打败了前总理金·坎贝尔带领的保守党，成为新一任加拿大总理（1993年11月至2003年12月）。在冷战结束后，加拿大对其外交进行了重塑，公布了《1994年国防白皮书》（*1994 White Paper on Defence*）。白皮书认为，苏联解体大大减少了加拿大及其盟国40多年来面临的安全威胁，华沙条约组织解体和德国统一标志着欧洲分裂成敌对集团的结束。"冷战结束了。然而，加拿大面临着一个不可预测和支离破碎的世界，在这个世界中，冲突、压迫和动乱与和平、民主和相对繁荣并存。"② 虽然党派不同，但总体上马尔罗尼-坎贝尔时代确立的官方发展援助原则及目标，在克雷蒂安政府时期乃至克雷蒂安政府之后，对加拿大的官方发展援助产生了深远的影响。时至今日，依然可以看到这一时期加拿大官方发展援助模式的影子。

1. 加拿大官方发展援助呈现长期收缩、增长乏力的趋势

在冷战结束的情形下，加拿大官方发展援助越发成为加拿大国家利益而非整个西方利益的实现工具，其宣扬的以援助发展中国家减贫为第一要义的宗旨并未达到理想的程度。1996年，加拿大国际发展署发布政策，声称要致力于将减贫作为加拿大援助不可分割的主题。③ 但在现实中，加拿

---

① Rosalind Irwin（Editor），*Ethics and Security in Canadian Foreign Policy*（Toronto：UBC Press，2001），p. 68.
② DFAIT，*1994 White Paper on Defence*，https：//walterdorn.net/pdf/DefenceWhitePaper-1994_Canada.pdf，最后访问日期：2018年7月4日。
③ CIDA：*CIDA'S Policy on Poverty Reduction*（Hull：CIDA，1996），http：//publications.gc.ca/site/eng/9.807035/publication.html.

大这一目标实现得并不理想。直到 1999 年，加拿大国际合作协会（Canadian Council for International Cooperation）制定的《加拿大援助改革战略》（Strategy for Renewing Canadian Aid: Key Messages）在对加拿大 ODA 进行审视后指出：援助"经费的整体趋势表明，减贫这一目标的优先度依然是很低的"。该文件指出，加拿大官方发展援助给予"人类基本需要"项目的分配比重只有 19.4%，远不足加拿大国际合作协会 30% 的建议。1990/1991 财年至 1995/1996 财年，加拿大国际发展署在非洲的粮食和营养援助分别下降了 49% 和 80%。而 1992/1993 财年至 1997/1998 财年，加拿大给予撒哈拉以南非洲的援助下降了 29.1%，同期给联合国开发计划署和联合国儿童基金会的援助也下降了 29.4%。加拿大给予 48 个最不发达国家的援助从之前占 GNP 的 0.15% 下降到 1997/1998 财年的 0.07%。[①]

冷战结束，西方国际发展援助无论是绝对量还是相对量，都呈现下降的趋势。以经合组织为例，1990~2001 年，其 23 个成员的官方发展援助从占援助国国民总收入的 0.33% 下降到 0.22%。[②] 在总的援助方面，据统计，1990/1991 财年，加拿大官方发展援助额达到了 49.04 亿加元，但随后到 2003 年一直呈现收缩的态势。1995/1996 财年降至 38.78 亿加元，2000/2001 财年和 2003/2004 财年则降至 37 亿加元以下的水准，直到 2005 年后援助的绝对值才得到恢复和增长（具体见图 4-1）。[③] 在 ODA/GNP 方面，联合国在 1970 年制定了占 GNP 0.7% 的官方发展援助目标，加拿大在 70~80 年代是官方发展援助的领先者。冷战结束后，加拿大 ODA/GNP 的比值整体上呈下降趋势。从 1985 年较高时的 0.47% 降至 2003 年时的 0.23%。[④] 2000 年，加拿大 0.25% 的捐款率在 22 个发展援助委员会成员中排在第 16

[①] David R. Morrison, *Aid and Ebb Tide: A History of CIDA and Canadian Development Assistance* (Waterloo: Wilfrid Laurier University Press, 1998), pp. 69-70.
[②] OECD 发展援助委员会：《2003 年人类发展报告》，中国财政经济出版社，2003，第 148~149 页。
[③] "Canadian ODA 1980 - 2017", http://aidwatchcanada.ca/wp-content/uploads/2017/04/April-2017-Cdn-ODA-1980-to-2017.jpg, 最后访问日期：2019 年 1 月 1 日。
[④] http://aidwatchcanada.ca/wp-content/uploads/2017/04/April-2017-Cdn-ODA-Performance-1980-to-2017.png.

位。这一安排最低限度高于平均水平，但也明显低于丹麦、瑞典和挪威（分别为1.06%、0.80%和0.80%）等，也低于七国集团大多数国家（意大利的0.13%和美国的0.10%除外）。① 2003年后虽然略有提升，2008~2017年维持在0.25%~0.34%的幅度，但一直未达到之前的历史最高值（见图4-2）。② 甚至，有学者认为，在可预见的未来，ODA与GNP的比值将继续下降，预计到2021年将降至历史最低点。③

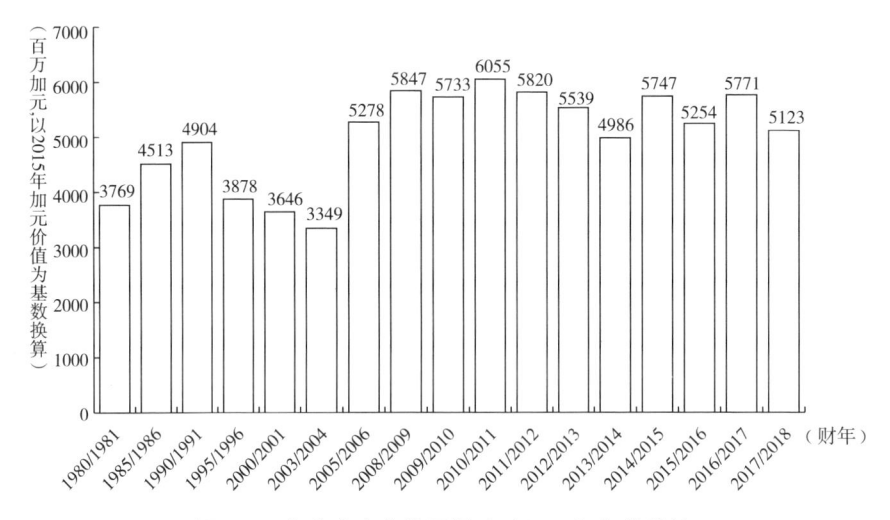

图4-1 加拿大官方发展援助（ODA）规模统计

说明：加拿大国际发展署/加拿大全球事务部（GlobalAffairs Canada）统计数据（2016年、2017年数额为估算值）

资料来源：加拿大援助观察组织（Aid Watch Canada），"Canadian ODA 1980-2017", http://aidwatchcanada.ca/wp-content/uploads/2017/04/April-2017-Cdn-ODA-1980-to-2017.jpg。

---

① *Canadian Development Report*, 2003, p.72, http://www.nsi-ins.ca/content/download/cdr2003_e_1.pdf, 最后访问日期：2019年7月1日。

② http://aidwatchcanada.ca/wp-content/uploads/2017/04/April-2017-Cdn-ODA-Performance-1980-to-2017.png, 最后访问日期：2019年1月1日。

③ Edgardo Sepulveda, "A Tale Book-ended by Two Trudeaus: Canada's Foreign Aid since 1970", May 3, 2017, http://www.progressive-economics.ca/2017/05/03/a-tale-book-ended-by-2-trudeaus-canadas-foreign-aid-since-1970/, 最后访问日期：2019年1月1日。

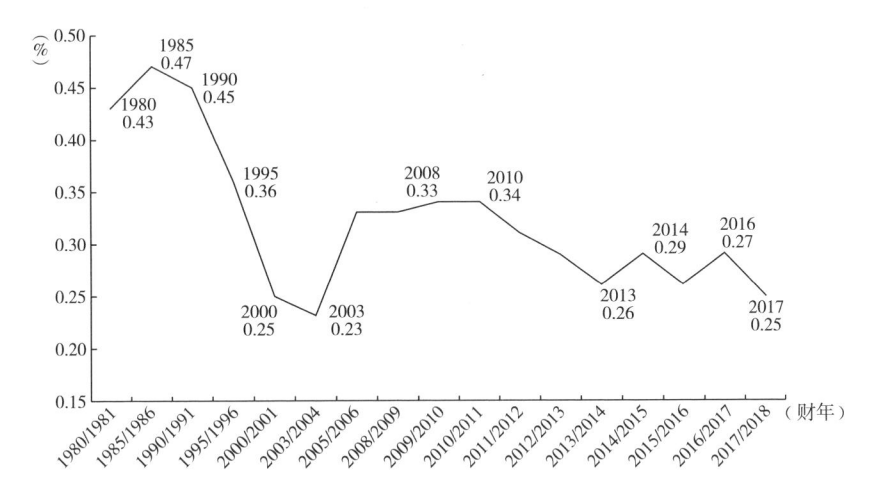

图 4-2　1980~2018 财年加拿大官方发展援助与加拿大国民生产总值比值

说明：加拿大国际发展署/加拿大全球事务部（GlobalAffairs Canada）统计数据（2016、2017 年数额为估算值）

资料来源：加拿大援助观察组织（Aid Watch Canada），"Canadian ODA Performance Ratio 1980-2017"，http：//aidwatchcanada.ca/wp-content/uploads/2017/04/April-2017-Cdn-ODA-Performance-1980-to-2017.png。

表 4-1　经合组织发展援助委员会成员国 ODA/GNI 贡献率（1986~2004 年）

单位:%

时间 国家	1986~1987 （平均）	1991~1992 （平均）	1998	1999	2000	2001	2002	2003	2004
澳大利亚	0.40	0.37	0.27	0.26	0.27	0.25	0.26	0.25	0.25
奥地利	0.19	0.14	0.22	0.24	0.23	0.29	0.26	0.20	0.24
比利时	0.48	0.40	0.35	0.30	0.36	0.37	0.43	0.60	0.41
加拿大	0.48	0.46	0.30	0.28	0.25	0.22	0.28	0.24	0.26
丹麦	0.88	0.99	0.99	1.01	1.06	1.03	0.96	0.84	0.84
芬兰	0.48	0.72	0.31	0.33	0.31	0.32	0.35	0.35	0.35
法国	0.58	0.62	0.40	0.39	0.32	0.32	0.38	0.41	0.42
德国	0.41	0.38	0.26	0.26	0.27	0.27	0.28	0.28	0.38
希腊	—	—	0.15	0.15	0.20	0.21	0.21	0.25	0.23
爱尔兰	0.23	0.18	0.30	0.31	0.29	0.33	0.40	0.39	0.39

续表

时间 国家	1986~1987 （平均）	1991~1992 （平均）	1998	1999	2000	2001	2002	2003	2004
意大利	0.37	0.32	0.20	0.15	0.13	0.15	0.20	0.17	0.15
日本	0.30	0.31	0.27	0.27	0.28	0.23	0.23	0.20	0.19
卢森堡	0.17	0.29	0.65	0.66	0.71	0.76	0.77	0.81	0.85
荷兰	0.99	0.87	0.80	0.79	0.84	0.82	0.81	0.80	0.74
新西兰	0.28	0.25	0.27	0.27	0.25	0.25	0.22	0.23	0.23
挪威	1.13	1.15	0.89	0.88	0.76	0.80	0.89	0.92	0.87
葡萄牙	0.10	0.32	0.24	0.26	0.26	0.25	0.27	0.22	0.63
西班牙	0.08	0.26	0.24	0.23	0.22	0.30	0.26	0.23	0.26
瑞典	0.87	0.96	0.72	0.70	0.80	0.77	0.83	0.79	0.77
瑞士	0.30	0.41	0.32	0.35	0.34	0.34	0.32	0.39	0.37
英国	0.29	0.32	0.27	0.24	0.32	0.32	0.31	0.34	0.36
美国	0.21	0.20	0.10	0.10	0.10	0.11	0.13	0.15	0.16

资料来源："OECD Database"，https：//data.oecd.org/oda/net-oda.htm#indicator-chart.

2. "人的基本需要"继续在加拿大官方发展援助中处于优先位置

1994 年 11 月，加拿大颁布《加拿大外交政策评估报告》(Report of the Joint Committee Reviewing Canadian Foreign Policy)，在广泛争取听证加拿大 ODA 事宜之后，对加拿大的官方发展援助提出了改革建议。该报告建议加拿大继续以减贫为核心目标；将加拿大对人类基本需要的援助份额提升到 25%；降低绑定购买比重，2000 年降低到 20%；调整措施以更符合减贫目标，更广泛促进人权和良好治理；将援助集中到少数更需要的国家（如非洲）；提升对非政府组织的支持。[①] 以此为基础，加拿大对未来官方发展援助给予了热烈讨论。1995 年 2 月，加拿大政府颁布了《加拿大政府世界政策声明》(Canada in the World：Government Statement) 白皮书，该白皮书提出三大主要目标（Key Objectives）：促进加拿大的繁荣与

[①] Gerald Schmitz, Marcus Pistor, Megan Furi, *Aid to Developing Countries* (Ottawa：Political and Social Affairs Division, 2003), http：//publications.gc.ca/collections/Collection-R/LoPBdP/CIR/7916-e.htm.

就业；在全球稳定的框架下保证加拿大的安全；推广加拿大的价值观和文化。在国际发展援助层面，该白皮书围绕以上外交目标确定了如下六个"优先项目"，继续延续了马尔罗尼时期发展援助的基本原则和内容：(1) 人的基本需求；(2) 妇女参与发展；(3) 基础设施服务；(4) 人权、民主和良好治理；(5) 发展中国家私营部门发展；(6) 环境可持续发展。[1]

在以上优先项目中，人的基本需求继续成为加拿大发展援助的首要内容。1995年，加拿大外交部联合国防部对加拿大官方发展援助进行了一次民意调查，调查结果《加拿大与世界：关于外交和国防政策的公众态度》(Canada and the World: Public Attitudes regarding Foreign and Defence Policy) 显示，在经历冷战结束之初的消极之后，此时加拿大民众对发展援助的热情有所恢复。超七成的受访者（74%）赞同保持官方发展援助现有规模（51%）或予以增加（23%）。54%的受访者认为，官方发展援助应该优先考虑紧急援助，尤其是向受援国提供人道主义性质的食物、衣物和药品。此外，还有52%的人赞同向受援国提供有助于满足"人的基本需求"的援助。该民意调查显示，加拿大人对受援国"人的基本需求"的优先顺序排列如下：干净的水和卫生（60%），营养（51%），初级卫生保健（49%），基本教育（47%），计划生育（41%），基本住房（31%）。[2] 1996年加拿大国际发展署颁布了《加拿大国际发展署减贫政策》(CIDA's Policy on Poverty Reduction)。该政策文件重申了加拿大官方发展援助的六个优先项目。

随后，1996年经合组织发展援助委员会发布《塑造21世纪》(Shaping the 21st Century) 的政策声明，指出要致力于发展中国家的人类发展指数的提升，提出到2015年，发展中国家生活在赤贫中的人口比例减少一半，所有国家普及初级教育；在实现两性平等和增强妇女权能方面取得进展；至迟于2015年将婴儿和5岁以下儿童的死亡率降低三分之二，孕产妇死亡率降低四分之三；所有适当年龄的人都能通过初级保健系统获得生殖保健服务。加拿大对此表示了支持。1997年5月，为指导援助满足受援国"人的

---

[1] DFAIT, Government of Canada, *Canada in the World. Government Statement* (Ottawa: Public Works and Government Services Canada, 1995), pp. 10, 46.

[2] CIDA, *CIDA'S Policy on Meeting Basic Human Needs* (Hull, Quebec: CIDA, 1997), p. 2.

基本需求"，加拿大国际发展署公布了《加拿大国际发展署关于人类的基本需求政策》，指出健康、教育、计划生育和生殖健康、营养、干净的水与卫生、避难所作为人类社会基本的发展需求是加拿大发展援助的核心内容之一。① 根据加拿大国际发展署的统计，在加拿大 2000/2001 财年的双边援助中，支出的内容及比重如下：社会基础设施 5.634 亿加元，占 48.3%；生产部门（主要是农业和工业项目）1.491 亿加元，占 12.8%；经济基础设施（能源、银行、金融服务等）1.418 亿加元，占 12.1%。在比重约占一半的社会基础设施中，有占比 20.6%、11.2% 及 6.4% 的资金，分别给予了政府与民间组织、教育、保健（11.2%包括供水和卫生设施）。可见，这里所说的社会基础设施主要是指有助于满足人的基本需求，延续了马尔罗尼时代重视人的基本需求的援助精神。②

3. "人权+民主+加拿大价值观"继续处于加拿大官方发展援助的重心

在克雷蒂安时代，加拿大对人权、民主及价值观的重视持续存在。1995 年，《世界中的加拿大：加拿大外交政策评价》指出，在不损害加拿大官方发展援助优先项目内容的前提下，将继续援助原苏东地区的发展，帮助这一地区实现政治、经济和社会秩序的转型。③ "加拿大将继续积极实施针对中东欧及前苏联地区的援助项目。"④ "中欧和东欧新民主国家的出现将继续成为加拿大人关注的焦点，许多加拿大人与这一地区有着联系。我们将继续通过我们在欧洲银行的成员身份以及通过我们在中东欧的援助项目为欧洲的安全做贡献。这是加拿大的独特方式，目的在于在苏维埃帝国的废墟中崛起的新的脆弱民主国家里协助建设多元主义、自由媒体、法治、良好治

---

① CIDA, *CIDA's Policy on Meeting Basic Human Needs* (Hull, Quebec: CIDA, 1997), pp. 6, 5, 14.
② Luigi Scarpa de Masellis, Canadian Development Report—2003, http://www.nsi-ins.ca/wp-content/uploads/2012/11/2003-Canadian-Development-Report-2003-Statistics.pdf, 最后访问日期：2019 年 7 月 10 日。
③ DFAIT, *Canada in the World: Canadian Foreign Policy Review* (Ottawa: Foreign Affairs and International Trade, 1995) p. 42, http://www.dfait-maeci.gc.ca/foreign_policy/cnd-world/menu-en.asp, 最后访问日期：2018 年 8 月 8 日。
④ DFAIT, Government of Canada, *Canada in the World*, *Government Statement* (Ottawa: Public Works and Government Services Canada, 1995), p. 46.

理、尊重人权、自由市场及环保事业。"①加拿大政府认为,这一地区市场经济的建立和融入世界经济会为加拿大和世界带来重要的投资和贸易机会。②

与此同时,加拿大援助同样带着某些输出加拿大人权价值观的色彩。1993年,世界人权会议在日内瓦召开。加拿大国际发展署对之给予了声援和响应。如前文所述,人权价值观输出在1995年克雷蒂安政府颁布的加拿大外交声明中被列为优先目标之一。③《世界中的加拿大:加拿大外交政策评价》提出,发展援助是加拿大外交政策的工具。"通过应对诸如侵犯人权、疾病、环境恶化、人口增长及贫富分化这些威胁人类安全的因素,加拿大对外援助为全球安全做出了贡献,是加拿大文化和价值观在国际上的一种彰显。""是和世界其他地方分享价值观的有效方式。"④ 同年11月,加拿大国际发展署颁布了在人权价值观上的政策,承诺通过援助加强人权、民主和良好治理。"在发展中国家加强公民社会的能力和角色,以提升民众在决策中的参与度",具体而言,包括:"加强民主机构,以发展和维持负责任的政府;提升公共部门的能力,以促进对权力进行有效、诚实和负责任的行使;保护和促进人权组织的能力,以提高社会解决权利问题的能力;提升领导者尊重权利,民主统治和有效治理的意识。"⑤ 加拿大期望以某些标榜改善人权为目的的援助,扩大加拿大人权价值观在国际上的影响。以对中国援助为例,后冷战时期,加拿大对华援助外交依然带着以援助为杠杆影响中国社会价值观的意味。"有效的人权政策要求我们利用积极的影响力杠杆以及我们掌握的各种形式的制裁措

---

① DFAIT, *Canada in the World: Canadian Foreign Policy Review* (Ottawa: Foreign Affairs and International Trade, 1995), p. 30, http://www.dfait-maeci.gc.ca/foreign_policy/cnd-world/menu-en.asp, 最后访问日期: 2018年8月8日。
② DFAIT, *Canada in the World: Canadian Foreign Policy Review* (Ottawa: Foreign Affairs and International Trade, 1995), p. 42.
③ DFAIT, *Canada in the World: Government Statement*, 1995 (Ottawa: Foreign Affairs and International Trade, 1995), p. i.
④ DFAIT, Government of Canada, *Canada in the World: Government Statement* (Ottawa: Public Works and Government Services Canada, 1995), p. 40
⑤ CIDA, *Government of Canada Policy for CIDA on Human Rights, Democratization and Good Governance* (Hull: CIDA, 1995), p. 4.

施。例如，在中国，我们正在发展系统和广泛的联系。我们的目标是让这个国家开放加拿大人的价值观，即使它向世界经济开放"。在一定程度上，加拿大对华援助也带着某些这样的色彩。①

在民主输出方面，后马尔罗尼时代的加拿大继承了以援助促进受援国民主向西方靠拢的目标。1996年，自由党让·克雷蒂安的自由政府发布了《加拿大政府关于加拿大国际发展署的人权、民主化和良好治理政策》(*Government of Canada Policy for CIDA on Human Rights, Democratization and Good Governance*)②。加拿大国际发展署的数据表明，1996~2006年，加拿大在民主化项目的开发达到了13亿加元。③ 为促进苏联地区的"民主化"，加拿大官方援助扩展到了东欧和东南欧地区。2000年，除非洲（38%）、亚洲（34%）和拉丁美洲（12%），剩下的大多数援助给了东欧和东南欧，单在2000年给乌克兰的援助就达到了1.24亿美元，乌克兰成了当年获得加拿大对外援助额最多的国家。④ 此后，《加拿大国际发展署发展战略2001-2003》再次强调支持中欧和东欧民主发展和经济的自由化。⑤ 自由党保罗·艾德加·菲利普·马丁（Paul Edgar philppe Martin）取代马丁·布赖恩·马尔罗尼上台（2003）后，于2005年对加拿大发展援助中的民主化倾向给予了一定程度的改革，以务实的手段，以一种更温和的方式介入民主目标。加拿大国际发展署更愿意向民间组织提供技术援助，以间接方式参与政治民主结构和进程这一风险更大的领域（尽管它确实为一些选举资助项目提供了资金）。⑥ 2006年，哈珀政府重新强调了后冷战以来加拿

---

① DFAIT, *Canada in the World: Canadian Foreign Policy Review* (Ottawa: Foreign Affairs and International Trade, 1995), p. 33.
② 对此的论述可参见 Geoffrey Cameron, "Between Policy and Practice: Navigating CIDA's Democracy Agenda," University of Regina, The Saskatchewan Institute of Public Policy, Public Policy Paper 47, December 2006.
③ Gerald J. Schmitz, *Canada and International Democracy Assistance What Direction for the Harper Government's Foreign Policy?* Centre for International and Defence Policy Queen's University, 2013, p. 8.
④ 毛小菁：《加拿大官方发展援助近况》，《国际经济合作》2003年第7期，第60页。
⑤ CIDA, *CIDA's Sustainable Development Strategy 2001-2003* (Hull, Quebec: CIDA), p. 10.
⑥ Gerald J. Schmitz, *Canada and International Democracy Assistance What Direction for the Harper Government's Foreign Policy?* (Ottawa: Centre for International and Defence Policy Queen's University, 2013), p. 6.

大发展援助中的民主输出考量。2007年,加拿大外交关系与国际发展场合委员会颁布《促进加拿大在支持国际民主发展方面的作用》,对加拿大外交政策提出28条建言,要求"加拿大应继续在广泛的民主概念基础上为国外的民主发展提供援助,其中包括关注整个治理制度、全面的国际人权——包括社会经济和文化权利以及公民——包括处境最不利的公民充分参与民主进程。从长远来看,加拿大支持民主发展的政策应旨在提高受援国民主的质量和可持续性"。"加拿大应更多地投资于有效民主发展援助方面的实际知识传播和研究,应该为加拿大政府本身的工作提供信息——特别是涉及加拿大外交事务与国际贸易部的民主事务部门(Democracy Unit)和加拿大国际发展署的民主治理办公室"①。

4. 两性平等在加拿大官方发展援助中占重要地位

马尔罗尼上台后延续了特鲁多时代对援助发展中国家妇女儿童等弱势群体的关注。1985年,加拿大国际发展署对非政府组织参与发展中国家妇女援助给予了调研。"大多数针对妇女的项目都倾向于在社会福利、家政、儿童保育和营养等领域,或小范围内针对被认为仅对妇女有利的工作。"② 加拿大国际合作委员会(Canadian Council for International Cooperation)在1985年进行了调研,70%的非政府组织支持妇女项目,但75%表示没有相关的指导准则。③ 鉴于此,加拿大国际发展署1986年启动了五年行动计划(Women in Development: CIDA Action Plan),该计划提出了"要更好地理解发展中国家妇女目前潜在与多重的角色";"将妇女纳入加拿大国际发展署的项目与工程中";"帮助发展中国家妇女挣钱和保持收入稳定,包括采取措施把妇女从做家务和做饭的时间和精力限

---

① Kevin Sorenson, *Advancing Canada's Role in Support for International Democratic Development*, *39th Parliament*, *1st Session*: *Report of the Standing Committee on Foreign Affairs and International Development* (Ottawa: the 1st Session of the 39th Parliament), 2007, p. 3, https://www.ourcommons.ca/Content/Committee/391/FAAE/Reports/RP3066139/faaerp08/faaerp08-e.pdf.

② CIDA, "Corporate Evaluation Study", in Tim Brodhead, Brent Herbert-Copley, and Anne-Marie Lambert, *Bridges of Hope? Canadian Voluntary Agencies and Third World* (Ottawa: North-South Institute, 1988), p. 129.

③ Lise Latremouille, "Women in Canadian Development NGOs: A Overview", *Canadian Council for International for International Cooperation Newsletter*, Vol. 9, No. 3, August 1985, p. 6.

制中解脱出来"①。

在克雷蒂安时代，加拿大一如既往地对援助发展中国家妇女的发展怀有浓厚的兴趣。1994年，加拿大国际发展署在其下成立了妇女发展和性别平等处（WID and Gender Equity Division）。1995年9月，世界妇女大会在中国北京举行，会议通过《北京宣言》，致力于推动妇女权益的发展。加拿大立即给予了支持。随后，加拿大对1984年的妇女发展政策进行了新的探究。1995年，加拿大颁布《加拿大政府关于加拿大发展署的人权、民主化和良好治理政策》（Government of Canada Policy for CIDA on Human Rights, Democratization and Good Governance）。"政府的政策是加强发展中国家社会尊重儿童、妇女和男子权利以及以民主方式有效治理的意愿和能力。"② 在同年颁布的《加拿大政府世界政策声明》，将支持妇女作为平等伙伴充分参与其社会的可持续发展，确定为加拿大国际发展署六项优先项目之一。同年，加拿大国际发展署发布了《加拿大国际发展署减贫政策》（CIDA's Policy on Poverty Reduction），承诺将两性平等问题作为减贫工作的一部分。1995年10月，加拿大国际发展署和儿童基金会与印度尼西亚签署了一项为期五年、耗资1450万加元的协议，支持印度尼西亚政府在三个省（南苏拉威西、东爪哇和中爪哇）开展与安全孕产有关的活动以及获得干净的水和卫生设施。主要项目目标是帮助降低三个省的孕产妇和新生儿死亡率与发病率。③ 随后，1997年加拿大国际发展署先后颁布《加拿大国际发展署健康战略》（CIDA's Strategy for Health）、《加拿大国际发展署关于人类的基本需求政策》（CIDA's Basic Human Needs Policy），分别对妇女健康权和平等权给予了强调。1999年，加拿大整合既往的妇女政策，颁布《加拿大国际发展署性别平等政策》（CIDA's Policy on Gender Equality），指出将致力于妇女和男子共同作为决策者更平等地参与塑造其社会的可持续发展，提高妇女和女孩实现其充分人权的能力，在获得资源和利益方面实

---

① CIDA, *Women in Development: CIDA Action Plan* (Ottawa: CIDA, 1986), p. 8.
② CIDA, *Government of Canada Policy for CIDA on Human Rights, Democratization and Good Governance* (Hull, Quebec: Canadian International Development Agency, 1996), p. 3.
③ Agriteam Canada Consulting Ltd.; Luz de Luna International, "2000 IDS: External Assessment of Canadian CIDA-supported Safe Motherhood Programme", https://www.unicef.org/evaldatabase/index_19004.html.

第四章　冷战终结与加拿大官方发展援助的改革（1991~1993）

现更多的男女平等。在儿童政策方面，2000 年以来，加拿大政府加强了保护儿童权益在其援助项目中的权重。2000 年加拿大政府颁布《加拿大国际发展署社会发展优先项：行动规划》（CIDA' Social Development Priorities: A Framework for Action）将儿童保护列为加拿大发展援助四大优先选项之一。2002 年，加拿大《改变世界：加拿大加强援助效果政策声明》（Making a Difference in the World: A Policy Statement on Strengthening Aid Effectiveness）将这一优先项延续。

小　结

自实施"科伦坡计划"以来，加拿大官方发展援助模式经历了两次较显著的转变。在 20 世纪 60 年代末之前，加拿大官方发展援助以现代化理论为指导，主要特点是以大型基础设施和工程项目投资为中心，属于"物质层"层面的援助。事实证明，以追加投资为中心的援助并不能根本上解决受援国的发展问题，特别是不能实现其自身发展的可持续性。发展经济学的重 GDP 发展的倾向在国际发展援助经济界被重新思考。70 年代之后，凯恩斯主义与注重人的基本需求理论出现。加拿大官方发展援助从重在发展经济向发展人转变，重心转向"技术层"，重点关注受援国的人的基本需求和人力资源开发，尤其是从教育培训、技术援助、健康营养等层面帮助受援国发展。"人力开发在消除贫困，特别是绝对贫困的过程中有着极其重要的作用。"[1] 加拿大这一时期的援助起到了"授人以渔"的作用。在冷战结束后，国际发展观坚持以人为本的思想获得更系统的发展，和可持续发展观成为国际发展援助的主要思路。正如世界银行 1990 年援助总目标所阐述的，减轻贫困、保护环境、人力资源开发、减轻债务和促进投资。[2] 人的发展被视为目标而非手段，坚持人的发展和社会发展相协调，认为发展有三个核心目标，即价值、生存、自尊与自由，强调人与自然的和谐共

---

[1] Hassan M. Selim, *Development Assistance Policies and the Performance of Aid Agencies* (New York: St. Martin's Press, 1983), p. 342.
[2] 金立群：《世界银行：寻求发展之路》，北京工业大学出版社，1994，第 121 页。

处，追求经济效益、社会效益及环境效益的统一。[①] 加拿大官方发展援助继承了对人发展能力的重视，同时有着其价值道德、思想意识、社会规范等因素的制约，这一时期加拿大官方发展援助尤其将"输出民主"和"加拿大价值观"输出视为重要目标，体现了加拿大官方发展援助向"文化层"转变的趋向。

---

① 童星：《发展社会学与中国现代化》，社会科学文献出版社，2000，第196页。

结　语

概而言之，二战后西方世界官方发展援助主要可以分为四种类型。第一类是美国军事战略型，其目标在于实现全球称霸和抵御共产主义。美国在选择受援地区的时候，所依据的标准更多是被援助地区具有多大的战略意义，而不是其贫困程度。仅以美国的战略要地中东和北非为例，1980年以前美国对这两个地区的官方发展援助额就占了其双边发展援助总额的一半以上，而对那些与美国战略关系不大的不发达国家提供的发展援助则少得多。[①] 第二类为西欧的经贸利益型援助，主要目的在于维护和拓展本国的市场和原料来源地，《洛美协定》(Lome Convention) 就是这种援助的典型表现[②]。第三类是以北欧国家为代表的人道主义型援助，这类国家的援助附加政治性、经济性或意识形态条件相对较少。第四类是以日本为代表的经济政治型，在追求经贸利益的同时，其主要目的在于改变战败国形象，企图重做世界政治大国。与以上几类国家相比，加拿大官方发展援助有其独特的个性。总体上，加拿大的官方发展援助占其国民生产总值贡献率落后于北欧国家，但规模种类相对较多。加拿大援助规模落后于美国、日本等国家，但是其没有美国、日本等国那样的全球或地区战略野心，其利用发展援助对全球或地区政治格局的觊觎相对平淡。在相当程度上，中等强国的国际地位让加拿大官方发展援助在目标上中庸了大小施援国的诉求，形成了鲜明的加拿大特色。

[①] 朱立南等：《经济合作与发展组织》，中国大百科全书出版社，1995，第62页。
[②] 《洛美协定》是《欧洲经济共同体——非洲、加勒比和太平洋（国家）洛美协定》的简称，1975年首次签订，1979年、1984年、1989年三次续签，主要内容为向非洲、加勒比地区和太平洋国家提供贸易优惠及援助。其中，20世纪80年代后期起开始把人权作为条件。

(一) 加拿大发展援助的冷战化与"去冷战化"

与美国系统主导的援助战略不同,加拿大是一个先有援助、后有自身独立援助政策的援助国。加拿大官方发展援助最初是因追随英美反共而产生,在发展中国家铸就对抗共产主义的经济高墙是其参与官方发展援助的根本动因。不过,在美苏直接对峙的局面下,加拿大作为中等强国是对苏冷战的配角,其在安全上有着美国及北约的强大保证,处在反苏反共的第二线,没有担负抵御苏联的首要责任,其官方发展援助附带的反苏反共责任相对较轻。而且由于国力所限,加拿大也没有美国等大国那么多的战略"野心",其官方发展援助不具备美国式的战略目标追求。此外,加拿大在历史上没有侵略他国的记录,其国民性格和多元文化相对平和,对自己的外交定位带有很大的"中立性"。随着援助项目的实施,尤其是在奉行独立自主多元外交的皮埃尔·特鲁多担任总理以后,加拿大官方发展援助伴随着自身多元独立外交的不断成熟,越发呈现"去冷战化"趋向,冷战优先的政治考量逐渐淡化。在坚持援助弱者的基本目标的同时,加拿大对自身经贸、软实力等国家现实利益的追求转而超越冷战占了上风。在20世纪60年代末以后,加拿大发展援助重心从大型水电项目、交通设施等为主,逐渐转向人力资源培训、满足人的基本需求及促进基本人权为主,援助项目日益呈现"小而精"和更多地服务草根阶层的特点。在这一时期,加拿大发展援助文件、计划和宣言书中,也少有"科伦坡计划"实施之初那种向共产主义宣战的极端言辞出现。相反,加拿大官方发展援助政策中更加以人为本,更多关注的是弱势群体的贫困。1991年,加拿大干脆退出了"科伦坡计划",其"去冷战化"的趋向更进一步。不过,在另一层面,加拿大官方发展援助作为西方冷战中意识形态的产物,其本身也蕴含着根深蒂固的将受援国视为被拯救的他者的偏见。在加拿大的援助理念中,受援国的经济、文化乃至政治制度等是"落后的"他者,而加拿大为代表的西方则是"先进的",加拿大担负着拯救受援国贫困苍生于不幸,帮助受援国走向良好治理和良性发展的使命。在后冷战时代,加拿大产生于冷战对峙的援助"优越感"依然存在。加拿大迅速将苏东地区纳入援助之列,其援助一再强调以援助促进受援国的民主制度和良好治理,并强调向受援国输出加拿大的文化价值观，其本身就是加拿大在冷战中形成的他者心态的表现。

加拿大官方发展援助基本目标是拯救受援国于贫困，但这一经济目标自始至终都不同程度地和西方意识形态绑定在一起。由此，遏制共产主义，推动受援国的人权、民主及良好治理，以及在受援国进行价值观输出等都是加拿大援助的重要条件与目标。自身政治优越感和改造受援国的他者心态，使得后冷战时代加拿大的发展援助，虽然不再以对抗共产主义为直接目标，但其与人权标准及民主输出、文化输出依然交错一体而难以分割。加拿大发展援助的这种特性，反映了加拿大官方发展援助内容由器物层到技术层再到制度、文化层的深入，也是其冷战思维在新时期的遗存与延伸。也就是说，在后冷战时代，冷战思维并未消失，依然在一定程度上左右着加拿大的对外援助，乃至整个外交。

加拿大在援助的实施中，将人权、民主、价值观等政治条件纳入经济援助的考量引发了两种对立的回应。理想主义者认为，人道的关切构成对外援助的主要动机。[①] 援助应该是纯粹的利他主义行为，任何政治条件和目标的纳入都相当于干涉受援国内政外交，有可能会损害受援国主权利益，偏离了援助的本质属性。然而，现实主义者则认为，"民权和政治权往往是经济权利的前提"[②]，附加人权与民主考量正是保证援助取得实效的基本前提，因为在一个处处侵犯公民权利、反民主的社会，援助无法为民众所用。

（二）加拿大官方发展援助利他主义与国家利益的冲突与共存

在加拿大官方发展援助的文件和政策中，拯救发展中国家于贫困历来被视列为其官方发展援助的基本目标。在实际运行中，加拿大的援助项目也的确起到了相当的积极作用。客观地说，加拿大实施的基础设施和大型

---

① Brian R. Opeskin, "The Moral Foundation of Foreign Aid", *World Development*, Vol. 24, No. 1, Jan. 1996, pp. 21–24.

② Robert Miller, The International Centre for Human Rights and Democratic Development: Notes on its Mission, in Irving Brcher, *Human Rights, Development and Foreign Policy: Canadian Perspectives* (Halifax, N. S.: The Institute for Research on Public Policy, 1989), p. 379.

工业项目在局部明显改善了当地的工业基础。其农业援助则对缓解当地粮食危机，提升当地农业生产能力起到了积极作用。其技术援助则为受援国培养了一系列迫切需要且水平较高的发展人才。其关注社会草根阶层的援助项目为提升受援者的谋生能力提供了及时有效的帮助。总体而言，加拿大官方发展援助对受援国发展所做出的贡献是不可否定的，具有的利他性是显著存在的。不过，相当程度上，加拿大的ODA像现实主义国际关系专家摩根索认为的那样"一律服务于国家私利"①。加拿大参与官方发展援助自然存在着国家利益的考量。加拿大研究对外援助的专家克兰弗德·普拉特也指出："为了人道主义，加拿大公众和议会已经支持了40多年的对外援助。然而，大多数学者评论家却得出结论，即人道的因素在援助政策中只是扮演了小角色。"② 另一个援助问题学者基思·斯派斯也认为"慈善不过是个花招……政府存在是为了推进公共利益，由此，他们完全为他们所效力的国家服务"③。

在政治上，在冷战时期，加拿大跟随英美参与发展援助的最大动机自然是对抗苏联以维护加拿大及其盟友的集体安全，将共产主义的威胁阻挡在国门之外，阻挡共产主义向西方利益紧密相关的地区蔓延。以"科伦坡计划"为代表，以援助为纽带，加拿大配合了英美冷战战略，与"科伦坡计划"受援国建立了密切的反共政治联系，增强了以美英为首的西方对亚非拉国家的控制能力，使"科伦坡计划"受援国扮演了抵御共产主义前线国的角色。由此，在冷战时的国际关系中，国际发展援助与维持和平行动、参与难民庇护一起构成了加拿大参与国际事务的三大领域。皮埃尔·特鲁多时期及此后，加拿大援助逐渐摆脱对美英亦步亦趋的被动，展现了明显的自身主动性和独立性。在发展援助领域，美苏超级大国的援助虽然规模巨大，但受援国常出于国家主权被干预的担忧，被援助国殖民的敏感，对其援助心存疑虑。比如，美国第四点计划出台后，埃及总理纳赛尔

---

① 沈丹阳：《官方发展援助：作用、意义与目标》，《国际经济合作》2005年第9期，第30~32页。
② David R. Morrison, *Aid and Ebb tide: A History of CIDA and Canadian Development Assistance* (Waterloo: Wilfrid Laurier University Press, 1998), p. 440.
③ Keith Spicer, *A Samaritan State? External Aid in Canada's Foreign Aid Policy* (Toronto: University of Toronto Press, 1996), p. 11.

就直接将其称为殖民渗透的工具,而叙利亚则拒绝接受美国援助。① 作为中等强国,加拿大凭借多元、中立的外交风格,与社会主义国家外交关系的正常化,在大国对峙的间隙中获得了受援国更大的信任度。不断扩展和深化的官方发展援助扮演了拓展加拿大多元外交、提升国际话语权、建构自身国际形象的重要角色,提升了自身独特的国际地位与软实力。此外,加拿大作为多族群国家,其对外援助遍布亚非拉多数民族国家,也是加拿大国内族群多元主义政治的反映(如援助法语国家),这种援助在一定程度上迎合了国内各族群的母国文化认同心态,也加强了多族群对加拿大的国家认同。

在经贸上,加拿大在二战以后,虽然遭受了 70 年代中期、90 年代初期两次经济颓势,但整体上保持了快速发展的势头,这使得加拿大拥有援助他国的经济资本。更重要的是,官方发展援助在一定程度上还起到了扩大海外商品市场与资本市场的作用。"一些发展中国家,它们以前属于最贫穷的国家,正成长为有活力的经济体和加拿大重要的贸易伙伴";对于加拿大而言,国际发展援助是"对(加拿大)繁荣与就业的一种投资,它将加拿大的经济与世界上增长最快的市场——发展中国家的市场,连接起来。从长远看,发展合作能够促使穷困国家走出贫穷,这意味着加拿大为全球经济变得更强大做出了贡献。而加拿大在其中,和其他国家一道,走向发展和繁荣"②。作为市场经济国家,加拿大致力于经济发展援助是其国家经济扩张和参与全球经济的必然产物,是加拿大试图从全球经济稳定和发展中获益的目标使然,具有相当的经贸色彩。

在对外发展援助的过程中,加拿大借援助追求本国经贸利益具有必然的逻辑。第一,作为一种国家行为,追求国际经贸利益有其合理性,要求施援国的外交完全以受援国的利益得失为制定政策的根本标准是不现实的。作为民族国家,加拿大官方发展援助不可能完全抛弃本国纳税人、商业公司、投资商的利益,不可能置其国家利益于不顾。以取消绑定购买为例,加拿大的

---

① 刘国柱、郭拥军:《在国家利益之间:战后美国对发展中国家发展援助探研》,浙江大学出版社,2011,第 58 页。

② DFAIT,, *Canada in the World: Canadian Foreign Policy Review* (Ottawa: Foreign Affairs and International Trade, 1995), pp. 2, 40.

理想主义者一直在呼吁取消采购限制,甚至加拿大政府颁布的《1975~1980年国际开发合作战略》也提出取消双边援助中附加的采购限制,但均没有取得任何进展。其原因很明确,那就是像加拿大外交部部长米歇尔·夏普(Mitchell Sharp)1973年在新布伦瑞克(New Brunswick)省的麦克顿市(Moncton)宣称的那样:"在我们还没有解决国内就业问题的时候,如果我们老是冒险让美国、欧洲和日本的公司赢得我们的援助合同,那么获得加拿大民众对援助的高度支持就会遭遇困境。"[1] 第二,一般而言,加拿大和其受援国经贸往来的加强对受援国通常也是有利的。在双边经贸的互动中,加拿大可以获得大量重要的经济信息、投资及贸易机会,受援各国也可以从中获得急需的技术、资本、市场和管理经验。举例来说,古巴是加拿大官方发展援助的对象国之一,通过官方发展援助加拿大在古巴获得了不少贸易机会,但对古巴来说,加拿大也是古巴重要的出口市场(如蔗糖),加拿大的市场对于古巴打开美国经济封锁之门一度起到了重要作用。不过,加拿大自身地大物博、资源丰富,主要的经贸伙伴以美欧为主,对发展中国家的资源和市场的依赖度相对欧美日来说较低,在发展中国家没有如美欧那样的势力范围存在或利益纠葛,其对经贸利益的追求相对而言不如欧美那样强烈。

推动受援各国经济发展和社会进步是官方发展援助的核心目标,但这并不是说要完全剔除施援国对本国利益的追求。在现实主义国际关系理论下,官方发展援助作为主权国家的一种外交行为,和本国国家利益有着密切关系,离开国家利益空谈国际道义是不现实的。"经济援助仅仅是权力政治的工具而已"。[2] 美国国际关系学家汉斯·摩根索在其《对外援助的政治理论》一文中也指出,对外援助包括发展援助的本质属性就是政治性,援助外交主要的目标就是促进和保护国家利益,它在军事手段无法发挥作用的领域为施援国谋取国家利益提供了最适宜的途径。[3] 施援国和受援国

---

[1] "Department of External Affairs", *Notes for An Address*, 11, May 1973.
[2] K. B. Griffin and J. L. Enos, "Foreign Assistance: Objectives and Consequences", *Economic Development and Cultural Change*, Vol. 18, No. 3, Apr. 1970, p. 315.
[3] Hans Morgenthau, "A Politic Theory of Foreign Aid", *The American Political Science Review*, Vol. 56, No. 2, Jun. 1962, p. 301.

之间贫富的不平衡,决定了施援国可以借援助在受援国形成可观的利益机会,而受援国出于对援助的需求,也往往一定程度上让渡部分利益给施援国。"加拿大政府对居住在加拿大境外的人的状况或行为没有主管权(authority),也不用真正负责任。"① 由此,在加拿大的对外援助中,"利他主义作为对外政策是'词语误用',即使政策偶然会产生让外国人获益的结果。从人道主义角度谈论加拿大的外交政策,实际上是将(外交)政策与塑造政策的个人伦理相混淆,是将政府目标与个人动机相混淆"②。在主权国家组成的国际关系体系中,国家利益是难以从对外发展援助中剥离开来的。在不侵犯受援各国主权的前提下,国家利益和国际道义可以在一定程度上相辅相成。加拿大发展援助的历史证明,在援助过程中,"发达国家现在普遍承担起这方面的责任——出于道德、政治或直接的经济考虑"③。发达国家不仅对援助带来的战略安全利益和经贸利益追逐不放,也对广义上塑造国家形象、提升国家威望、宣扬国家价值观和传播生活方式等软实力十分重视,也包含着对环保、减贫及减灾等人类共同利益方面的关注。

1968年5月13日,加拿大时任总理皮埃尔·特鲁多对加拿大积极参与国际发展援助的国家利益进行了经典概括,阐释了国家利益与利他主义在加拿大官方发展援助中的交融。他说,加拿大可以从以下三个方面获益:"第一,各国自由合作的世界有助于国际紧张局势的缓和,会促使世界成为一个不太容易爆发战争的世界。加拿大和加拿大人的获益是无法衡量的。第二,许多国家都在发展经济,这意味着生活水平将提高,世界市场将成倍增长。加拿大的产品会找到更多的买家,而对于像加拿大这样的贸易国来说,这将是一项巨大的利益。第三,在和平时期,人类纷纷把注意力转向其文化的发展和生活的丰富。加拿大人的生活更有意义,不分国籍地享受艺术家和学者的作品,这是一个无可置疑的价值观所带来的好

---

① Kim Richard Nossal, "Mixed Motives Revisited: Canada's Interest in Development Assistance", *Canadian Journal of Political Science*, Vol. 21, No. 1, pp. 49-50.

② Keith Spicer, *A Samaritan State? External Aid in Canada's Foreign Policy* (Toronto: University of Toronto Press, 1966), p. 11.

③ Arthur E. Blanchette (Editor), *Canadian Foreign Policy 1966 - 1976, Select Speeches and Documents*, (Ottawa: Gage Publishing Limited and The Institute of Canadian Studies, Calreton University), p. 235.

处。这些利益和福祉是不分国界的。……毫无疑问,国际援助的概念是有吸引力的,因为它是人类所从事的最令人振奋的努力之一。但我们永远不会忘记,在这个过程中,加拿大人既是捐助人,也是受益人。"① 尽管加拿大的官方发展援助并非尽如人意,但整体上正是有了自身这种施援国与受益人的角色双重性,加拿大的官方发展援助才得以为继。

---

① Arthur E. Blanchette (Editor), *Canadian Foreign Policy 1966 – 1976, Select Speeches and Documents*, (Ottawa: Gage Publishing Limited and The Institute of Canadian Studies, Calreton University), pp. 232-233.

参考文献

原始文献

[1] Angus Reid Associates, *Report to CIDA: Public Attitudes Toward International Development Assistance*, Hull: CIDA, 1990.

[2] Blachette, Arthur E., *Canadian Foreign Policy 1966-1976: Select Speeches and Documents.* the Institue of Canandian Studies, Carleton University, 1980.

[3] Canadian International Development Agency, *The Strategy for International Development Cooperation 1975 - 1980*, Ottawa: Information Division, Communications Branch, Canadian International Development Agency, 1975.

[4] Canada. External Aid Office, Information Division, *Annual Review 1966-1967*, Ottawa: Queen's Printer, 1967.

[5] Canada House of Commons, *Canadian Parliamentary Proceedings And Sessional Papers, 1841 - 1970*, Washington: United States Historical Documents Institute, 1974.

[6] Canada Government, *To Benefit a Better World: Response of the Government of Canada to the Report of the Standing Committee on External Affairs and International Trade*, Ottawa: Supply and Services, 1987.

[7] Canadian International Assistance Agency, *Sharing Our Future: Canadian International Development Assistance*, Ottawa: Canadian International Assistance Agency, 1987.

[8] CIDA. *Annual Report 1969*, Ottawa: Information Canada, 1969.

[9] CIDA, *Annual Report 1972-1973*, Ottawa: Information Canada, 1973.

[10] CIDA, *Statistical Report on Official Development Assistance*, *Fiscal Year 2004-05*, Ottawa: CIDA, 2006.

[11] CIDA, *Report to CIDA: Public Attitudes towards International Development Assistance*, Ottawa: Minister of Supply and Services, 1988.

[12] CIDA, *Canadians in the Third World: CIDA's Year in Review 1981-1982* (Statistical Annex), Ottawa: Minister of Supply and Services Canada, 1983.

[13] CIDA, *CIDA's Policy for Environmental Sustainability*, Hull, Quebec: CIDA, 1992.

[14] CIDA, *CIDA'S Policy on Poverty Reduction*, Hull, Quebec: CIDA, 1996.

[15] CIDA, *CIDA'S Policy on Meeting Basic Human Needs*, Hull, Quebec: CIDA, 1997.

[16] CIDA, *Government of Canada Policy for CIDA on Human Rights, Democratization and Good Governance*, Hull: CIDA, 1995.

[17] CIDA, *CIDA's Sustainable Development Strategy 2001-2003*, Hull, Quebec: CIDA, 2001.

[18] CIDA, *Women in Development: CIDA Action Plan*, Ottawa: CIDA, 1986.

[19] CIDA, *Elements of Canada's Official Development Assistance Strategy*, Ottawa: CIDA, 1984.

[20] CIDA, *Cooperate Evolution Study of Projects of CIDA's Non-Governmental Organizations Program: Integrated Report*, Hull: CIDA, 1986.

[21] CREATEC, *Report to CIDA: Public Attitudes Toward International Development Assistance*, Hull: CIDA, 1990.

[22] Canada Department of Foreign Affairs, *Canada in the World*, *1995*, Ottawa: Foreign Affairs and International Trade, 1995.

[23] Department of External Affairs in Cooperation with the External Aid Office, *Canada and the Colombo Plan 1951-1961*, Ottawa: R. Duhamel,

Queen's Printer, 1961.

[24] Decima Research Limited, *The Canadian Public and Foreign Policy Issues*, Toronto: Decima, 1985.

[25] DFAIT, *1994 White Paper on Defence*, https://walterdorn.net/pdf/DefenceWhitePaper-1994_Canada.pdf.

[26] DFAIT, *Canada in the World: Canadian Foreign Policy Review*, Ottawa: Foreign Affairs and International Trade, 1995.

[27] Donaghy, Greg (eds), *Documents on Canadian External Relations*, Vol. 17, Ottawa: Canadian Government Publishing, 1951.

[28] Government of Canada, *Canada in the World*, Government Statement, Ottawa: Public Works and Government Services Canada, 1995.

[29] House of Common's Standing Committee on External Affairs and International Trade, *For Whose Benefit? Report of Standing Committee on External Affairs and International Trade on Canada's Official Development Assistance Policies*, Ottawa: Queen's Printer, 1987.

[30] Independent Commission on International Development Issues, *North-South: A Programme for Survival*, Cambridge: MIT Press, 1980.

[31] OECD Development Assistance Committee, *Development Cooperation 1983 Review*, Paris: OECD, 1983.

[32] Pearson, Lester B., *Partners in Development: Report of Commission on Economic Development*, New York: Praeger, 1969.

[33] Special Joint Committee of the Senate and House of Commons, *Canada, Competitiveness and Security, Directions for Canada's International Relations*, Ottawa: Supply and Services Canada, 1985.

[34] Special Joint Committee of the Senate and House of Commons on Canada's International Relations, *Independence and Internationalism: Report of the Special Joint Committee of the Senate and House of Commons on Canada's International Relations*, Ottawa: Supply and Services Canada, June 1986.

[35] Statistics Canada, *Canada Handbook*, Toronto: Minister of Supply and Services Canada, 1979.

[36] The Empire Club of Canada. *The Empire Club of Canada Speeches 1952-1953*, Toronto, Canada: The Empire Club Foundation, 1953.

[37] The Treasury Board of Canada Secretariat, *the Economic Effects of Untying of Canadian Bilateral Aid*, Ottawa: Treasury Board Planning Branch, 1976.

[38] World Bank, *World Development Report 1983*, Washington: World Bank, 1983.

[39] OECD, *Development Corporation 1991*, Paris: OECD, 1992.

英文专著

[1] Akuffo, Udward Anshah. *Canadian Foreign Policy in Africa: Regional Approaches to Peace, Security and Development*, Burlington: Ashgate Publishing Company, 2012.

[2] Basch, A. *International Bank for Reconstruction and Development, the Colombo Plan*, World Bank, Jan. 23, 1951.

[3] Beaumont, Jane. *Canadian Development Assistance a Selected Bibliography, 1950-1977*, Ottawa: International Development Research Centre in collaboration with the Norman Paterson School of International Affairs Carleton University, 1978.

[4] Bernard, Anne, CharlesLusthaus, Paul McGinnis, A *Review of Human Resource Development in China*, Hull, Quebec, CIDA, March 1992.

[5] Bhagwati, J. and R. S. Eckaus, eds. *Foreign Aid*, Harmondsworth, Middlessex: Penguin Books, 1970.

[6] Brecher, Irving. *Human Rights, Development and Foreign Policy: Canadian Perspectives.* Halifax, N. S.: Institute for Research on Public Policy, 1989.

[7] Brodhead, Tim, Brent Herbert-Copley, *Bridges of Hope?: Canadian voluntary agencies and the Third World*, Ottawa: North-South Institute. 1988.

[8] Brown, Stephen, Molly den Heyer and David R. Black, *Rethinking Canadian Aid* (Second Edition) (Ottawa: University of Ottawa, 2016).

[9] B. S. LKeirstead, *Canada in World Affairs* (Toronto: Oxford University Press, 1956).

[10] Carty, Robert and Virginia Smith, eds., *Perpetuating Poverty: The Political Economy of Canadian Foreign Aid*, Toronto: Between Lines, 1981.

[11] Crenna, C. David, *Pierre, Elliot Trudeau: Lifting the shadow of War*, Edmonton: Hurtig Publishers Ltd, 1987.

[12] Clarke, Robert and Jamie Swift, *Ties that Bind: Canada and the Third World*, Toronto: University of Toronto Press, 1982.

[13] Claude, Couture, *Padding with the Current: Pierre Elliott Trudeau, Etinne Parent, liberlism and Nationalism in Canada*, Edmonton: University of Albert Press, 1998.

[14] Dobell, Peter C. *Canada's Search for New Roles—Foreign Policy in the Trudeau Era*, Oxford: Oxford University Press, 1972.

[15] Dobell, Peter C., Canada in World Affairs, 1971–1973. Vol. 17. Toronto: Canadian Institute of International Affairs, 1985.

[16] Erhardt, Roger, *Canadian Development Assistance to Bangdesh*, Ottwa: North-South Institute, 1983.

[17] Fühere, H., *The Story of Official Development Assistance: A History of the Development Assistance Committee and the Development Co-operation Directorate in Dates*, Paris: OECD, 1994.

[18] Granatstein, J. L. and Robert Bothwell, *Pirouette: Pierre Trudeau and Canadian Foreign Policy*, Toronto: University of Toronto Press, 1990.

[19] Granatstein, J. L., *Canada Foreign Policy: Historical Readings*. Toronto: Copp Clark Pitman Ltd., 1993.

[20] Grewal, J. S. and Hugh Johnston, *the India-Canada Relationship, Exploring the Political, Economic and Cultural Dimensions*, New Delhi: Sage Publications, 1994.

[21] Hervouet, Gerard, *Canada and the Pacific Basin*. Ottawa: Ministry of Supply and Services, 1988.

[22] Hillmer, Norman and Garth Stevenson, *A Foremost Nation: Canadian Foreign Policy and a Changing World*, Tonroto: McClelland and Stewart, 1977.

［23］Irwin, Rosalind (Editor), *Ethics and Security in Canadian Foreign Policy*, Toronto: UBC Press, 2001.

［24］Lackenbauer, Whitney, *An Inside Look at External Affairs during The Trudeau Years*, Calgary: University of Calgary Press, 2002.

［25］Lepan, Douglas, *Bright Glass of Memory*, Toronto: McGraw-Hill Ryerson, 1979.

［26］Melakopides, Costas, *Pragmatic Idealism: Canadian Foreign Policy 1945 – 1995*, Montreal & Kingston: McGill-Queen's University Press, 1998.

［27］Pearson, L., *Partners in Development: Report of Commission on International Development*, New York: Praeger Publishers, 1969.

［28］Pratt, Cranford, *Middle Power Internationalism: The North South Dimension. Middle Power Internationalism: The North-South Dimension*, Kingston & Montreal·London·Buffalo: McGill-Queen's University Press, 1990.

［29］Pratt, Cranford, *Internationalism under Strain: the North-South Policies of Canada, the Netherlands, Norway, and Swede*, Toronto: University of Toronto Press, 1989.

［30］Pratt, Cranford, *Human Rights in Canadian Foreign Policy*, Montreal & Kingston: McGill-Queen's University Press, 1988.

［31］Pratt, Cranford. *Canadian International Development Assistance Policies: An Appraisal*, Montreal & Kingston: McGill-Queen's University Press, 1994.

［32］Mosley, Paul, *Foreign Aid: Its Defence and Reform*, Sussex: Penguin Books, 1970.

［33］Schmitz, Gerald J., Canada and International Democracy Assistance What Direction for the Harper Government's Foreign Policy? Centre for International and Defence Policy Queen's University, 2013.

［34］Selim, M. Hassan, *Development Assistance Policies and the Performance of Aid Agencies*, New York: St. Martin's Press, 1983.

［35］Sharp, Mitchell, *Which Reminds Me... A Memoir*, Toronto: University of Toronto Press, 1994.

［36］Spence, Robert Ar., *Canada in World Affairs*, Toronto: Oxford

University Press, 1959.

[37] Spicer, Keith, *A Samaritan State? External Aid in Canada's Foreign Policy*, Toronto: University of Toronto Press, 1966.

[38] Swift, Jamie and Brian Tomlinson, *Conflicts of Interest: Canada and the Third World*, Toronto: Between Lines, 1991.

[39] Stokke, Olav, ed., *Western Middle Powers and Global Poverty: The Determinants of the Aid Policies of Canada, Demark, the Netherlands, Norway and Sweden*, Uppsala: Scandinavian Institute of African Studies, 1989.

[40] Taylor, Philip and Gregory, *Third World Policies of Industrialized Nations*, London: Greenwood Press, 1982.

[41] Thomson, Dale C. and Roger F. Swanson, *Canadian Foreign Policy: Options and Perspectives*, Toronto: McGraw-Hill Ryerson Limited, 1974.

[42] Morrison, David R. *Aid and Ebb Tide—A history of CIDA and Canadian Development Assistance*, Waterloo: Wilfrid Laurier University Press, 1998.

[43] Thordarson, Bruce, *Trudeau and Foreign Policy: A Study in Decision Making*, Toronto: Oxford University Press, 1972.

[44] Wyse, Peter, *Canadian Foreign Aid in the 1970s: An Organizational Audit*, Montreal: Centre for Developing-Areas Studies, 1983.

[45] Yong, Roger, *Canadian Development Assistance to Tanzania*, Ottawa: North-South Institute, 1983.

英文论文

[1] Adeleke, Ademola, *Ties Without Strings? The Colombo Plan and the Geopolitics of International Aid, 1950–1980* (University of Toronto PhD Degree Thesis), 1996.

[2] Carty, Robert and Virginia Smith, "Perpetuating Poverty——The Political Economy of Canadian Foreign Aid", *The Canadian Journal of Development Studies*, IV, 1, 1983.

[3] Easterly, William, "The Catel of good Intentions", *Foreign Policy*, July-Aug., 2002.

[4] Finch, Andrew, "International Development Agencies and Education", *Encyclopedia of Education*, Vol. 4, 2nd ed, 2006.

[5] Granatstein, J. L. and R. D. Cuff, "Canada and the Marshall Plan", *Historical Papers*, Vol. 12, Nov. 1, 1977, The Canadian Historical Association.

[6] Griffin, K. B. and J. L. Enos, "Foreign Assistance: Objectives and Consequences", *Economic Development and Cultural Change*, Vol. 18, No. 3, Apr., 1970.

[7] Hendra, John, Only "Fit to be tied": A Comparison of Canadian Tied Aid Policy of Sweden, "Norway and Denmark", *Canadian Journal of Development Studies*, 8, No. 2, 1987.

[8] Hoadley, J. Stephen, "Small States as Aid Donors", *International Organization* 34, 1, Winter 1980.

[9] Latremouille, Lise. "Women in Canadian Development NGOs: A Overview", *Canadian Council for International Cooperation Newsletter*, Vol. 9, No. 3, August 1985.

[10] Lemco, Jonathan, "Canadian Foreign Policy Interests in Central America: Some Current Issues", *Journal of Interamerican Studies and World Affairs*, Vol. 28, No. 2, Summer 1986.

[11] Li, Lianguo, *Canada's Assistance to China: A Liberal Inter-dependence Approach*, Master Diss, Carleton University, 1994.

[12] Mace, Gordon and Gerard Hervouet, "Canada's Third Option: A Complete Failure?", *Canadian Public Policy*, Vol. 15, Issue 4, 1989.

[13] Morgenthau, Hans, "A Political Theory of Foreign Aid", *American Political Science Review*, Vol. 56, No. 2, 1962.

[14] Nossal, Kim Richard, "Mixed Motives Revisited: Canada's Interest in Development Assistance", *Canadian Journal of Political Science*, Vol. 21, No. 1, 1988.

[15] Opeskin, Brian R., "The Moral Foundation of Foreign Aid", *World Development*, Vol. 24, No. 1, Jan., 1996.

［16］Otter, Mark, "Public Support for Foreign Aid: Does it Matter?", *Third World Quarterly*, Vol. 24, No. 1, Feb., 2003.

［17］Paragg, Ralph R., "Canadian Aid in the Commonwealth Cribbean: Neo-Colonialism or Development?", *Canadian Public Policy*, Vol. 14, 1980.

［18］Pratt, Cranford, "Canadian Policy towards the Third World: Basis for an Explanation", *Studies in Political Economy* 13, Spring 1984.

［19］Pratt, Cranford, "Ethics and Foreign Policy: The Case of Canada's Development Assistance", *International Journal*, Spring 1993.

［20］R., Morales J., "A Canadian Role in Central America", *International Perspectives* (Jan./Feb.).1985.

［21］Riekhoff, Von, "The Impact of Prime Minister Trudeau on Foreign Policy", *International Journal* 33, Spring 1978.

［22］Rudner, Martin, "Japanese Official Development Assistance to Southeast Asia", *Mordern Asian Studies*, 23, 1989.

［23］Swai, Bonaventrue, "Crisis in Colonial Agriculture: Soil Erosion in Tanganyika during the Interwar Period", *Journal of the Faculty of Art and Social Sciences*, University of Dares salaam, Vol. 5, No. 1, 1980.

［24］Therien, Jean-Philippe and Alain Noel, "Welfare Institutions and Foreign Aid: Domestic Foundations of Canadian Foreign Policy", *Canadian Journal of Political Science*, 27, No. 3, Sep., 1994.

［25］Triantis, S. G., "Canada's Interest in Foreign Aid", *World Politics*, Vol. 24, No. 1, Oct., 1971.

中文专著

［1］陈立成等主编《发展中国家的经济发展战略与国际经济新秩序》，经济科学出版社，1987。

［2］《当代中国》丛书编辑委员会：《当代中国对外贸易（上）》，当代中国出版社，1992。

［3］方立新、夏立安编著《人权法导论》，浙江大学出版社，2007。

［4］方连庆：《国际关系史（战后卷）》，北京大学出版社，2006。

[5] 国外统计资料编辑小组：《国外统计资料 1949—1976》，中国财政经济出版社，1979。
[6] 国际开发协会：《国际开发协会回顾：国际开发协会的第一个二十年》，国际复兴开发银行/世界银行，1982。
[7] 〔埃及〕哈桑·M. 塞利姆：《发展援助政策和援助机构概况》，中国对外经济贸易出版社，1987。
[8] 韩经纶：《枫叶国度的强国之路》，贵州人民出版社，2000。
[9] 金立群：《世界银行：寻求发展之路》，北京工业大学出版社，1994。
[10] 李伟民：《金融大辞典》，黑龙江人民出版社，2002。
[11] 林辉基：《亚太地区国际关系概论》，山东人民出版社，1995。
[12] 林晓光：《日本政府开发援助与中日关系》，世界知识出版社，2003。
[13] 刘广太：《加拿大的象征——特鲁多总理传》，世界知识出版社，2005。
[14] 刘国柱、郭拥军：《在国家利益之间：战后美国对发展中国家发展援助探研》，浙江大学出版社，2011。
[15] 〔加〕莱斯特·B. 皮尔逊等：《开发援助中的伙伴关系：国际开发委员会报告书》，厦门大学南洋研究所译，商务印书馆，1975，
[16] 〔美〕罗斯托：《经济成长的阶段：非共产党宣言》，国际关系研究所编译室译，商务印书馆，1962。
[17] 〔美〕迈克尔·P. 托达罗：《经济发展与第三世界》，印金强等译，中国经济出版社，1992。
[18] 潘兴明：《20 世纪中加关系》，学林出版社，2007。
[19] 日本经济企划厅综合计划局：《九十年代的太平洋经济——太平洋地区经济中期展望研究会报告》，中国经济出版社，1991。
[20] 〔印度〕萨拉夫：《印度社会》，华中师范学院历史系翻译组译，商务印书馆，1977。
[21] 上海市哲学社会科学学会联合会编《战后国际关系简史》，上海社会科学院出版社，1986。
[22] 宋家衍、董林夫：《中国和加拿大关系》，齐鲁书社，1993。
[23] 宋家珩、李巍：《加拿大与亚太地区关系》，济南出版社，2000。
[24] 童星：《发展经济学与中国现代化》，社会科学文献出版社，2000。

［25］ 王振华：《英联邦的兴衰》，中国社会科学出版社，1991。

［26］ 吴纪先：《加拿大经济》，人民出版社，1980。

［27］ 夏英祝、闵树琴主编《国际经济合作》，安徽大学出版社，2015。

［28］ 易梦虹：《当代南北经济关系》，南开大学出版社，1994。

［29］ 岳阳市地方志办公室编著《岳阳市志》，中央文献出版社，2002。

［30］ 章昌裕主编《国际发展援助》，对外贸易教育出版社，1993。

［31］ 张崇鼎：《中国—加拿大贸易必读》，四川大学出版社，1990。

［32］ 张郧、吴爱明、梁清海等：《中国政府管理百科全书》，经济日报出版社，1992。

［33］ 张学斌：《经济外交》，北京大学出版社，2003。

［34］ 张友伦：《加拿大通史简编》，南开大学出版社，1994。

［35］ 曾序勇：《加拿大》，上海辞书出版社，1987。

［36］ 中国社会科学院世界经济与政治研究所：《世界经济统计简编》，生活·读书·新知三联书店，1982。

［37］ 中国社会科学院：《世界经济年鉴》，中国社会科学出版社，1979、1981。

［38］ 中国社会科学院世界经济与政治研究所：《世界经济统计简编》，上海三联书店，1983。

［39］ 周弘：《对外援助与国际关系》，中国社会科学出版社，2002。

［40］ 周永生：《经济外交》，中国青年出版社，2004。

［41］ 张学斌：《经济外交》，北京大学出版社，2003。

［42］ 朱立南等：《经济合作与发展组织》，中国大百科全书出版社，1995。

中文期刊

［1］ 艾德权、李桂范：《加拿大援助我省一个成功的"牛的繁育"项目》，《黑龙江畜牧兽医》1992年第7期。

［2］ 蔡玲明：《加拿大官方发展援助的政策和特点》，《国际经济合作》1995年第8期。

［3］ 关凯：《加拿大对我国民族地区的援助》，《中国民族》1992年第2期。

[4] L. P. 古纳蒂勒克、丁雄:《"科伦坡计划"组织和执行情况》,《东南亚经济资料汇编》1960 年第 1 期。
[5] 贺建涛:《论加拿大特鲁多政府官方发展援助的特点和目标》,《福建师范大学学报》(哲学社会科学版) 2011 年第 2 期。
[6] 鲁枫:《三次延长的科伦坡计划》,《世界知识》1964 第 24 期。
[7] 黎国焜:《加拿大与发展中国家和地区的经济贸易关系》,《世界经济研究》1985 年第 5 期。
[8] 李建东:《加拿大国际开发署委派科普兰等四位教授来华对援助东北师范大学草原研究与人才培养进行可行性考察》,《国外畜牧学·草原与牧草》1983 年第 6 期。
[9] 李劼:《加拿大医援团来宁夏开展学术活动》,《宁夏医学杂志》1993 年第 6 期。
[10] 刘文炸:《加拿大援华项目特点》,《国际经济合作》1987 年第 5 期。
[11] 刘广太:《加拿大对外关系的转折点》,《河北师院学报》(哲学社会科学版) 1997 年第 2 期。
[12] 毛小菁:《加拿大官方发展援助近况》,《国际经济合作》2003 年第 7 期。
[13] 潘迎春:《第二次世界大战与加拿大独立外交的形成》,《世界历史》2009 年第 5 期。
[14] 钱皓:《加拿大对外援助与国家海外形象建构》,《国际观察》2014 年第 6 期。
[15] 钱皓:《中等强国参与国际事务的路径研究》,《世界经济与政治》2007 年第 7 期。
[16] 沈丹阳:《官方发展援助:作用、意义与目标》,《国际经济合作》2005 年第 9 期。
[17] 史一涛:《论"科伦坡计划"》,《世界知识》1955 年第 22 期。
[18] 孙建党:《科伦坡计划与加拿大对南亚和东南亚的发展援助》,《历史教学》(下半月刊) 2011 年第 12 期。
[19] 孙同全:《战后发展援助的发展阶段及其特点》,《北京工商大学学报》(社会科学版) 2008 年第 4 期。

［20］王安国、朱世峰：《加拿大马铃薯育种及良种繁育体系的考察报告》，《中国马铃薯》1989年第2期。

［21］王德春：《联合国善后救济总署的诞生及其使命》，《世界历史》2004年第5期。

［22］杨令侠：《试论加拿大和拉丁美洲关系的演变》，《拉丁美洲研究》2000年第4期。

［23］闫颖、于淼：《特鲁多与1970年加拿大外交白皮书》，《高校社科信息》2005年第1期。

［24］逸青：《科伦坡计划组织咨询委员会第11次年会会议公报》，《南洋资料译丛》1960年第1期。

［25］赵剑治、欧阳喆：《战后日本对外援助的动态演进及其援助战略分析——基于欧美的比较视角》，《当代亚太》2018年第2期。

［26］朱大荣：《加拿大改变援助格局》，《国际经济合作》1985年第1期。

［27］朱敏才：《加拿大的官方发展援助》，《国际经济合作》1986年第7期。

［28］仲鑫：《对二战后发展理论及官方发展援助关系的思考》，《南京财经大学学报》2008年第2期。

附录1 经合组织发展援助委员会（DAC）成员国官方发展援助规模（ODA）（1950~2018）

表1 1950~1968年部分年份经合组织援助委员会（DAC）成员国ODA支付数额统计

单位：百万美元

年份 国家	1950~1955	1956	1958	1960	1962	1964	1966	1967	1968
澳大利亚	—	—	—	59	74	100	132	160	160
奥地利	—	—	—	0	2	7	13	15	16
比利时	10	20	23	101	70	71	76	89	88
加拿大	23	29	92	65	42	78	193	195	194
丹麦	—	3	5	5	8	10	21	26	29
芬兰	—	—	—	—	2	3	3	4	5
法国	500	648	884	823	945	828	745	826	853
德国	38	81	120	224	405	459	419	509	557
希腊	—	—	—	—	—	—	—	—	—
爱尔兰	—	—	—	—	—	—	—	—	—
意大利	42	36	45	77	80	48	78	155	146
日本	10	94	285	105	85	116	285	385	356
卢森堡	—	—	—	—	—	—	—	—	—
荷兰	17	48	39	35	65	49	94	113	123

续表

年份 国家	1950~1955	1956	1958	1960	1962	1964	1966	1967	1968
新西兰	—	—	—	—	8	9	9	10	10
挪威	1	8	—	5	7	10	14	14	27
葡萄牙	—	—	—	—	—	—	—	—	—
西班牙	—	—	—	—	—	—	—	—	—
瑞典	3	3	4	7	19	33	57	60	71
瑞士	1	1	8	4	5	9	13	13	24
英国	190	205	276	407	421	493	486	488	417
美国	1118	1996	2388	2760	3317	3602	3820	3296	3837
总计	1953	3172	4169	4677	5555	5925	6458	6358	6913

资料来源：根据OECD官网统计。

表2 1970~1986年部分年份经合组织援助委员会（DAC）成员国ODA支付数额统计

单位：百万美元

年份 国家	1970	1972	1974	1976	1978	1980	1982	1984	1986
澳大利亚	212	279	433	377	588	667	882	777	752
奥地利	11	18	60	50	154	178	236	181	198
比利时	120	193	271	340	536	595	499	446	547
加拿大	337	468	716	887	1060	1075	1197	1625	1695
丹麦	59	96	168	214	388	481	415	449	695
芬兰	7	20	38	51	55	111	144	178	313
法国	735	964	1176	1432	1835	2889	3050	3026	4042
德国	599	808	1433	1593	2347	3567	3152	2782	3832
希腊	—	—	—	—	—	—	—	—	—
爱尔兰	—	—	6	8	25	30	47	35	62
意大利	147	102	216	226	376	683	811	1133	2403
日本	458	611	1126	1105	2215	3353	3023	4319	5634
卢森堡	—	—	—	—	—	5	4	7	11

续表

年份 国家	1970	1972	1974	1976	1978	1980	1982	1984	1986
荷兰	196	307	436	728	1074	1630	1472	1268	1740
新西兰	14	21	39	53	55	72	65	55	75
挪威	37	63	131	218	355	486	559	540	798
葡萄牙	—	—	—	—	—	4	4	8	22
西班牙	—	—	—	—	—	162	236	135	203
瑞典	117	198	402	608	783	962	987	741	1090
瑞士	30	65	68	112	173	253	252	286	422
英国	482	673	787	885	1465	1854	1800	1430	1737
美国	3153	3958	3674	4360	5664	7138	8202	8711	9564
总计	6714	8844	11180	13247	19148	26195	27037	28132	35835

资料来源：根据OECD官网统计。

表3　2000~2018年部分年份经合组织援助委员会（DAC）成员国ODA纯援助额

单位：百万美元

年份 国家	2000	2005	2007	2009	2011	2016	2018
澳大利亚	987	1680	2669	2762	4983	3025	3119
奥地利	423	1573	1808	1142	1111	1583	1175
比利时	820	1963	1951	2610	2807	2306	2361
加拿大	1744	3756	4080	4000	5459	3962	4616
捷克	—	135	179	215	250	261	323
丹麦	1664	2109	2562	2810	2931	2372	2568
芬兰	371	902	981	1290	1406	1057	983
法国	4105	10026	9884	12602	12997	9501	12504
德国	5053	10082	12291	12079	14093	24670	25866
希腊	226	384	501	607	425	264	282
冰岛	—	27	48	34	26	50	81
爱尔兰	235	719	1192	1006	914	502	928
意大利	1376	5091	3971	3297	4326	4856	4900

附录1 经合组织发展援助委员会（DAC）成员国官方发展援助规模（ODA）（1950~2018）

续表

年份 国家	2000	2005	2007	2009	2011	2016	2018
日本	13508	13126	7697	9467	10831	10368	10064
韩国	—	752	696	816	1325	1965	2417
卢森堡	127	256	376	415	409	384	473
荷兰	3135	5115	6224	6426	6344	4988	5614
新西兰	113	274	320	309	424	438	556
挪威	1264	2794	3735	4081	4756	4352	4257
波兰	—	205	363	375	417	603	754
葡萄牙	271	377	471	513	708	340	341
斯洛伐克	—	57	67	75	86	107	133
斯洛文尼亚	—	35	54	71	63	60	83
西班牙	1195	3018	5140	6584	4173	4096	2581
瑞典	1799	3362	4339	4548	5603	4870	5843
瑞士	890	1772	1685	2310	3051	3563	3091
英国	4501	10772	9849	11283	13832	18013	19455
美国	9955	27935	21787	28831	30920	33589	22741
欧盟组织	—	9390	11634	13581	17391	15737	17131
总计	53762	117687	116554	134139	152061	157882	155240

资料来源：根据OECD官网统计。

附录2 加拿大官方发展援助规模（1950~2004）

加拿大官方发展援助规模（1950~2004）

单位：百万加元，%

年份	双边援助	多边援助	援助总额	ODA/GNP
1950	0.01	12.49	12.49	0.07
1951	26.16	0.97	27.12	0.12
1952	5.58	2.26	7.83	0.03
1953	12.34	2.11	14.44	0.05
1954	13.11	3.34	16.45	0.06
1955	26.93	2.44	29.37	0.10
1956	22.46	7.27	29.73	0.09
1957	58.15	3.94	62.08	0.18
1958	66.94	5.23	72.17	0.20
1959	62.35	7.34	69.69	0.19
1960	53.11	22.86	75.98	0.20
1961	37.86	22.74	60.60	0.15
1962	29.57	28.59	58.16	0.13
1963	42.74	21.79	64.53	0.14
1964	66.52	34.38	100.89	0.20
1965	88.31	34.74	123.05	0.22
1966	165.56	48.03	213.59	0.34
1967	142.20	50.40	192.60	0.40

续表

年份	双边援助	多边援助	援助总额	ODA/GNP
1968	154.60	57.48	212.08	0.28
1969	207.38	71.02	278.41	0.34
1970	277.95	68.17	346.12	0.40
1971	296.77	99.89	396.66	0.41
1972	356.34	157.85	514.19	0.47
1973	405.11	190.95	596.06	0.46
1974	543.86	205.24	749.10	0.49
1975	571.89	337.78	909.67	0.53
1976	544.38	427.31	971.69	0.49
1977	624.99	424.35	1049.35	0.49
1978	650.93	489.03	1139.95	0.49
1979	789.14	496.63	1285.76	0.47
1980	795.14	516.44	1311.57	0.43
1981	947.47	543.69	1491.16	0.43
1982	1084.03	592.52	1676.55	0.46
1983	1124.85	672.24	1797.08	0.45
1984	1420.46	684.10	2104.56	0.49
1985	1382.99	864.62	2247.61	0.47
1986	1598.65	953.11	2551.77	0.50
1987	1785.70	838.36	2624.06	0.48
1988	2017.82	928.78	2946.60	0.49
1989	1937.41	912.47	2849.88	0.45
1990	2063.13	972.22	3035.66	0.45
1991	2118.23	1024.63	3182.46	0.49
1992	1949.55	1023.15	2972.70	0.44
1993	2028.92	1046.35	3075.27	0.44
1994	2116.33	976.13	3092.46	0.42
1995	1779.39	904.16	2683.55	0.36
1996	1813.67	862.78	2676.44	0.34

续表

年份	双边援助	多边援助	援助总额	ODA/GNP
1997	1618.68	905.88	2524.56	0.30
1998	1758.15	832.99	2591.14	0.30
1999	1832.39	916.87	2749.46	0.29
2000	1821.41	765.57	2586.98	0.25
2001	2024.97	875.74	2901	0.27
2002	2428.32	874.48	3303	0.29
2003	1969.86	749.91	2720	0.23
2004	2595.55	1549.14	4145	0.32

资料来源：CIDA，*Statistical Report on Official Development Assistance*，*Fiscal Year 2005 - 2006*，Table A-1。

附录3 《中华人民共和国政府和加拿大政府关于发展合作的总协定》（1983）

（签订日期1983年10月5日　生效日期1983年10月5日）

中华人民共和国政府（以下称中国政府）和加拿大政府，为了加强两国和两国人民之间业已存在的友好关系，本着按照中国政府的经济和社会发展的目标，以促进两国间发展合作的愿望，达成协议如下：

第一条　中国政府和加拿大政府将共同制订促进两国间发展合作的规划，其内容包括以下一项或几项：

（一）委派加拿大顾问和专家到中国执行长期或短期的合作任务；

（二）为中国公民在加拿大、中国或第三国进行考察和专业训练提供奖学金；

（三）为有效实施中国的发展项目，提供所需的设备、材料、物资和服务；

（四）实施旨在促进中国经济和社会发展而设计的考察和项目；

（五）发展和促进中国的同加拿大的机构、公司和人员之间的业务关系；

（六）双方同意的任何其它合作和援助形式。

第二条　为执行本协定第一条中所述的发展合作规划，加拿大政府指定加拿大国际发展署为其协调机构；中国政府指定对外经济贸易部为其协调机构。

第三条

一　为实施本协定，中国政府和加拿大政府可签订涉及第一条所述的一项或几项内容的各个具体项目的补充协议或贷款协定。项目的补充协议应规定对项目的共同设想，阐明项目的目的、中国政府和加拿大政府的义务以及有关单位的职责和在项目管理中的地位以及双方同意的其它事项。

二　除另有规定外，有关加拿大政府的赠款或投入的补充协议应视为行政安排。

三　贷款协定应是缔约双方的正式协定，并具有法律约束力。

四　补充协议和贷款协定应明文规定是同本协定相关联的。

五　根据本协定第一条第五款的精神，中国政府和加拿大政府将促进两国的机构、公司或人员之间协商和签署有关发展合作具体项目的协定或协议。这些协定或协议应经中国政府和加拿大政府的批准并作为本协定的补充协议。

第四条　对任何一个根据某补充协议或贷款协定确立的具体项目，如无其它规定，加拿大政府应承担本协定附件一中所规定的义务；中国政府应承担本协定附件二中所规定的义务。该附件一和附件二是本协定的组成部分。

第五条　本协定中：

（一）"加方公司"系指在依据某补充协议或某贷款协定确立的任何项目中参与工作的加拿大或其它中国和加拿大两国政府都接受的非中国的公司或机构；

（二）"加方人员"系指依据某补充协议或贷款协定确立的任何项目而在中国工作的加拿大人或中国和加拿大两国政府都接受的其他人员；

（三）"家属"系指加方人员的配偶、其子女或其配偶一方的子女或者加拿大政府有关法规承认为亲属的其他人。

第六条

一　加拿大政府保证促使加方公司、加方人员及其家属履行以下义务：

（一）不干涉中华人民共和国内政；

（二）遵守中华人民共和国的法律及有关规章制度，尊重其风俗习惯；

（三）不从事根据本协定签订的补充协议或贷款协定规定的任务以外的任何盈利性工作；

（四）以相互信任的精神同中华人民共和国的官方机构进行合作。

二 中国政府将把同加方公司、加方人员在中国执行任务有关的法律、规章制度和风俗习惯通知加方公司和加方人员，以便他们遵守本条第一款所述义务。

第七条

一 中国政府将免除加拿大政府及其雇佣人员、代理人或公务人员在为执行根据本协定签订的补充协议或贷款协定中的任何项目的任务时出现的由其行为或不行为而引起的民事责任。

二 除加拿大政府、中国政府或他们的代理机构和企业为一方和加拿大公司为另一方在合同中另有规定外，中国政府将免除加拿大公司和加拿大人员在中国履行他们的职责时出现的由其行为或不行为而引起的民事责任，但如此类行为或不行为，在法律上认定是由于玩忽职守或蓄意破坏所造成，则不在此列。前述免罚的规定不适用于商业性的加方公司。

三 如果中国政府或加拿大政府认为，由于在中国境内发生的事件威胁到加方人员及其家属的生命或安全，中国政府将为加方人员和他们的家属的撤离提供便利。

第八条 加拿大政府根据补充协议或贷款协定提供的资金将不用于支付各种税收、进口税、关税、许可证税、检验费或保管费，亦不用于支付为执行任何补充协议或贷款协定所确立的项目或与项目有关的从加拿大或任何其他国家向中国进口的资金、设备、产品、材料以及其它任何物品的所有其它征税、关税、费用或手续费。除补充协议或贷款协定另有规定外，上述设备和物资自抵达中华人民共和国之日起，即成为中国政府的财产。

第九条 中国政府将：

（一）对加方公司和加方人员为执行各个项目而向中国进口的技术、职业器材和材料，免征进口税、关税以及其他税款、手续费、费用或捐税，条件是此类物品必须复带出口、报废或处理给享有同等免税待遇的人员。

（二）对加方人员及其家属首次入境时和在此后六个月内向中国进口的、供私人使用的：（1）个人和家用物品包括家用器具；（2）每户汽车一辆和这辆汽车的更换零部件免征进出口税、海关税和所有其他关税、税金、手续费或捐税。在加方人员任职期间，如进口的这些物品报废、丢失或损坏，随时可继续享受同样的优惠。

（三）允许加方人员及其家属进口合理数量，供加方人员及其家属自用的，可合法进口、带有处方的医药、治疗和辅助物品，免征税金、关税、手续费或捐税。

（四）允许加方公司和加方人员及其家属将下列外汇复带出口：

（1）为执行根据补充协议或贷款协定所确立的项目或供个人使用、在进入中国时所随身携带或随后汇入中国的外汇；

（2）由于出售或处理个人和家用物品，包括家用器具和汽车而获得的外汇。显然，这类物品和汽车的出售或处理只有在获得中国政府的批准后方可进行。

（五）对加方公司和加方人员及其家属，免征一切居住税和地方税、捐税或手续费包括根据本协定、任何补充协议或贷款协定的规定，从加拿大援助基金或中国政府所获得的报酬或收入的所得税或其他各种税收。

第十条 对本协定、任何补充协议或贷款协定的条款的解释或执行中发生的分歧，由中国政府和加拿大政府协商解决或以双方一致同意的其它方式加以解决。

第十一条

一 本协定自签字之日起生效。

二 本协定将一直有效，直至任何一方提前六个月以书面形式通知另一方终止本协定时为止。

三 按本协定第三条，根据补充协议或贷款协定正在进行的以及在收到按本条规定的终止通知以前即已开始的各个项目，中国政府和加拿大政府应继续承担责任直至此类项目完成为止，即本协定在此类项目实施期间仍然有效。

下列签字人经各自政府正式授权，签署本协定，以昭信守。

本协定于一九八三年十月五日在渥太华签订，一式两份，每份均用中文、英文和法文写成，三种文本具有同等效力。

中华人民共和国政府	加 拿 大 政 府
代　　　表	代　　　表
国务委员兼外交部长	副总理兼外交部长
吴　学　谦	阿伦·麦凯琴
（签字）	（签字）

附件一： 加拿大政府承担的责任

一　如补充协议或贷款协定未作其他规定，加拿大政府将按其法规所规定的数额支付下列费用：

（一）有关中方受培训人员的费用：

（1）注册费和学费以及书籍、材料或所需资料的费用；

（2）生活津贴费；

（3）医疗住院费；

（4）凡在加拿大培训期限为六个月或六个月以上者，从中国民航可到达的、离加拿大最近的服务点至培训地之间的中国受培训人员的往返旅费以及按照培训计划在加拿大境内的其它旅费；凡在加拿大培训期限为六个月以下者，从中国到培训地的往返旅费以及在加拿大境内的其它旅费。

（二）有关加方人员的费用：

（1）薪金、酬金、津贴及其它福利费用；

（2）加方人员及其家属由他们的正常住地到中国入、离境口岸的旅费；

（3）加方人员及其家属的自用物品和家庭用品以及上述人员在中国执行任务时所需的职业和技术材料及器材，由他们的正常住地到中国入、离境口岸的海运费。

（三）有关某些项目的费用：

（1）从事选择项目和确定项目工作的加方人员的住房、伙食和交通费；

（2）为执行项目所需的咨询和其它服务承包费用；

（3）提供设备、材料、物资和其它物品的费用以及上述物资运往中国入境口岸的运输费用。

二

（一）由加拿大政府承担费用并为实施各个项目采购物资或提供服务的合同，将由加拿大政府或由其委托的某代理机构或某公司签署。

（二）但是，亦可在根据本协定签订的任何补充协议或贷款协定中作出规定：此类合同将由中国政府、中国的机构或公司按上述补充协议或贷款协定中所规定的具体前提和条件签署。这些前提和条件通常包括下列内容：

（1）物资或服务必须由加拿大提供，并且加拿大提供的部分不得少于百分之六十六又三分之二；

（2）加方提供的物资或服务必须进行公开招标，并同符合招标规格、达到投标书规定的其它条件以及价格最低的投标者签订合同；

（3）如根据具体情况，可由加拿大政府决定支付条件、技术规格或工程规模以及其它的合同条件和内容，则必须事先得到加拿大政府的批准；

（4）物资和服务提供者的费用将由加拿大政府直接支付。

三

（一）对根据任何补充协议或贷款协定委派到中国任职的加方人员，加拿大政府应向中国政府提交拟委派的加方人员的姓名和简历以及他们的家属的姓名以征得中国政府的同意。如在六十天之内，中方对加拿大提供的情况未提出书面答复，即被视为中国政府接受上述加方人员。

（二）加拿大政府应在加方人员抵达中国之前，向中国政府提供可享受本协定所规定的权利和优惠的加方人员及其家属的完整名单。

（三）中国政府保留批准接受每个加方人员的权利。如果任何加方人员或他们的家属被认为不适宜留在中国或在中国工作，则根据中方或加方的提议，可将他们调离，但要逐个阐明理由。在中国政府作出最后裁决前，对外经济贸易部将同加拿大国际发展署进行商议。加拿大政府应尽快派人接替调离人员的工作。

附件二： 中国政府承担的责任

一 中国政府将协助加方人员及其家属在华任职期间，获得配备有家具的标准适当的住所。住所和有关服务的费用安排将根据每个项目的具体情况而定，所有开支的责任将在该项目的补充协议或贷款协定中作出规定。

二 如补充协议或贷款协定无其它规定，中国政府将免费提供或支付下列费用：

（一）按照中国政府的标准，提供配备有办公室家具的办公用房和服务设施，包括适当的设备和资料，辅助人员，专业和技术器材以及加方人员或加方公司在执行任务时所需的其它服务。

（二）在项目需要时，及时招聘和调配称职的相应的人员。

（三）如在中国执行任务的期限为连续六个月或六个月以上者：

（1）加方人员及其家属入境后在得到长期住所以前和在他们离开长期驻地至离境前，为他们提供不超过七天的临时住宿。

（2）加方人员及其家属初次赴任时，从入境口岸至他们在中国的驻地以及在他们任职期满后，从他们的驻地至离境口岸的旅费。

（四）加方人员及其家属的个人和家庭用品和他们在华执行任务所需的职业和技术资料和器材，在他们任职初期从入境口岸至他们在中国驻地的运输费用和任职期满后，从他们的驻地至离境口岸的运输费用。

（五）对加方人员为执行任务出差旅行，提供官方的协助。

（六）保管并支付上述第四款所提及的物品在海关存放期间和为这些物品的防损、防盗、防火和防止任何其它灾害而采取的任何措施的一切费用。

（七）向加方公司和加方人员颁发为他们在中国执行任务所需的许可证、执照和其它证件。

（八）对为执行项目任务所需的全部设备、物资、材料、供应品以及其它进口物品，尽速从中国的入境口岸运往项目所在地。

（九）提供与项目有关的资料以及加方人员在执行任务时所需的协助。

（十）在权限范围内采取有利于项目执行的其它措施。

三 中国政府将向加方人员及其家属提供标准适当的医疗和住院方便。如加方人员由于治疗需要必须撤离，中国政府将提供可能使用的一切交通工具使病人撤离。

四 中国政府承认，每个加方人员将根据加拿大政府的有关规定有资格享受每年一次的休假待遇。

五 中国政府将向在加拿大培训期限在六个月或六个月以上的培训人员提供并支付根据附件一、条款一（一）（4）所规定的加拿大政府不予支付的往返旅费部分。

六 中国政府将选派在结束培训后，能长期为有关项目工作的人员到加拿大、在中国或第三国接受培训。

七 中国政府给予除加拿大之外的在中国有发展合作项目的其它国家的人员或公司的任何形式的免税、特权、豁免、支付或其它优惠，如在本协定或本附件中未专门提及，不能理解为是对加拿大的约束或限制。

资料来源：北大法律网（http://pkulaw.cn/）

后　记

　　经过一段时间的"闭门造车",《加拿大官方发展援助政策研究（1950~1993）》这本小书将要交付完成了。谨向给予我关心和爱护的所有老师和亲人,向所有帮助过我的好友致以最诚挚的感谢。

　　本书是在本人硕士期间研究基础上拓展而来的,也是本人国家社科基金项目的阶段性成果。深深感谢硕士阶段和博士后授业恩师王晓德教授对我的培养和关怀。在有幸跟随先生学习的时光里,先生淡泊谦逊的高尚品格、宽厚坦荡的处世原则、严谨专注的治学精神,给我留下了极其深刻的印象。"虽不能至,心向往之"。感谢命运让我成为先生的学生,感谢先生将我带入学术殿堂的大门,感谢先生使我懂得了那么多的人生道理。

　　同样敬意献给南开大学加拿大研究中心主任杨令侠教授,杨老师正直谦和、优雅豁达、诲人不倦,作为我的博士阶段的授业恩师,悉心的的教导和殷切的关怀让我的南开岁月充满感动。虽然离开南开时日已久,但杨老师的谆谆教导依然历历在目。深深感谢南开大学付成双教授和丁见民教授在南开园给予我的关心和帮助,点点滴滴,想起总是心暖不已。

　　福州俗称"有福之州",除了一年四季绿树红花、青山碧水让人留恋,遇到的人更让人引以为幸。在这里,亲切热情的赖正维教授、亦师亦兄的孙建党教授、姜兴山教授和李巨轸副教授给予我很多的关照。而且,我在此结识了一批肝胆相照的好友。大家情同手足,同甘共苦,让我在繁忙的生活节奏里感受到了很多安慰与温暖。

　　在本书的写作过程中,多伦多大学王雨博士、在哈佛大学访学的江振鹏副教授及在科罗拉多大学访学的孙一笑博士等在文献资料方面给予了慷慨帮助。在此,谨致以诚挚的谢意。尤其感谢社会科学文献出版社编辑宋淑洁老师，在本书出版的过程中，宋老师给予我很多耐心和细致的协助。

特别感谢我的家人，还有姑姑姑父、姨妈姨夫以及姐姐姐夫几家亲人，在既往的日子他（她）们给予了我很多的陪伴和支持，血浓于水的亲情让我的生活充满了安慰和温馨。祝愿所有的亲朋好友都幸福快乐。

"人生天地之间，若白驹之过隙，忽然而已。"在本书临近完成之际，念及自己在学术上的浅薄无知，不由得对时间之流逝心生感慨。希望，未来在各位尊长和亲友的帮助下能有新的进步。

2019 年 9 月 10 日于福建师范大学旗山校区领先楼

图书在版编目(CIP)数据

加拿大官方发展援助政策研究.1950-1993/贺建涛著. -- 北京：社会科学文献出版社，2020.6
(国际政治论坛)
ISBN 978-7-5201-6524-2

Ⅰ.加… Ⅱ.①贺… Ⅲ.①对外援助-对外政策-研究-加拿大-1950-1993 Ⅳ.①D871.10

中国版本图书馆 CIP 数据核字(2020)第 060255 号

·国际政治论坛·
加拿大官方发展援助政策研究（1950~1993）

著　　者／贺建涛
出 版 人／谢寿光
责任编辑／宋淑洁
出　　版／社会科学文献出版社（010）59367226
　　　　　　地址：北京市北三环中路甲29号院华龙大厦　邮编：100029
　　　　　　网址：www.ssap.com.cn
发　　行／市场营销中心（010）59367081　59367083
印　　装／三河市东方印刷有限公司
规　　格／开　本：787mm×1092mm　1/16
　　　　　　印　张：13.25　字　数：210千字
版　　次／2020年6月第1版　2020年6月第1次印刷
书　　号／ISBN 978-7-5201-6524-2
定　　价／88.00元

本书如有印装质量问题，请与读者服务中心（010-59367028）联系

▲ 版权所有 翻印必究